中学数学
课堂教学艺术

潘俭——著

GEP 广西教育出版社 南宁

○前　言○

数学课堂教学在数学教育中是一个非常重要的研究领域，数学教师的素质是数学课程改革能否取得成功的关键，因此，提高数学教师教学能力十分必要。《教师教育课程标准（试行）》指出：教师教育课程目标需要从“教书匠”的训练走向“教育家”的成长，彰显当代优秀教师复合型实践家的专业属性，要求教师学会反思与研究，具有创新能力。本书以《教师教育课程标准（试行）》为指导，立足当前中学数学教学实际，以中学数学教学实施的主要过程为线索，围绕中学数学教学知识、数学教学能力、数学教学实践等几方面，结合典型数学教学案例展开，目的是加强高等师范院校数学教学与中学数学教学实践的联系，提升中学数学教师教学能力和科研能力。

本书在继承我国数学教育研究成果的基础上，着眼于全球现代教育心理理论背景下数学教育原理的探索与诠释，帮助教师认识数学教育基本规律，掌握中学数学教学设计方法，提高数学教学设计能力，形成精湛的数学教学艺术，力图构建符合时代发展需要的数学教育理论体系，回应当代基础数学教育改革对中学数学教师的挑战。

本书在框架设计、内容安排和呈现形式等方面都力求体现教师教育课程标准的理念，同时把数学课程标准新理念融合在数学教育教学理论和实践中，全面体现了数学教育教学的以下特色。

1. **时代性**

紧扣数学课程标准，迎合时代潮流，以数学教育心理学理论作为数学教学设计的学习理论依据，以现代数学教育理论作为数学教学设计的教学理论依据，落实中学生数学核心素养的培养。

2. **应用性**

本书旨在为数学专业师范生、从事数学教育教学研究的教师和教研员提供应用性较强的数学教学设计、微课设计等，同时也为他们进行数学教学设计研究拓宽视野。

3. **针对性**

本书体现了理论与实践相结合的具体作用，具有较强的实践性和可操作性，对提高数学专业师范生和在职中学数学教师的教学能力，具有较大的现实意义。

全书分为三个模块共十二章。三个模块分别为中学数学教学知识（一至四章）、中学数学教学能力（五至八章）、中学数学教学实践（九至十二章）。中学数学教学知识包括中学数学概念教学、中学数学命题教学、中学数学解题教学、中学数学思想方法教学。中学数学教学能力包括中学数学教学准备技能、中学数学教材处理艺术、中学数学例题与习题选编艺术、中学数学课堂教学设计。中学数学教学实践包括中学生数学核心素养的培养、思政教育融入数学课堂教学的探究、数学文化融入数学课堂教学艺术、基于师范认证的数学专业师范生教学能力培养。

本书在编撰的过程中，吸收了许多专家学者的研究成果，在此表示衷心的感谢！

广西教育出版社的领导和编辑对本书的出版给予了大力支持和帮助，在此一并致谢！

由于作者学识有限，书中疏漏和不足之处在所难免，恳请各位读者批评指正。

潘　俭

2023 年 5 月

目　录

第一章　中学数学概念教学 ……001

第一节　数学概念概述 ……001

第二节　中学数学概念学习的过程 ……005

第三节　中学数学概念教学的一般模式 ……010

第四节　中学数学概念教学案例 ……013

第二章　中学数学命题教学 ……019

第一节　数学命题概述 ……019

第二节　中学数学命题教学的一般模式 ……021

第三节　中学数学命题教学典型案例 ……030

第三章　中学数学解题教学 ……035

第一节　数学解题教学概述 ……035

第二节　中学数学解题教学的基本要求 ……037

第三节　中学数学解题教学设计优化策略 ……044

第四节　中学数学解题教学案例 ……046

第四章　中学数学思想方法教学 ……055

第一节　数学思想方法概述 ……055

第二节　中学常用的数学思想方法 ……057

第三节　中学数学思想方法的教学策略 ……066

第五章　中学数学教学准备技能 ……073
第一节　中学数学课堂导入艺术 ……073
第二节　中学数学课堂讲解艺术 ……079
第三节　中学数学课堂提问艺术 ……091
第四节　中学数学课堂板书艺术 ……098
第五节　中学数学课堂结束艺术 ……103

第六章　中学数学教材处理艺术 ……109
第一节　中学数学教材处理概述 ……109
第二节　中学数学教材处理维度 ……112

第七章　中学数学例题、习题选编艺术 ……123
第一节　中学数学例题、习题选编 ……123
第二节　中学数学开放题的教学探究 ……136
第三节　中学数学变式题的教学探究 ……149

第八章　中学数学课堂教学设计 ……167
第一节　中学数学课堂教学设计的含义 ……167
第二节　中学数学教学设计典型案例分析 ……174

第九章　中学生数学核心素养的培养 ……192
第一节　数学核心素养概述 ……192
第二节　中学生数学核心素养的培养策略 ……193
第三节　中学生数学核心素养的培养教学设计案例 ……202

第十章　思政教育融入数学课堂教学的探究 ……207
第一节　思政教育的含义 ……207

第二节　思政教育融入中学数学课堂教学的意义 ……208
第三节　思政教育融入中学数学课堂教学的策略与方法 ……210

第十一章　数学文化融入数学课堂教学艺术 ……215
第一节　数学文化的概念和教育价值 ……215
第二节　数学文化融入数学课堂教学的原则与策略 ……218
第三节　数学文化融入中学数学课堂教学典型案例 ……224

第十二章　基于师范认证的数学专业师范生教学能力培养 ……232
第一节　产出导向理念下高师数学教学能力的主要要求 ……232
第二节　数学师范生教学能力培养策略与方法 ……234
第三节　数学师范生教学能力培养的成效 ……239

主要参考文献 ……242

第一章　中学数学概念教学

第一节　数学概念概述

一、数学概念的含义

数学主要研究现实世界中的数量关系、结构变化、信息与空间形式。概念是从大量事物中把它们的共同特征、本质属性抽象出来用数学符号、精练的文字语言等加以归纳形成的思维产物。数学概念是人脑对数学研究对象的空间存在形式和数量关系特征进行观察、提取、归纳总结的一种思维成果。数学概念由内涵和外延两部分组成，概念的内涵是概念对象的本质属性，主要描述研究对象是怎样的事物，概念的外延是指具有概念内涵所反映的本质属性的所有对象的集合①，即反映了思维的范围广度和深度。两个概念的外延存在从属关系时，概念的内涵与外延就存在一种反变关系，即概念的外延扩大，概念的内涵就缩小。例如在“等腰三角形”的概念中，添加“有一个角是直角”这个属性之后，就得到了外延缩小的“等腰直角三角形”的概念；减去“两条边相等”这一属性，便得到了外延扩大的“三角形”的概念。数学概念能够反映出在客观世界中，人脑所反映出的数量关系和空间形式的本质属性。② 数学概念是从大量实物中，依托日常积累的经验把事物的各种属性分解并一一罗列出来，从罗列出来的各种属性中概括出研究对象的共同属性，抽象出事物的本质属性，用数学符号、精练的文字语言等加以归纳数学研究对象的本质属性。用来描述这种

---

① 李祎，贾雪梅．中学数学教学设计［M］．北京：高等教育出版社，2016．

② 程丽萍，彭友花，欧阳正勇．数学教学知识与实践能力［M］．哈尔滨：哈尔滨工业大学出版社，2018：76．

新事物本质属性的术语就是研究对象的概念，最后推广并纳入同类事物中就形成了数学概念。

二、数学概念的类别

由于数学概念的产生和来源不尽相同，根据能否在日常生活中找到其原型，可以把数学概念分为以下两类。

1. 解释客观事物的本质特征

由对实际对象或某种关系直接抽象形成，这类概念通常在现实生活中有十分接近的事物，因此我们可以在日常生活中找到它的原型。例如，最简单的几何概念——“圆”，就是由日常的许多事物抽象概括而得到的，如闹钟、摩天轮、井盖、车轮等。

2. 解释已有的数学概念

对已有数学概念进行抽象概括，这种概念往往是纯粹的数学概念，是一种数学逻辑构造，没有客观存在与之对应，即在现实生活中很难找到原型，如函数、集合、向量的内积、方程、无穷大等。

数学概念是数学理论深入发展的动力源泉，是数学科学的重要组成部分。两类数学概念同等重要，二者缺其一，数学概念的体系都是残缺的、有漏洞的，所以学习时必须做到两者兼顾。

三、概念之间的关系

可以以两个概念外延的比较作为出发点，分析两个概念之间的关系。例如，A、B表示两个概念，其中密闭的圆滑曲线表示概念的外延，它们之间的关系用韦恩（Venn）图表示如下。

（一）同一关系

概念A、B的外延完全相等，如图1－1所示，比如数学中最小的质数和最小的正偶数即为外延完全相等的两个概念。

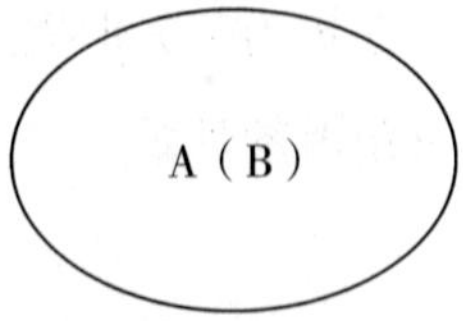

图 1-1　概念之间的同一关系

（二）从属关系

概念 B 的外延完全被概念 A 的外延所包含，即把外延较大的概念称为属概念，外延较小的概念称为种概念，如图 1-2 所示。

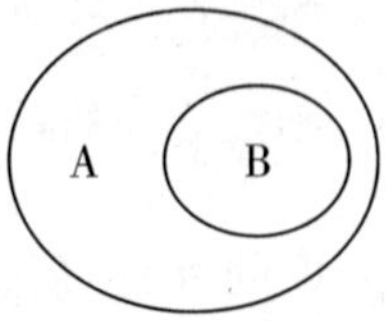

图 1-2　概念之间的从属关系

所谓从属关系就是两个概念的外延一大一小，存在真包含关系，其中属概念的概念外延较大，种概念的概念外延较小。如韦恩图中两个概念 A、B 的关系为概念 B 的外延真包含于概念 A 的外延。又如：集合中真子集的概念；正方形和矩形，长方形和矩形，属概念为矩形，种概念分别为正方形和长方形；实数和无理数，属概念为实数，种概念为无理数；平行四边形和矩形，属概念为平行四边形，种概念为矩形。

（三）交叉关系

在交叉关系中，概念 A、B 的外延只有一部分是重合的，如图 1-3 所示。

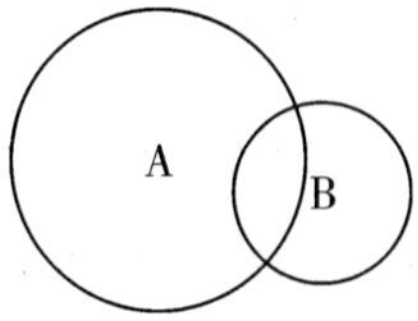

图 1-3　概念之间的交叉关系

交叉关系也叫部分重合关系，顾名思义，就是 A、B 两个概念的外延中有的 A 是 B，有的 A 不是 B，有的 B 是 A，有的 B 不是 A，即有公共重合部分。比如：矩形和菱形，交集为正方形概念的外延；直角三角形和等腰三角形，交集为等腰直角三角形的外延。

（四）对立关系

概念C表示属概念，概念A、B的外延不重合，且它们的概念外延之和小于属概念的外延，如图1－4所示。

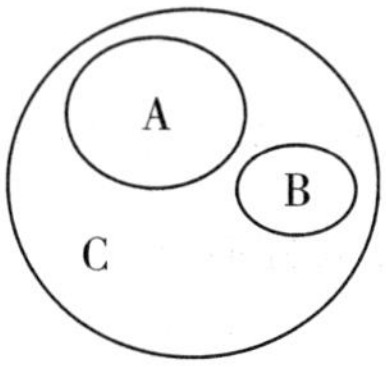

图1－4　概念之间的对立关系

概念C表示属概念，概念C的外延真包含概念A、B的外延，概念A、B的外延没有任何相交部分并且它们的概念外延之和总小于属概念的外延。例如：整数范围内的正数和负数；空集和真子集，属概念为非空集合的子集的外延；锐角三角形和钝角三角形，属概念为三角形的外延。

（五）矛盾关系

概念A、B的外延不重合，且它们的概念外延之和等于属概念的外延，如图1－5所示。

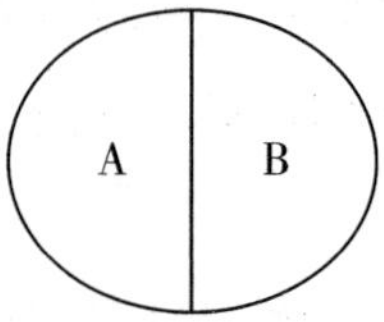

图1－5　概念之间的矛盾关系

概念A、B的外延没有一点交叉，并且两个概念的外延之和刚好等于属概念的外延。例如：非负数范围内的0和正数，实数范围内的有理数和无理数，整数范围内的奇数和偶数，实数范围内的负数和非负数。

第二节　中学数学概念学习的过程

要在学生已有的知识层面上进行数学概念的学习，并且要符合学生的认知水平，教学过程中教师要充分唤起学生头脑中原有知识的记忆，特别是积极调配学生大脑中已有的数学概念，通过观察、概括、类比、归纳等过程使新旧概念发生联系。使学生快速理解和掌握新概念，从而将新概念纳入原有的知识体系中，本质上就是对同类事物的共同本质属性进行化归的过程。学习数学新概念的两种基本方法是概念形成与概念同化。

一、数学概念的形成

概念的形成依赖于大量生活中的原型，主要依靠对具体事物的概括。数学概念的形成是在现有的教学环境下，从大量的实例出发，用学生的感性思维和积累的已有经验去分析实例中的各种属性，形成表象，进而总结概括出事物的共同属性，将共同属性中的不同部分进行组合得到多个假设后，用其他方法加以检验，获得初始概念。然后将这种本质属性延伸到同类事物之中，并用特殊的数学符号、语言加以表述，就形成了数学概念。这种方法主要适用于中学低年级学生。

数学概念的形成过程如图 1－6 所示：

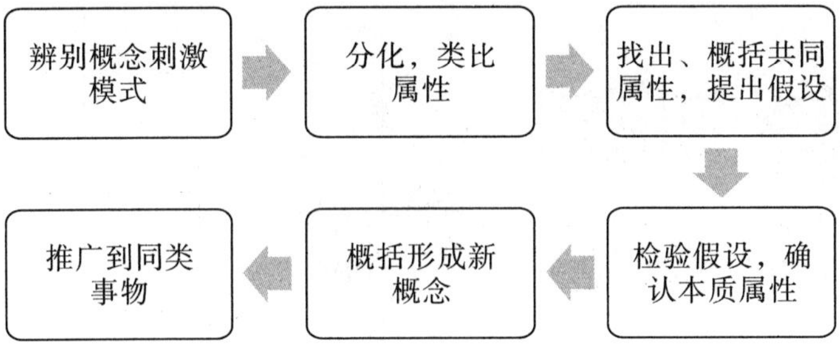

图 1－6

概念的形成是指研究者通过接触大量同类事物或现象，观察、总结出研究对象的共同特征、共同属性，从假设的命题中得出关键属性，最后区分辨别关键属性，从而归纳出研究对象的本质属性的过程。这个过程可以用正反例子加以佐证。概念形成的特征有两个，一是能够把握概念的本质特征，二是能够将新概念学以致用。数学概念基本形成需要经历以下三个阶段：

1. 抽象化。通过观察所研究的具体事物，从中提取外观、材质、用途等方面的特征与属性，将这些特征与属性从事物本身抽象罗列出来，并用语言概括出这些属性或特征。

2. 类化。类化过程要注意“一抓一略”，抓住客观事物的某些属性或特征的相似性或共同性，同时忽略事物之间与本质特征或属性无关的差异性。

3. 甄别。甄别贯穿于新概念产生的整个过程，始于对具体事物本身的特征与属性的抽象，随后对所抽象出的事物的特征属性进行分类，最后进一步辨析客观事物的属性或特征之间的差异。

例如：形成“轴对称”的概念。

(1) 带领学生观察日常生活中的蝴蝶图案、风筝图案、结婚的“囍”字、窗花、面具等事物（图 1－7）。

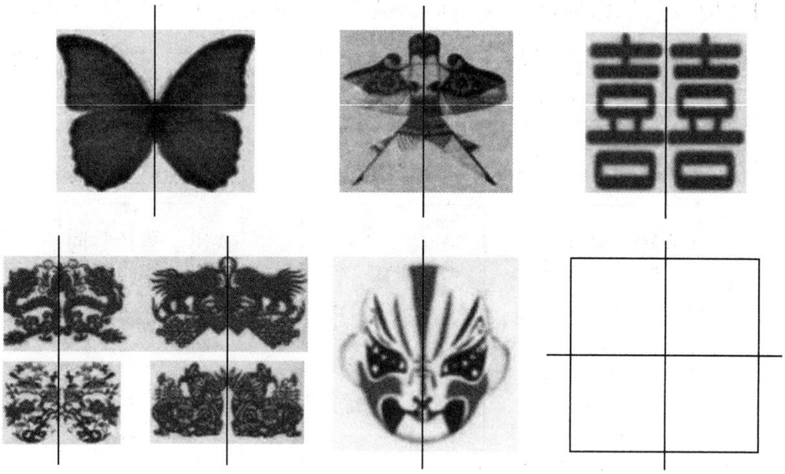

图 1－7

(2) 从知觉水平上概括特征。蝴蝶、风筝、结婚的“囍”字、窗花、面具、正方形等都有各自的属性，所以要对它们的各属性逐一进行分化。

例如：窗花为纸质的平面图形，有一条直的折线，折线左右两边的部分互相重合且完全相同；结婚的“囍”字为纸质的平面图形，有一条直的折线，折线左右两边的部分互相重合且完全相同；蝴蝶图案、风筝图案、面具、正方形等也有自己的属性，但是它们都有一定的共同属性。

（3）上述事物的共同属性可以概括为平面图形，有直的折线、折线左右两边的部分互相重合且完全相同。根据共同属性之间不同部分相互组合，可得出有关轴对称图形概念的三种假设：①如果一个平面图形沿一条直线折叠，直线两旁的部分互相重合，那么这个图形叫做轴对称图形。②如果一个平面图形沿一条直线折叠，直线两旁的部分完全相同，那么这个图形叫做轴对称图形。③如果一个平面图形沿一条直线折叠，直线两旁的部分互相重合且完全相同，那么这个图形叫做轴对称图形。

（4）检验假设，确定本质属性。共同属性之间不同部分相互组合就得到假设。得到假设的有效手段是变式，通过已知条件的变式可以得出三种结果相同的轴对称图形概念的假设，在各种变式题中均出现过，因而都可确定为共同关键属性。

（5）假设验证。在确定关键属性之后，需要区分这些关键属性是否具有从属关系，使概念分化，最后用语言概括形成新的概念。新概念就是事物所具有的本质属性。根据概念关系的分类，类比两个概念之间存在的关系，假设①和假设②中的直线两旁的部分互相重合与直线两旁的部分完全相同这两个概念之间具有从属关系。因为如果直线两旁的部分完全相同，那么直线两旁的部分自然而然会互相重合。于是把轴对称图形定义为：如果一个平面图形沿一条直线折叠，直线两旁的部分互相重合，那么这个图形叫做轴对称图形。

（6）将新概念描述的事物所具有的本质属性推广到同类事物去，使新概念学有所用。

二、数学概念的同化

概念同化，简而言之就是新旧知识发生联系，使新概念纳入学生头脑原有的概念体系中去。概念同化的大致过程是，首先给学习者一些关键特征，然后让学习者类比旧概念的含义用相关的符号、语言来定义新知识，从而让学生获得新概念。概念同化要求学习者具有丰富的学习经验与扎实的知识储备，将新知纳入原有的认知结构中去，进而完善知识体系。概念的同化要求学习者对原有知识牢牢掌握，主要依靠学习者利用已有的经验去充分调动新旧知识之间的联系，所以适用于中学高年级学生。概念同化主要有下位学习、上位学习和并列（组合）学习这三种基本形式。

（一）数学概念的同化过程（见图 1－8）

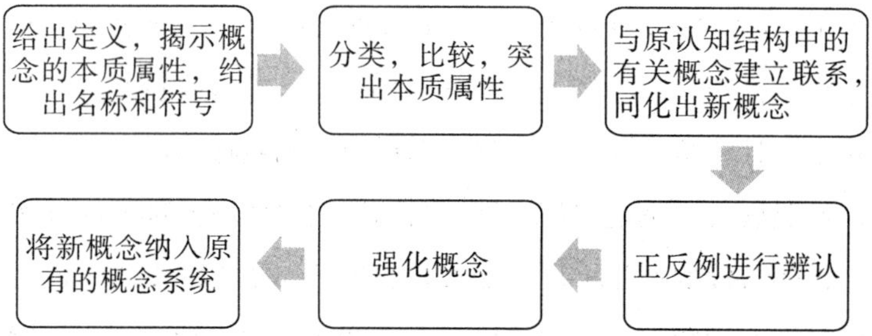

图 1－8

（二）典型例子：一元一次方程

在学习一元一次方程之前，学生头脑中已有方程的概念，所以根据概念同化的内涵可以调动方程的概念的相关知识学习一元一次方程。根据方程的概念和一元一次方程的名称给出一些有关“元和次”的关键特征，并得出定义：只含有一个未知数（元），并且未知数的次数是 1，等号两边都是整式，这样的方程叫做一元一次方程。它的一般形式为 $ax+b=0$(a，b 为常数，x 为未知数且 $a\neq0$)。

1. 讨论一元一次方程的特例。

一元一次方程的标准形式：$ax+b=0$，

一元一次方程的简化形式：$x+p=0$，

一元一次方程的不完全形式：$ax=0(a\neq0)$。

2. 学习一元一次方程之前，学生已经学习了方程的概念，说明一元一次方程是一种特殊的方程，只是在元和次数上做了限制，这样一元一次方程就与方程建立起了联系。

3. 辨认下面哪些是一元一次方程，哪些不是一元一次方程。

（1）$x=6$；

（2）$x-6$；

（3）$x-3y=9$；

（4）$2x^2-4x=9$；

（5）$\frac{1}{x}+5=7$；

（6）$4x+3y>9$；

（7）$36\div6=6$；

（8）$3m+3=9m$。

4. 实际应用，强化概念。

三、概念同化的三种形式

（一）下位学习或类属学习（主要为分化）

学习者现所学新知识的内容在概括程度上比其头脑中原有的知识结构的概括程度低，这种学习称为下位学习。①

下位学习是指先学大概念再学小概念。

例如，先学习集合，再学习子集、真子集、空集、常见的实数集等。子集、真子集、空集、常见的实数集是在集合这个大概念之下。

再如，先学习方程的概念，再学习一元一次方程、二元一次方程组、一元二次方程等。一元一次方程、二元一次方程组、一元二次方程是在方程这个大概念之下，因此，在学习这些具体方程时相对方程的概念来说属于下位学习。

（二）上位学习（主要为概括）

学习者现所学新知识的内容在概括程度上比其头脑中原有的知识结构的概括程度高，这种学习称为上位学习。

① 邱学华，张良朋. 小学数学教学法简明读本［M］. 福州：福建教育出版社，2021：120－122.

上位学习顾名思义就是先学小概念再学大概念。

例如，在先学习了正方体、长方体这些具体的形体的体积计算公式后，再把这些公式推广到一般柱体的体积计算公式（$V=Sh$）。

再如，先探究了正方形、长方形、梯形、平行四边形的内角和为 360°，之后再系统研究一般四边形内角和为 360°。

（三）并列学习（组合学习）

如果新学习的知识点和原来知识结构之间既无上位关系，又无下位关系，但在横向上有彼此吻合的关系，那么这种学习方法就叫做并列学习或组合学习①。

组合学习的关键在于寻找新旧知识之间的联系（共同特征），使得它们能在一定意义下进行类比。例如，椭圆和双曲线、一元一次方程和一元二次方程等，它们的数学表达式在形式上十分相似，椭圆到双曲线，即从 $\frac{x^2}{a^2}+\frac{y^2}{b^2}=1$ 到 $\frac{x^2}{a^2}-\frac{y^2}{b^2}=1$；一元一次方程到一元二次方程，即从 $ax+b=0$ 到 $ax^2+bx+c=0$（其中 a，b，c 为常数且 $a\neq0$）。

以上三种学习方式并不矛盾，常存在于同一个概念同化中，只是知识所占比重不同。

第三节　中学数学概念教学的一般模式

数学概念教学与其他教学过程大同小异，一般模式为：引入概念、明确概念、巩固概念以及应用概念。

一、引入概念

概念的引入是概念教学的第一步，直接影响概念教学的成败。一般来说，概念的引入要创设一个丰富、有趣的教学情境，这不但能够解释学习

① 喻平. 数学教育心理学［M］. 南宁：广西教育出版社，2004：215.

新概念的必要性，而且能够激发学生的学习热情。一般引入概念的方式有以下三种。

1. 以学生的感性认识为基础引入概念，侧重于学生知觉水平上的概括。例如，在学习轴对称图形、直线、射线、线段、三角形、圆、柱体等概念时，可以从生活中熟悉的事物引入。

2. 以符合学生由浅入深的认知规律和心理特征的方式引入。例如：在指数函数的基础上引入对数函数；在一元一次方程的基础上引入一元二次方程；在角度制的基础上引入弧度制，从而把角度推广到实数范围，也实现了角度和弧度的相互转化；在 0～360°角的基础上引入任意角。又如，讲授函数单调性时，可以先讲解单调递增函数的概念，从我们耳熟能详的正比例函数、一次函数、二次函数、反比例函数这些函数图象入手。如常见的斜率大于 0 的正比例函数、一次函数图象等，我们可以看到函数图象整体呈上升的趋势，y 随着 x 的增大而增大，把这种特征用数学语言描述出来，再把解析式抽象化，我们就能得到在具体函数的定义域内单调递增函数的概念。因为呈上升趋势的图象是学生在初中的学习中经常见到的，从这些熟悉的函数入手，学生也比较容易接受，一下子就提高了学习动力，也拉近了新旧知识的距离。

3. 从现实生活、生产的需要引入概念。例如在学习“负数”概念时，由现实生活中温度计测量的温度零上 5℃和零下 5℃，以及如何表示向东走6 米和向西走 6 米来引入负数。

二、明确概念

明确概念的内涵也就是明确概念的本质，从正面入手，有助于学生较好地认识概念。对概念中关键词进行辨析是明确概念内涵的关键，因此在进行指数函数、对数函数、椭圆、双曲线、抛物线等概念教学时，一定要对概念中的关键词加以强调和解释。例如讲授指数函数就要强调函数的定义域：一般地，函数 $y=a^x$（$a>0$，且 $a\neq1$）叫做指数函数，其中 x 是自变量，函数的定义域是 **R**①。

明确概念的外延。概念的外延指的是概念所反映的事物的全体。在教学过程中，明确概念的内涵之后，要给出一些具体的实例，并且要及时将新概念纳入到已有的概念体系中，这样不但可以对刚刚学习的概念的外延有更好地认识，还可以和之前学习过的知识建立有效联系，形成完整的知识结构图，学生更加容易理解和记忆。

三、巩固概念

对新概念及时进行巩固，可以达到印象深刻、理解深入的效果。主要手段是设计相关训练题或创设相关的数学活动来加深学生对新概念的理解。巩固过程中数学活动要多样化，训练题要有层次性和针对性。一方面要不断加强对比与类比训练，防止学生混淆概念；另一方面要恰当设计反例和变式题，使学生牢固掌握概念本质。同时，练习过程中教师要注重即时反馈与评价，这样才能做到因材施教。

四、应用概念

学习的重要目标就是学以致用。运用概念的过程是对知识的查漏补缺，达到温故知新的效果。运用新概念去解决问题不但可以进一步加深对概念的理解，还可以查找概念学习过程中不理解、理解不全面或理解有误等漏洞。比如在学习指数函数概念之后尝试辨认哪些是指数函数，以及应用指数函数的概念计算自变量的取值，根据实际情境列出指数函数，从而在应用的过程中掌握概念的本质。

例　截至 2022 年，我国人口约 14 亿。如果今后能将人口年平均增长率控制在 0.5%，那么经过 20 年后，我国人口数最多为多少（精确到亿）？

解：设经过 x 年后，我国人口数为 y 亿。

2022 年，我国人口约为 14 亿，

① 人民教育出版社课程教材研究所，中学数学课程教材研究开发中心. 普通高中课程标准实验教科书 数学 1 必修 A 版［M］. 北京：人民教育出版社，2004：1.

经过 1 年，人口数为

$14+14\times0.5\%=14\times(1+0.5\%)$（亿），

经过 2 年，人口数为

$14\times(1+0.5\%)+14\times(1+0.5\%)\times0.5\%=14\times(1+0.5\%)^2$（亿），

经过 3 年，人口数为

$14\times(1+0.5\%)^2+14\times(1+0.5\%)^2\times0.5\%=14\times(1+0.5\%)^3$（亿），

所以，经过 x 年，人口数为

$y=14\times(1+0.5\%)^x=14\times1.005^x$，

当 $x=20$ 时，$y=14\times(1+0.5\%)^{20}\approx15$（亿），所以经过 20 年后，我国人口数最多为 15 亿。

第四节　中学数学概念教学案例

“图形的相似” 概念教学案例

一、教材分析

本课选自人教版《义务教育教科书 数学 九年级 下册》的内容。九年级的学生具有活泼好动、对事物充满好奇心的特点。本节内容具有承上启下的作用，学生在此前学习了图形的全等和全等三角形的判定等，也研究了平移、轴对称、旋转等变换，在这些基础上研究一种新的变换——相似。学生通过观察、推断得到数学猜想，获得数学结论，培养学生数形结合、类比思想及数学建模的能力。

二、教学目标

知识技能：了解两个图形相似的概念；掌握相似图形在实际问题中的应用；掌握相似多边形的主要性质，并用其性质进行计算、解决实际问题。

数学思考：图形相似是从现实生活中的一些形状相同、大小不同的事物出发，到一些形状相同、大小不同的几何图形，再到一般的相似多边形的思维过程。通过探究图形相似，发展学生的探究意识、逻辑思维能力以及动手能力。

问题解决：初步学会从数学角度发现问题、提出问题，并综合运用所学知识分析和解决实际问题，从而增强对数学知识的应用意识。

情感态度：在自主探索的过程中，教师引导学生主动参与，让学生感受数学学习的严谨性与科学性，培养独立思考的习惯。同时，在合作交流中，培养学生团结协作的合作精神；通过实际数学问题的解决，增强学生的成就感，从而树立学好数学的信心。

三、教学重难点

重点：能正确判断相似图形，掌握相似多边形的定义与性质。

难点：运用相似多边形的性质解决一些数学难题。

四、教法与学法

教法：从生活中的事物引入，创造教学情境，以引导发现法为主，教师引导学生全面参与教学的每一个环节，使学生置身于所创设的教学情境中，由此充分调动学生学习的积极性，进一步培养学生的观察能力、动手操作能力，从而激发学生学好数学的信心。

学法：有效的数学学习不能依赖单纯的模仿与机械的记忆，而是让学生在探索新知的过程中有目的、主动地去建构知识。因此，在本节课中，教师引导学生通过观察探究、实际操作、合作交流等学习方式理解和掌握数学知识，让他们在探究知识环节中动动手，议一议，自行感知发现，小组交流，总结归纳，从而主动地建构知识。

五、教学过程

“图形的相似”概念教学设计如表 1－1。

表 1－1　“图形的相似”概念教学设计

教学环节	教学内容	设计意图
（一）情境导入（概念形成）	观察下面四组图形，说说每组图片中的两个图形有什么特点？  图形相似的定义：我们把形状相同的图形叫做相似图形。 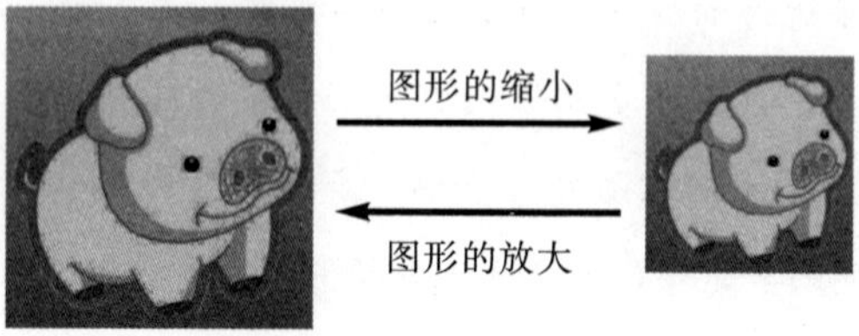 图形相似的关系：如果两个图形相似，那么其中一个图形可以看作由另一个图形放大或缩小得到。例如，放映电影时，投在屏幕上的画面就是胶片上图形的放大；用复印机把一个图形放大或缩小后所得的图形，都与原来的图形相似。	从生活中同学们熟悉的图形入手，让学生自主观察、概括归纳出共同属性，形成初始概念。其中引入了 2022 年北京冬奥会的吉祥物冰墩墩和雪容融图案，巧妙地向学生科普体育文化、传承奥运精神。

续表

教学环节	教学内容	设计意图
（二）自主探究（概念同化）	1. 动动手。 请同学们利用手中的三角尺或量角器在白纸上描出它们的外形，然后用剪刀沿着痕迹剪下，观察剪下来的图形与三角尺或量角器是不是相似图形。 2. 议一议。 观察图形（a）～（f），与同学讨论哪些与图形（1）或（2）相似。 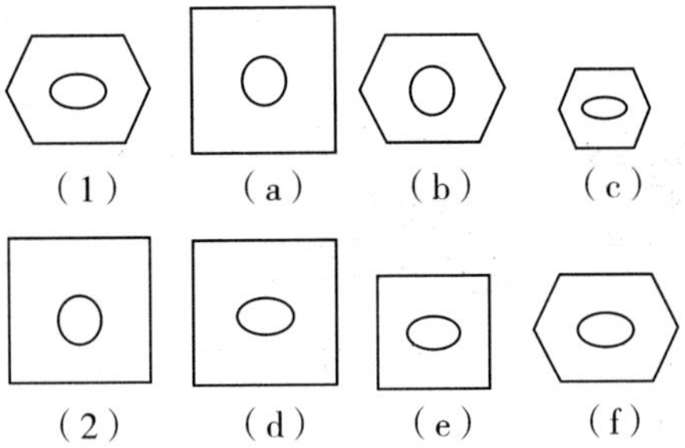 相似多边形的概念：通过上面的探究可以发现，生活中存在许多相似几何图形。下面我们将研究特殊的相似图形——相似多边形。两个边数相同的多边形，如果它们的角分别相等，对应边成比例，那么这两个多边形叫做相似多边形。相似多边形对应边的比叫做相似比。 若四边形 $ABCD$ 与四边形 $EFGH$ 相似，则 $\frac{AB}{EF}=\frac{BC}{FG}=\frac{DC}{HG}=\frac{AD}{EH}$。 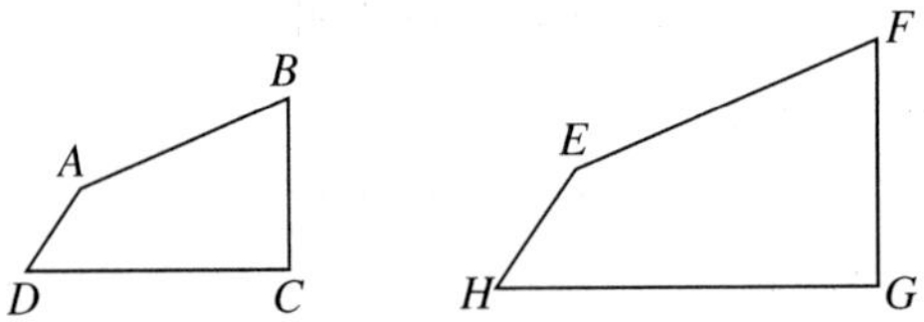 	1. 动手环节，有利于提高学生的动手操作能力，激发学生的学习热情，让学生注意力更集中，主动参与课堂。 2. 议一议环节，学生之间相互交流，利用概念同化在相似图形的基础上研究相似多边形，形成良好的学习氛围。

续表

教学环节	教学内容	设计意图
（三）概念巩固	1. 同桌之间讨论，女孩从平面镜和哈哈镜里看到的自己的像与本人相似吗？  平面镜里的像和本人相似，哈哈镜里的像和本人不相似，因为哈哈镜凹凸不平的特点使像扭曲变形。 2. 图中的两个多边形相似吗？说说你的理由。 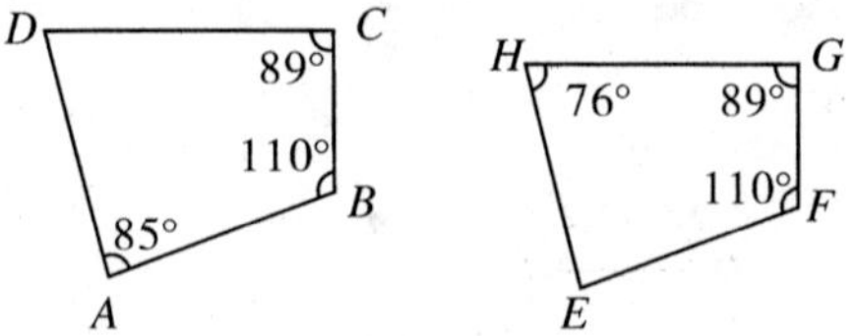 3. 如下图所示，四边形 $ABCD$ 和 $EFGH$ 相似，求角 β 的大小和 EH 的长度。 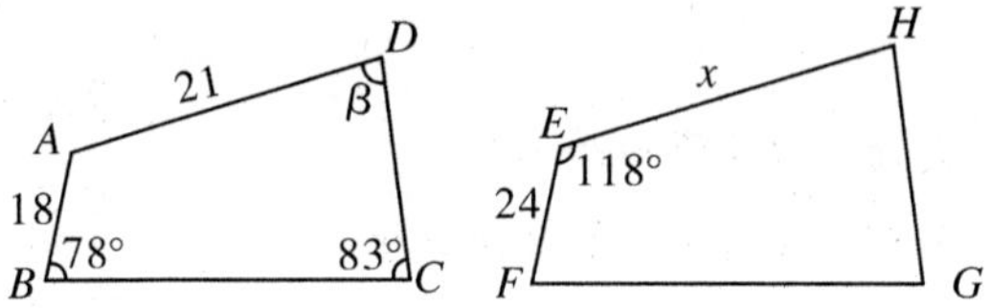 	1. 从知觉水平入手，巩固图形相似的概念。 2. 利用相似多边形的概念判断两个多边形是否相似。 3. 利用多边形相似的性质来求相似多边形的角度与边长。 4. 设计例题进一步强化概念，题目设计目的性强，针对性突出，由浅入深，层层递进。

续表

教学环节	教学内容	设计意图
（四）应用概念	1. 如图，在图形(a)～(f)中，哪些与图形（1）或（2）相似？ 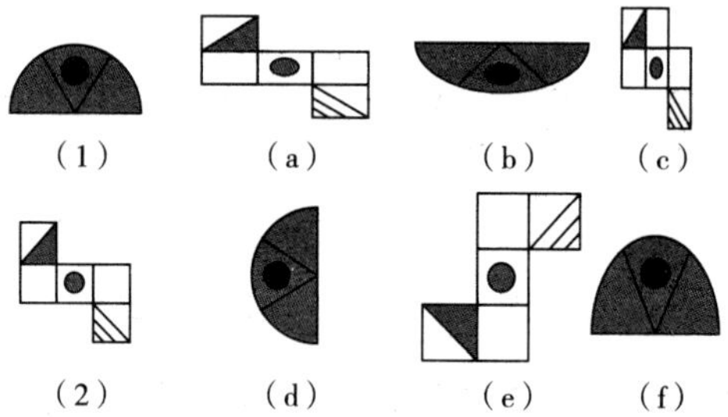 2. 如下图，已知：$DE /\!/ BC$，$AD=2$，$BD=4$，$AE=2.5$，$BC=9$，$EC=5$，$DE=3$。（1）求$\dfrac{AD}{AB}$，$\dfrac{AE}{AC}$，$\dfrac{DE}{BC}$的值；（2）证明$\triangle ADE$与$\triangle ABC$相似。 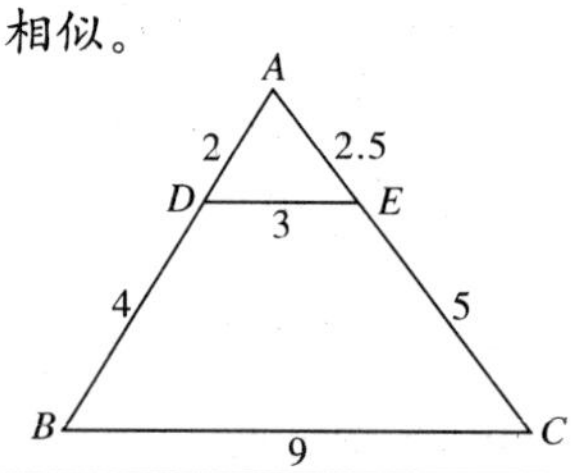 	题1展示不同的几何图形，巩固图形相似的概念，并感受图形相似知识应用的广泛性。 题2是对多边形的概念、性质进行简单应用。
（五）总结升华	1. 这节课学习了哪些知识？ 2. 这节课你学会了什么数学思想？	回顾本节课学习内容和学习方法，体会从一般到特殊的思想。
（六）作业布置	必做题：1. 完成课本P27练习1、2、3。 2. 预习下一节课“相似三角形”的内容。 选做题：3. 请同学们认真思考课本P28第8题。	加深对知识的理解和巩固。分层作业有助于学生能力的发展与养成课前预习的好习惯。

第二章　中学数学命题教学

第一节　数学命题概述

一、数学命题的含义

命题是指通过概念组成，或者由简单命题综合而成的有肯定或否定意义的判断句子，它既以概念为基本，又复杂于一般概念。在初中数学教材中，把可以确定一个事实的语句叫做命题。在高中数学教材中，把可以判断真假的陈述句叫做命题。不能做出判断的句子就不是命题。将数学命题定义为与数学定义相关的，有一定性质或特定关系的判断，包括数学的基本公式、规律、性质、公理、定理等。命题通常由条件“p”和结论“q”构成。

二、数学命题的类别

按照判断的正误，可以把数学命题分为真命题和假命题；亦可以按照命题的结构差异或内容复杂程度，把命题分为简单命题和复合命题[①]。

（一）真命题和假命题

所反映的内容是正确的命题，称为真命题；反之为假命题。比如“6是偶数”，为真命题。“如果 $x<2$，则 $-2x<-4$”，为假命题。根据命题的定义可知，一个命题的真假性有且只有一种情况，要么是真命题，要么是假命题，不可能同时为真命题与假命题。

① 冯国平. 中学数学教学设计［M］. 成都：西南交通大学出版社，2015：130.

（二）简单命题和复合命题

按照命题组成情况的复杂程度，可以把命题分为简单命题和复合命题。

1. 简单命题是直接由概念构成，不包括其他命题的命题，其又可分为性质命题和关系命题[①]。将所描述的对象具有或不具有某种性质的命题称为性质命题，将用来判断某一对象与另一对象之间关系的命题称为关系命题。比如“所有正方形都是菱形”是个简单命题，其中包括正方形和菱形两个概念，没有涉及其他概念和命题。同时，它反映所描述的对象（正方形）具有某种性质（邻边相等），属于简单命题中的性质命题。再如“直线 AB 交直线 CD 于点 E”，这是简单命题中的关系命题，它是表示某一对象（直线 AB）与另一对象（直线 CD）之间关系的命题。

2. 复合命题不是由概念直接构成的命题，而是由逻辑联结词将两个或两个以上的简单命题结合起来的命题[②]。比如“如果一条直线垂直于同一个平面内的两条相交直线，那么这条直线垂直于这个平面”是一个复合命题，其中包括的概念有：一条直线，两条直线，平面；包括的命题有：直线与直线相交，直线与直线垂直，直线与平面垂直的位置关系。但包含逻辑联结词的命题不一定是复合命题，不含逻辑联结词的命题也不一定是简单命题。比如“正方形的对角线垂直平分”，这个命题改写为“正方形的对角线垂直且正方形的对角线平分”，为复合命题。复合命题根据一定的标准又可以分为合取命题、析取命题、蕴含命题和负命题。

---

① 冯国平. 中学数学教学设计［M］. 成都：西南交通大学出版社，2015：131.

② 同①132.

三、命题之间的关系

命题之间的关系如图 2－1 所示。

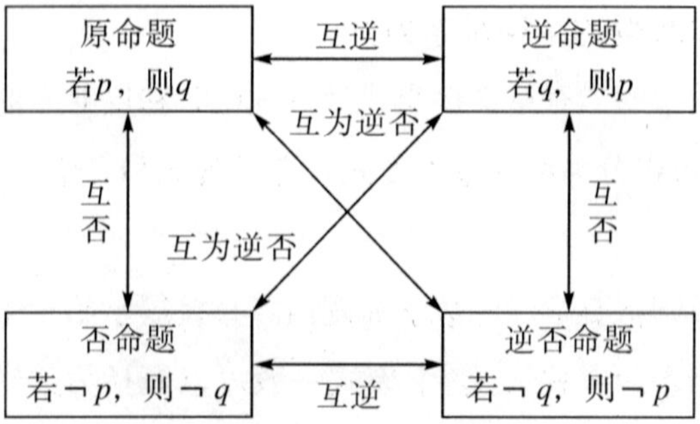

图 2－1　命题之间的关系

四、数学命题学习的过程

现代认知心理学认为，数学命题学习实质上是新旧知识之间相互作用，并形成新的数学认知结构的过程[①]。与概念同化相同，新学习的数学命题与学生原有认知结构中起固定作用的观念大致可构成三种关系，即下位关系、上位关系、并列关系。相对应于这三种关系，数学命题有三种学习形式，即下位学习、上位学习和组合学习。上位学习与下位学习不是固定不变的，而是相对于学习者的原有知识而言的。以上三种命题的学习形式并不矛盾，常存在于同一个命题中，知识所占比重不同。

第二节　中学数学命题教学的一般模式

根据命题学习的过程与要求，形成数学命题教学的一般模式：获得命题（引入命题）—证明命题—应用命题—构建命题体系。

一、获得命题（引入命题）

命题获得是指学生在学习新知识时，头脑中与其相关的原有的数学知

① 施良方. 学习论［M］. 北京：人民教育出版社，2001：239.

识与之建立起上位、下位、并列等联系的过程，这样新知识会被旧知识同化或顺应，形成新的联系。

（一）命题获得的两种基本方式

根据奥苏伯尔的“有意义接受式学习理论”和皮亚杰的“发生认知理论”，命题获得可以分为两种基本方式，即呈现式和发生式①。

1. 呈现式。

呈现式是教师将要学习的数学命题内容直接展示给学生，学生通过表征、联想获得命题的方式②。教学模式一般可以概括为：展示命题、证明命题、应用命题、形成命题系。

利用呈现式教学方式引入，学习者首先必须对所学习的内容有初步的学习意向，其次对于学习的材料必须具有潜在意义，最后学习者要具备将已学习的知识与将要学习的内容联系起来的意识。

2. 发生式。

发生式是将命题产生的过程揭示出来，使学生在体悟命题的发生和发展的认知中获得命题的一种学习方式③。教师向学生提供一系列的实例、研究素材，或从数学史的角度介绍，让学生在一定的情境下，通过观察、实验、操作、讨论和思考，探索规律，提出猜想和假设，然后获得数学命题。主要包括以下步骤：情境引入、归纳命题、证明命题、应用命题、形成命题系。

比如，在学习等比数列时，教师通过创设情境，给出几组数列，让学生观察每组数列之间的共同属性，抽象出共同特征，引导学生思考应该如何给等比数列下定义。同学们通过类比等差数列的定义及观察得到的共同特征，能很快得出等比数列的定义。

再如，在探究三角形的内角和时，学生在已经学习内容的基础上进行自主探索，通过测量、剪拼等得出三角形的内角和的证明思路，教师再引

① 喻平. 数学教育心理学［M］. 南宁：广西教育出版社，2004：216.
② 同①.
③ 同①217.

导学生做辅助线证明，学生进而能很好地掌握证明的方法，并对其进行论证。

（二）命题引入的途径

按命题引入的途径来分，可以分为如下几种方法。

1. 由实际操作引入命题。

教师在教学过程中向学生提供一些与生活实际相关的素材，让学生动手实践，调动学生的积极性。

比如，在学习“三角形全等的判定”时，教师应鼓励学生通过实践，按照已知三角形的一条边、一个角、两条边、两个角、一边一角、三条边、三个角等条件对其进行动手操作。按照这些条件剪一剪准备好的硬纸片，比较它们能否全等。通过操作，学生发现三边相等的时候，两个三角形全等，从而验证判断两个三角形全等的“边边边”判定定理。这种通过实际操作的方式引入所学内容的方法，可以获得良好的教学效果。

2. 用观察、归纳的方法引入命题。

在引入本节课所学习的内容时，教师可以先给出一些具体的、特殊的例子，让学生观察比较，然后归纳总结出新发现的数学命题知识。

比如，在学习函数的零点与方程的解时，教师通过给出表 2-1，首先让学生计算三个方程的根，然后引导学生将方程与其对应的函数联系起来，观察所画的函数图象与 x 轴的交点与方程的根之间具有什么样的联系，接着引导学生总结，思考这种关系在一般的一元二次方程及其相应的二次函数的图象与 x 轴交点的关系是否仍然成立。学生自行归纳总结，最后得到一元二次方程的根即为相应的二次函数图象与 x 轴交点的横坐标这一结论。若其相对应的二次函数图象与 x 轴无交点，则称其没有实数根，如表 2-1 所示。

表 2-1　一元二次方程与其相应的二次函数图象之间的关系

方程	$x^2-2x-3=0$	$x^2-2x+1=0$	$x^2-2x+3=0$
根	$x_1=-1$，$x_2=3$	$x_1=x_2=1$	无实数根
函数	$y=x^2-2x-3$	$y=x^2-2x+1$	$y=x^2-2x+3$
图象	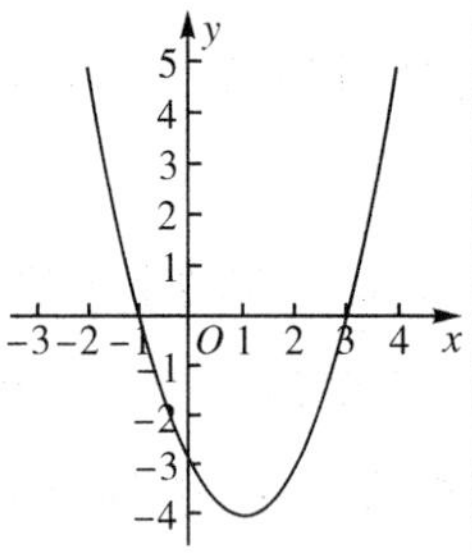	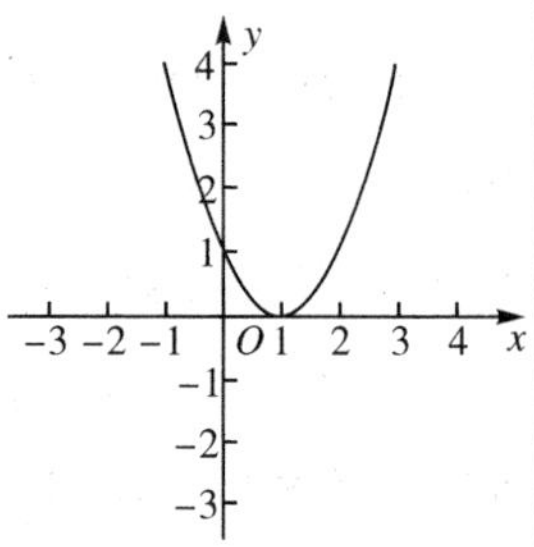	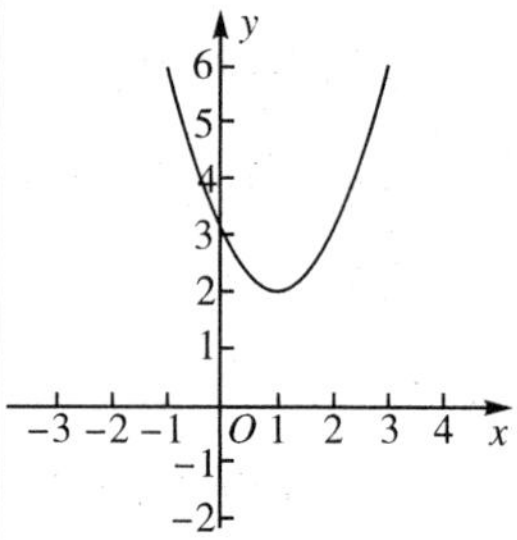
与 x 轴交点	有两个交点：$(-1, 0)$，$(3, 0)$	只有一个交点：$(1, 0)$	没有交点

又如，进行“等边三角形的判定”教学时，在回顾上节课学习的等腰三角形的性质以及等腰三角形的判定定理的基础上，教师直接提问：作为特殊等腰三角形的等边三角形的性质是什么？如何确定一个三角形是否为等边三角形？

在教师的引导下，学生一般能够得出等边三角形的性质。对于等边三角形的判定，学生可能会出现多种情况，比如直接从等边三角形的性质出发得到等边三角形的判定定理，也有从等腰三角形的判定延伸，先证明它是等腰三角形，再补充条件，证明它是等边三角形。这时，教师可以提问：如果已经知道一个三角形是等腰三角形的情况下，如何判定它是等边三角形呢？

下面是实际教学中的部分片段：

学生 1：等边三角形的三个内角都等于 60°，我认为当等腰三角形的三个内角都等于 60°时，等腰三角形就是等边三角形。

学生 2：等腰三角形的两条腰相等，我认为要使等腰三角形变成等边三角形，只要使得等腰三角形的腰和底边相等即可。

（此时，有些学生同意该学生的观点，有些则反对，引发激烈的讨论。教师可以让反对该观点的学生起来发言。）

学生3：我不同意这位同学的观点。因为任何一个三角形满足这个条件都是等边三角形，根据等角对等边，三个内角都是60°，所以它们所对的边一定相等。这一问题中“已知是等腰三角形，满足什么条件的时候是等边三角形”，我认为这个条件给的太多了。

教师：三个角都是60°，这个条件的确有点浪费了，那么怎样的条件才算合适呢？下面请同学们在学习小组内针对这个问题进行讨论。

这时候教师再提出问题：你认为有一个角等于60°的等腰三角形是等边三角形吗？能证明你的结论吗？

（教师应该给学生足够的时间进行自主探索和思考）

3. 由实际的需要引入命题。

数学源于生活，用于生活。在现实生活和生产实践中经常会用到一些数学方法，随之会推导出数学定理、法则等。

比如在学习余弦定理时，教师可以提出问题：某隧道修建过程中遇到山脉，现施工队想测出山脉的长度，如图2-2所示，在合适的地方选择一点，测得这个点到山脉一端的距离是9km，到山脉另一端的距离是12km，夹角为120°，根据现有条件你能否测出山脉的长度呢？这样便可以调动学生解决问题的动机，引导学生去推导余弦定理。

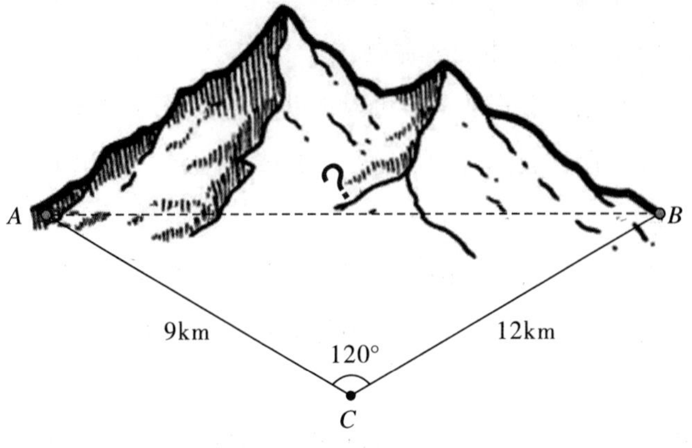

图2-2　测量山脉长度

又如，在学习等比数列时，可以从“一尺之棰，日取其半，万世不竭”（意思是：一尺长的棍棒，每日截取它的一半，永远截不完。源自《庄子·杂篇·天下》）这个与生活密切相关的实际问题来进行数学命题导入。

4. 由“矛盾”引入命题。

教师通过引入具体的例子制造“矛盾”，引导学生在“矛盾”中学习新知识。

比如，在学习“两角的和与差公式”时，学生容易产生这样的错误：$\cos(\alpha+\beta)=\cos\alpha+\cos\beta$。因此，教师在上课时可以向学生展示如下的题目：$\cos(30°+30°)=\cos60°=$______？$\cos30°+\cos30°=$______？学生经过计算可以发现 $\cos(30°+30°)\neq\cos30°+\cos30°$，即可以得出 $\cos(\alpha+\beta)\neq\cos\alpha+\cos\beta$，接着引导学生学习本节课的新知识：$\cos(\alpha+\beta)=\cos\alpha\cos\beta-\sin\alpha\sin\beta$。这样学生通过在思辨中对新知识进行理解、掌握，从而加深对知识的记忆。

5. 加强或减弱命题条件引入命题。

在命题教学中，教师会将之前学习过的命题的条件或结论进行加强或弱化，以此来引入新的命题。

比如，在学习相似三角形时，教师将判定全等三角形的条件进行弱化，从而引出相似三角形的判定定理。

6. 借助现代信息技术引入命题。

信息技术与数学课程的融合可以帮助学生加深对教材内容的理解和掌握。在进行几何命题教学时，借助信息技术的演示，学生可以获得更直观的感受。

比如，在学习“直线与圆的位置关系”时，教师可以播放一段太阳升起或下落的视频，让同学们观察太阳与地平线之间的关系，从而引出本节课的内容：直线与圆的位置关系。

除上面讲的教学方法之外，教师还可以从数学范畴的界定、已有的公理或定理等出发，推导出命题，或由已经掌握的命题入手，构造逆命题、否命题或逆否命题，以便于获得新的命题。综上所述，在数学命题教学课程中，教师必须针对新命题的具体内容，并根据学生的理解水平和心理水平对所需要掌握的新命题加以讲授。

二、证明命题

数学命题的证明就是把新的数学命题与认知结构中原有的知识联系起来，对其进行选择性地组合，运用各种推理形式使新的数学命题获得意义。

数学命题的证明反映了数学命题与原有知识之间的逻辑联系，是培养学生逻辑思维能力的有效方法。学习数学命题的证明，有助于学生加深对数学命题的理解和记忆，增强学习数学命题的信心，并激发学生对学习的兴趣。在数学命题证明的教学过程中，教师要注意从以下几个方面对学生进行引导。

（一）引导学生分析命题证明的思路

在数学命题证明过程中，教师应引导学生找到该数学命题的证明方法，并根据该数学命题的条件和结论来分析证明思想。学生从相关的概念、定理、公式和经验的认知结构中提取所需材料，从给定的各种可能证明思路中提出假设，并通过分析来选择从条件到结论之间成功可能性最高的路径，再进一步探索其中的各个中间环节。如果失败，就换另一种思路进行证明，直到找到一种能由条件推导出结论的证明方法。

（二）通过思维训练规范命题证明过程

在数学命题证明的过程中，学生不仅要学习命题的表达方式，更要完善证明的过程。有些时候学生虽然掌握了证明数学命题的思路，但是当使用命题证明来解决实际问题时，他们常常会发现原有思路是不可行的。这些现象产生的原因是学生思维中的证明思路是简单的、刻板的，因此在进行证明的时候可能会发生错误，这在最终表达的时候就能够暴露出来。

因此，即使学生的证明思路是正确的，仍有必要检查证明过程的使用条件，并使证明过程规范化。

（三）通过揭示数学思想方法掌握命题证明的技巧

在数学命题证明过程中，学生不仅要学习如何分析命题证明思路，正确表达命题证明过程，而且要掌握和理解证明过程中使用的数学方法，这才是命题证明的本质。优秀的教师注重数学思想方法在教学过程中的渗透，并会在总结知识结构时进行阐明，这有利于学生掌握数学命题证明的技巧，以便其能迅速地选择解决数学命题证明的方法。

在对命题进行证明的过程中，可通过揭示不同的思想方法，使学生掌握命题证明的技巧与方法，以便其将来在遇到类似问题时，可以做到举一反三。每一类证明题所适用的数学思想方法可能有所不同，这就需要学生把握每一种证明技巧，并灵活选择合适的数学方法来证明命题。

（四）探讨多种证明方法

用多种方法证明数学命题，不仅可以拓宽学生的证明思路，培养学生的数学思维能力，提升学生思维的灵活性、广阔性和批判性，还可以使其从多个角度把握数学原理，加深对数学命题的理解。同时，讨论各种证明方法，有利于培养学生的数学交流能力。通过比较，学生将发现各种证明方法的优缺点，并体会到各种证明方法蕴含的数学思想，这对于发展学生的数学能力和提高他们的数学素养非常有益。

但是，由于上课时间有限，教师无法一一说明不同的证明方法，因此教师可以选择其中一种证明方法进行解释，其余证明方法可以留给学生课后探讨。这样，不仅能激发学生的学习兴趣，锻炼学生的思维，还能让学生在各种方法的证明中体验不同方法的优点和缺点，加深他们对数学原理知识的理解。

三、应用命题

在命题学习的应用过程中，学生常会忽略其成立条件与适用范围，从而出现错误。比如基本不等式$\sqrt{ab}\leqslant\frac{a+b}{2}$的适用范围是$a>0$，$b>0$，教师在教学时要特别强调这一点。

在应用阶段，可以通过习题巩固学生对数学命题的掌握程度，阐明其所能解决的基本题型。比如在学习余弦定理之后，主要可以解决三角形已知三边求角度的问题、已知两边及夹角求其他边角的问题，还有生活中的航海测量、天文观测、高度测量等问题。

在教学中，教师还可以根据学生的认知发展水平，对所学知识进行适当延伸，扩大学生的知识面。比如在学习基本不等式时，可以以$\sqrt{ab}\leqslant\frac{a+b}{2}$为例，对其进行拓展。

四、构建命题体系

在整个数学学习过程中，随着学习的数学命题逐渐增多，学生的记忆负担逐渐加重，因此，教师在教学过程中，要注意引导学生从纵向和横向两个方面对所学的数学命题进行系统化归纳整理，构建起自己的命题体系。比如在学习完“平行与垂直”后，教师要引导学生对该知识进行系统化整理，建立命题体系，如图 2-3 所示。

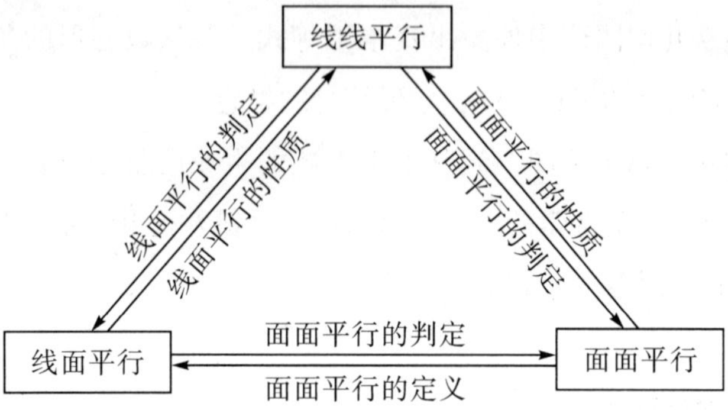

图 2-3　平行与垂直的命题体系

第三节　中学数学命题教学典型案例

“基本不等式” 教学设计

一、教材分析

“基本不等式”是人教版《普通高中教科书 数学 必修 第一册（A版）》的内容。《普通高中数学课程标准（2017 年版）》指出，学生必须掌握证明基本不等式的代数、几何学背景；了解并熟悉基本不等式的证明问题和几何方法；根据实际例子，会运用基本不等式处理较简单的最值问题。

二、教学目标

1. 探索基本不等式的生成、证明过程和几何解释，理解基本不等式的内容及证明方法，并能利用基本不等式解决简单的最值问题。

2. 经历从几何图形中抽象出基本不等式，并从数与形的角度探索证明方法、几何解释的过程，体会数形结合的思想。

3. 了解从“赵爽弦图”到基本不等式的生成的整个过程，使学生增强民族自豪感，感受数学的文化价值与审美价值，提升学生数学抽象、数学建模和逻辑推理等核心素养。

三、教学重难点

教学重点：基本不等式的内容及证明。

教学难点：基本不等式的几何解释与基本不等式求最值问题。

四、教法与学法

基于问题串、任务链驱动的教学模式。首先回顾由“赵爽弦图”抽象出重要不等式的过程，然后利用代换法得出基本不等式，接着通过逻辑推理证明基本不等式，并给出基本不等式的几何解释，进而学习基本不等式在求最值方面的应用，让学生体会检验条件“一正、二定、三相等”的必要性，并最终提炼出两种求最值的模型。

五、教学过程

“基本不等式”教学设计如表 2 - 2 所示。

表 2 - 2　“基本不等式”教学设计

教学环节	教学内容	设计意图
（一）情景导入，提出猜想	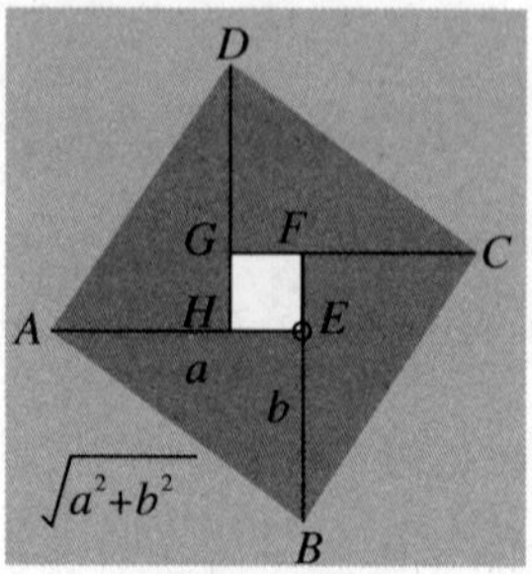 问题 1：观察上图会标，得到重要不等式，即对于任意实数 a，b，有 $a^2+b^2\geqslant 2ab$，当且仅当 $a=b$ 时，等号成立。 如果 $a>0$，$b>0$，我们用$\sqrt{a}$，$\sqrt{b}$分别代替上式中的a，b，可以得到怎样的式子？	通过选取上节课的不等式 $a^2+b^2\geqslant 2ab$ 的特殊形式，得到基本不等式 $\sqrt{ab}\leqslant\frac{a+b}{2}$，同时在两个不等式之间建立联系。让学生经历基本不等式的生成过程，培养严谨思维。
（二）代数证明，得出结论	问题 2：通过观察重要不等式 $a^2+b^2\geqslant 2ab$ 的特殊情形得到基本不等式，能否直接利用不等式的性质推导出基本不等式？ 追问 1：每一步的推理依据是什么？ 追问 2：上述证明方法称为“分析法”，你能归纳出用分析法证明命题的思路吗？ 追问 3：根据你所写的证明过程及课本的	直接利用不等式的性质，用分析法推导出基本不等式，让学生体会分析法的思路实际上是分析寻求结论成立

续表

<table>
<tr><th>教学环节</th><th>教学内容</th><th>设计意图</th></tr>
<tr><td>（二）代数证明，得出结论</td><td>内容，你能说说分析法的证明格式是怎样的吗？
问题 3：对于基本不等式 $\sqrt{ab}\leqslant\frac{a+b}{2}$，$a>0$，$b>0$，你还有其他的证明方法吗？（学生分组讨论探究不等式的证明方法）
对于 $a>0$，$b>0$，得到 $a+b\geqslant2\sqrt{ab}$，变形得到 $\sqrt{ab}\leqslant\frac{a+b}{2}$，当且仅当 $a=b$ 时，等号成立，称不等式 $\sqrt{ab}\leqslant\frac{a+b}{2}$ 为基本不等式。其中 $\frac{a+b}{2}$ 叫做正数 a，b 的算术平均数，$\sqrt{ab}$ 叫做 a，b 的几何平均数。
两个正数的算术平均数不小于它们的几何平均数。</td><td>的一个充分条件，明确推理逻辑顺序，引导学生认识分析法的证明过程和格式，为学生高中阶段的推理和证明提供更丰富的策略。
通过分析基本不等式的代数结构特征，得到不等式的代数解释，加深对基本不等式的认识。</td></tr>
<tr><td>（三）数证形释，深化理解</td><td>在下图中，AB 是圆的直径，点 C 是 AB 上一点，$AC=a$，$BC=b$。过点 C 作垂直于 AB 的弦 DE，连接 AD，BD。你能利用这个图形，得到基本不等式的几何解释吗？
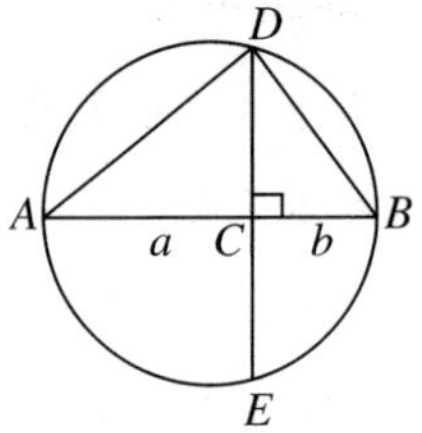

圆中直径不小于任意一条弦，当且仅当弦过圆心时，二者相等。</td><td>给出几何图形，引导学生将 $\sqrt{ab}\leqslant\frac{a+b}{2}$ 与图中的几何元素建立联系，再观察这些几何元素在变化中表现出的大小关系的规律，从而获得基本不等式的几何解释，发展学生的逻辑推理核心素养。</td></tr>
</table>

续表

教学环节	教学内容	设计意图
(四)典例剖析，巩固提升	**例1**　已知 $x>0$，求 $x+\frac{1}{x}$ 的最小值。 思考题：下面说法是否正确？ 1. $\sqrt{x^2+2}+\frac{1}{\sqrt{x^2+2}}$ 的最小值为 2。 2. 若 $xy>0$，则 $\frac{x}{y}+\frac{y}{x}$ 的最小值为 2。 3. 若 $x>0$，则 $x+\frac{1}{x}+\frac{1}{x+\frac{1}{x}}$ 的最小值为 2。 追问：通过上述讲解，满足什么条件的代数式能够利用基本不等式求最值？ **例2**　已知 x，y 都是正数，求证： (1) 如果积 xy 等于定值 P，那么当 $x=y$ 时，和 $x+y$ 有最小值 $2\sqrt{P}$； (2) 如果和 $x+y$ 等于定值 S，那么当 $x=y$ 时，积 xy 有最大值 $\frac{1}{4}S^2$。 追问：用基本不等式能够解决什么样的问题？ **例3** (1) 用篱笆围一个面积为 100m^2 的矩形菜园，当这个矩形的边长为多少时，所用篱笆最短？最短的篱笆长度是多少？ (2) 用一段长为 36m 的篱笆围成一个矩形菜园，当这个矩形的边长为多少时，菜园的面积最大？最大面积是多少？	通过例 1 及思考题让学生明确命题成立的条件与范围。在学生思维的最近发展区提出问题，启发学生独立思考，帮助学生学会思考，让学生体会转化与化归的数学思想，提升数学建模、逻辑推理核心素养。 由例 2 归纳出“积定和最小，和定积最大”。 通过例 3 的练习，帮助学生理解如何运用基本不等式模型理解和识别实际问题，从而用基本不等式解决问题，进一步发展学生的模型思想。

续表

教学环节	教学内容	设计意图
（五）课堂梳理，总结升华	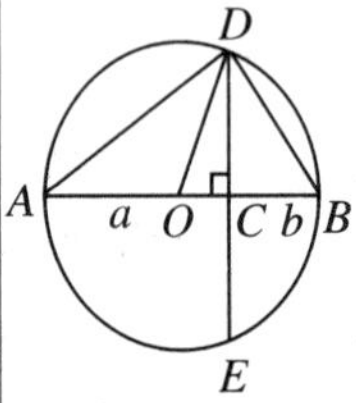 直观想象 基本不等式 $\frac{a+b}{2} \geq \sqrt{ab}$（$a>0$，$b>0$） 逻辑推理 数学运算 数学建模 直接证明与间接证明：综合法与分析法 运用：积定和最小，和定积最大	回顾本节学习内容和学习方法，体会研究一个特殊代数对象的一般过程。
（六）作业布置，拓展深化	必做题：课本习题2.2第1，2，3，6题。 选做题：如图，用一段长为30m的篱笆围成一个一边靠墙的矩形菜园，墙长18m，当这个矩形的边长为多少时，菜园的面积最大？最大面积是多少？ 	布置分层作业，满足不同学生的需求，也为学习下一节课的内容做铺垫。

第三章　中学数学解题教学

第一节　数学解题教学概述

一、数学解题

数学解题就是将数学概念和数学命题（公理、定理、公式、性质等）以一定逻辑序列，应用于数学题目的已知条件或已知条件的中间结果，从而获得原数学题目所要求答案的过程。

数学解题教学包含例题教学和习题教学两大方面。例题教学需要充分发挥以教师为主导的作用，教师要引导学生将已学的知识提取出来解决数学问题。例题教学是具有示范性的教学活动。习题教学则是体现以学生为主体的思想，具有实践性，是学生参照或模仿例题解决数学问题的活动。

二、数学解题的基本要求

（一）解题要有逻辑性

逻辑性要求学生在解决问题时要正确、迅速、清晰、简洁，也就是说在列公式、运算、推理、作图等步骤上都应准确无误，写出来的答案要有理有据、理由充足并且符合实际逻辑；在有理有据的基础上还要在规定时间内完成作答。另外，在解决问题上还需要遵循解题思路清晰、层次分明、书写规范的要求。

（二）解题要有程序性

程序性要求学生按照数学解题的步骤——审题、解题、验证三步解题法进行解题。首先，认真审题是关键，准确辨认并找出每道题目的条件和结论，善于分析捕捉隐含条件。其次，能够规范地用数学语言书写出解答过程，将自己的思维过程都表达出来。最后，要仔细检验计算结果是否正确，数学推理过程是否符合逻辑，每一步的解答是否已经书写完整，及时查漏补缺、纠正错误。

（三）解题要掌握方法

方法即数学解题的思想方法，而思想是精髓。在解题教学中，教师要引导学生在解决问题时领悟其中蕴含的数学思想方法，锻炼学生的思维能力，启发学生的创新能力，教会学生发现、分析、研究、思考问题，使学生逐步领会和理解数学思想方法。

（四）解题后要评价与反思

评价与反思即要求学生养成在解答题目后进行回顾和反思的习惯。思考是否还有另一种更简便的解法，此类题目是否具有变式性等。学生的这种意识需要教师在教学中一步步引导，一次次强调，促使学生在实践中形成习惯。

三、数学解题教学的意义

（一）促进智力和能力发展

学生在数学解题过程中，通常会被数学概念、定理、公式、法则所具有的抽象性而困扰，这是学生解题的难点，但又是解决数学问题的关键所在。在解决数学问题的过程中，学生会经常回忆和使用旧知识，并发展自身的数学逻辑思维能力，从而促进自身的智力和能力的发展。

（二）提高解决问题的能力

解决数学问题的关键在于掌握解题的技巧，解题教学能够使学生掌握一定的解题技巧，从而提高解决问题的能力。

（三）理解知识和掌握知识

在解题教学中，学生通过实践发现问题，又通过教师的示范解决发现的问题，如此，学生的错误便得到及时的发现和改正，学生也能更好地理解知识和掌握知识。

（四）调整教学计划

教师从课堂解题教学中接收到学生的反馈，了解学生的数学学习情况，能够及时为下一步的教学计划和教学教法做出调整。

第二节 中学数学解题教学的基本要求

一、解题教学要对题目进行分类

（一）机械运用法则

机械运用法则适用于只需要简单地套用定理、法则或模仿例题便可以解出的题目。这类题目不需深入思考，偏简单和机械化。教师在课堂上把法则或例子讲完后，由学生自己演练即可。

例 1 解一元一次方程 $3x+5=7x+1$。

解：移项，得

$$3x-7x=1-5,$$

合并同类项，得

$$-4x=-4,$$

系数化为 1，得

$$x=1。$$

这类一元一次方程求解只需通过简单地移项、合并同类项、系数化为 1，便可以求出未知数 x。

（二）有选择的应用

一些题目可以应用或模仿课堂上讲过的某个法则或某个例子解出。但究竟用哪个法则或例子，并不是一目了然的。这需要学生掌握近段时间教师讲解的内容，同时还要求他们在有限的搜索范围内具有一定的判断力，教师可在课堂总结时让学生练习并适当讲解。

（三）组合的选择

组合类题目需将两个或两个以上的定理、法则或例子组合起来才能够求解。这类题目要求学生在掌握基础知识的基础上，学会融会贯通，这也是解题教学的重点。

例 2 如图 3－1，AC 和 BD 相交于点 O，$OA=OC$，$OB=OD$。求证 $DC/\!/AB$。

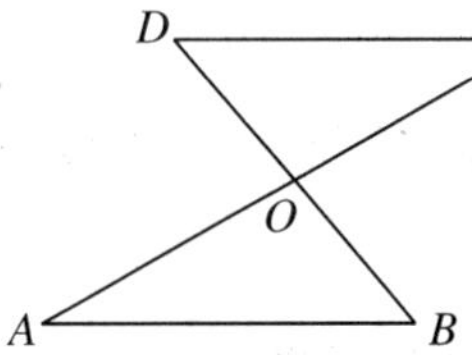

图 3－1

证明：

$\because OA=OC$，$OB=OD$，

又 $\because \angle COD=\angle AOB$，

$\therefore \triangle COD\cong\triangle AOB$，

$\therefore \angle A=\angle C$，

$\therefore DC/\!/AB$。

本题根据 $OA=OC$，$OB=OD$，$\angle COD=\angle AOB$，即可证出 $\triangle COD\cong\triangle AOB$，则可得出 $\angle A=\angle C$，再根据“内错角相等，两直线平行”，即可证出 $DC/\!/AB$。

开放题：如图 3－1，AC 和 BD 相交于点 O，$OA=OC$，任意添加一个条件，使得 $DC/\!/AB$。

添加 $OB=OD$，由 $\angle DOC=\angle BOA$，$OA=OC$

$\Rightarrow$运用 SAS，即可证 $DC/\!/AB$。

当任意添加两个条件时，你有多少种证明方法呢？

（四）复杂组合

当组合类型题目困难程度增加，即组合十分新奇，或必须组合的知识片段较多，或组合的知识片段取自内容区别较大的章节，便属于复杂组合题目。此类题目有利于激发学生的思考能力，引导学生对数学的深层研究。

1. 一题多解。

一题多解是指启发学生根据现有的知识储备和认知能力，从不同的方向、角度进行解题。运用不同的数学方法和不同的数学逻辑去理解、分析、解答同一数学问题，是数学解题的重要策略方法。这种方法能够使学生开拓思维，把学过的知识和方法融合在一起，提高学生分析问题和解决问题的能力。

例 3　求解函数 $y=\frac{3-\sin x}{3+\sin x}$ 的值域。

解法一：（有界法）

由 $y=\frac{3-\sin x}{3+\sin x}$，得 $\sin x=\frac{3(1-y)}{1+y}$。因为 $|\sin x|\leqslant 1$，所以 $\left|\frac{3(1-y)}{1+y}\right|\leqslant 1$。

解之得 $\frac{1}{2}\leqslant y\leqslant 2$。到此求得函数的值域为 $\left[\frac{1}{2}, 2\right]$。

解法二：（分离变量法）

由 $y=\frac{3-\sin x}{3+\sin x}$，得 $y=-1+\frac{6}{3+\sin x}$，因为 $|\sin x|\leqslant 1$，所以 $2\leqslant 3+\sin x\leqslant 4$，

所以 $\frac{3}{2}\leqslant\frac{6}{3+\sin x}\leqslant 3$，$\frac{1}{2}\leqslant -1+\frac{6}{3+\sin x}\leqslant 2$。到此求得函数值域为 $\left[\frac{1}{2}, 2\right]$。

解法三：（导数法）

先证明函数 $y'=\frac{-6\cos x}{(3+\sin x)^2}$，令 $y'\geqslant 0$，解得 y 在 $\left[0, \frac{\pi}{2}\right]$，$\left[\frac{3\pi}{2}, 2\pi\right]$ 上为减函数，在 $\left[\frac{\pi}{2}, \frac{3\pi}{2}\right]$ 上为增函数。$y(0)=1$，而 $y\left(\frac{3\pi}{2}\right)=2$，故 y 的最大值为 2。$y\left(\frac{\pi}{2}\right)=\frac{1}{2}$，而 $y(2\pi)=1$，故 y 的最小值为 $\frac{1}{2}$。

到此求得函数值域为$\left[\frac{1}{2}, 2\right]$。

2. 多题一解。

多题一解是指学生使用同一种数学逻辑思想和解题策略去解决不同的数学问题。要求学生把握数学问题的本质，掌握解决数学问题的核心方法，能建立不同问题之间的联系，找出知识的内在关系；学会灵活变通、融会贯通，能将大量的数学问题总结归纳为一种模块、一个专题，进而提高学生解题的能力，达到举一反三、触类旁通的效果。

例4 如图3-2，l_1与l_2是平面内两条相交的直线，如果在这一平面内再多画一条直线l_3，那么这3条直线最多有______个交点；如果再加一条直线l_4，那么这4条直线最多有______个交点。在一个平面内有6条直线呢？n（n为大于1的整数）条直线最多可有______个交点。（用含n的代数式表示）

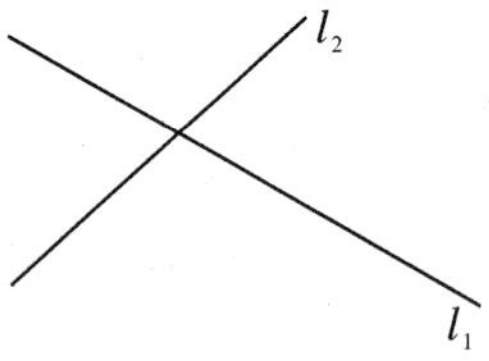

图3-2

解：若同一平面有3条直线，两两相交且交点都各不相同，则最多有3个交点，如图3-3所示。

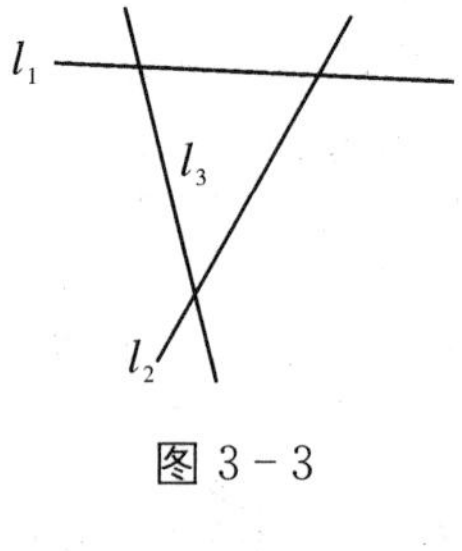

图3-3

若同一平面内有4条直线，并且两两都相交，且交点各不相同，则最多有6个不同的交点，如图3-4所示。

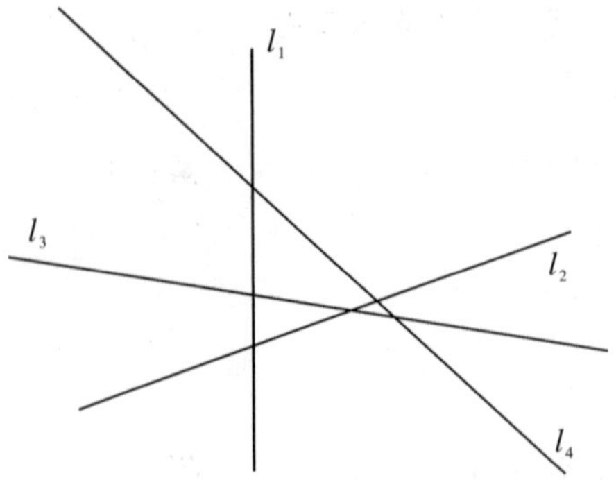

图 3－4

综上我们可以猜想，在同一个平面内的 5 条直线最多有 10 个交点，则 n（n 为大于 1 的整数）条直线最多可有$\frac{n(n-1)}{2}$个交点。

于是我们得到了一个很有用的式子$\frac{n(n-1)}{2}$，我们只要理解其中的实际含义，就能在很多问题的求解中派上用场。

例 5　春节期间，某中学初一（8）班的全体同学互相打电话拜年，假设全班每一位同学都通过一次电话。该班有 50 名同学，那么同学之间共通了多少次电话？如果该班有 n（n 为大于 1 的整数）名同学，那么共通了多少次电话？

分析：由题意可知，选择其中一名同学，则他与其他同学共通了（$n-1$）次电话，因此如果该班有 n 名同学，那么共通了$\frac{n(n-1)}{2}$次电话，则 50 名同学共通了$\frac{50\times(50-1)}{2}=1225$ 次电话。

二、解题教学要有明确的目的性

教师在备课时要根据教学目标，有计划地选择例题。每个例题都有自己的使命，教师应以各种例题为媒介，向学生传授知识，让学生在解题的过程中了解某个概念的内容，学会利用某个法则和性质解题或掌握此类题型的解题方法等。

例 6　利用不等式的性质解不等式。

（1）$x-7>26$

解：$x-7+7>26+7$

$x>33$

（2）$3x<2x+1$

解：$3x-2x<2x+1-2x$

$x<1$

（3）$\frac{2}{3}x>50$

解：$\frac{3}{2}\times\frac{2}{3}x>\frac{3}{2}\times 50$

$x>75$

（4）$-4x>3$

解：$\frac{-4x}{-4}<\frac{3}{-4}$

$x<-\frac{3}{4}$

通过以上例题，学生便能够熟练借助不等式的性质解决不等式问题。

三、解题教学要有正确的示范性

教学中的示范性要求教师向学生传递的知识准确无误，所讲解的例题具有典型性，教师通过此类例题让学生掌握基本的解题方法，使学生能够模仿解出相同类型的题目，并正确规范地书写解答过程。

四、解题教学要有积极的启发性

教师的主要职责在于引导学生学习，在教学过程中，教师应以启发学生为主，引导学生积极思考，让学生探索解题的方法和技巧。

例 7　求和 $T_n=1^2+2^2+3^2+\cdots+n^2$。

教师启发学生寻找 $S_n=1+2+3+\cdots+n$ 与 $T_n=1^2+2^2+3^2+\cdots+n^2$ 之间的关系为 $S_n:T_n=3:(2n+1)$，问题即可获解。

五、解题教学要有适度的变通性

方法和模型很重要，但学生不应受到这些方法和模型的束缚。学生掌握了课本的基本知识和常规题型之后，教师应结合课本实例和练习进行适当调整，通过增加、减少或替换原有问题的条件、归纳方式或解决方法，一式多变，将问题横向或纵向延伸来加深学生对知识的印象，让学生的思维更加灵活。

变式练习考验学生的随机应变能力，以不变的知识应对万变的题目也是解题教学的一大重点。将同一类型题目进行数字更换、条件替换或已知与未知替换等变形，有助于学生灵活运用新旧知识解决问题，发挥自主创新意识。

如在学习一元一次方程的行程问题时，就可以运用变式对学生进行训练。

例 8　陈庄和黄庄两地之间的距离为 1400 米，甲从陈庄出发每分钟步行 80 米，乙从黄庄出发每分钟步行 60 米，两人同时出发，相向而行，多长时间后能够相遇？

变式 1：两人同时出发，相向而行，经过多长时间相距 100 米？

变式 2：现在乙先走 120 米，两人相向而行，在甲出发多久后两人相遇？

改变情境：丙、丁两人合作做羽毛球 480 个，丙每小时做 160 个，丁每小时做 120 个，两人同时做羽毛球，需要多长时间完成？

变式 1：丙、丁两人合作加工瓶子 480 个，丙单独完成需要 6 小时，丁单独完成需要 4 小时，两人同时加工，多长时间可以完成？

变式 2：如果丙先完成一半，然后与丁一起完成剩余量，多长时间可以完成？

通过改变条件、问题情境，让学生学会解决问题的方法，拓宽学生的思维空间，让学生在体验操作的过程中，感受应用题之间的内在联系，探寻解题的途径，归纳出解题的思路和技巧，揭示等量关系形成的核心，提高分析问题的能力和思维能力。

六、解题教学应重视开放题的延拓

学生的思维能力得到锻炼的最好方式便是重视开放题型的训练，这种题型能培养学生的创新能力，让学生积极地投入数学解题的思考中，提高学生的学习积极性，可以弥补封闭题无亮点、无新颖性的不足。

例 9 如图 3－5，已知 $CA=CD$，$BC=EC$，请增加一个条件之后，求证 $AB=DE$。

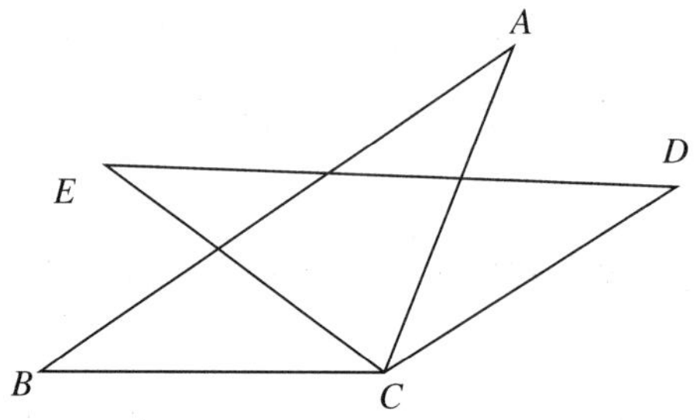

图 3－5

解决此题学生需要对证明三角形全等的 5 个判定定理进行回顾与思考，通过对比判定定理中的已有条件和缺失条件，学生在添加了$\angle BCE=\angle ACD$ 或$\angle BCA=\angle ECD$ 等条件后，方可证明 $AB=DE$。

七、解题教学要突出数学思想方法

数形结合思想方法、转化与化归思想方法等数学思想方法是教师教学过程中的重点与难点，对学生学好数学具有举足轻重的作用。给予学生数学学习的结果不如给予学生学习数学的技巧，数学思想方法便是教师传授给学生的技巧。学生掌握了数学思想方法，也就能掌握数学的学习方式。

第三节　中学数学解题教学设计优化策略

一、注重概念、定理、法则、公式的教学

学生多因对数学概念、定理、法则、公式理解不透而导致解题过程出现错误。[①] 故教师应在解题教学中注重概念、定理、法则、公式的教学，多选择综合性例题、习题，特别是通过直观实例、具有启发性的典例，启发学生灵活运用和重组已学知识。

---

① 易志伟，蒲大勇，张明．分析错误，找出原因，研究规律：2012 年四川南充中考数学学生答题调查与分析［J］．中学数学，2013（14）：27－31．

二、依托新课程标准，立足学生实际情况设计教学过程

课程标准强调关注学生的动手实践、自主探索与合作交流学习，引领学生投入到丰富多彩、充满活力的数学学习过程中去。这就要求教师改变以往以讲授法为主的教学模式，在课堂教学中增加更多合作互动、自主探究的学习活动，让学生经历发现数学问题、主动思考解决实际问题的方法和策略、构建数学模型，最后运用所学知识解决问题的过程。

三、准确示范解题过程，揭示解题思路，渗透数学思想

数学解题教学过程中，教师对数学问题解题过程的准确示范，有利于学生准确理解数学概念和方法。在教师引导学生自主探究之后，学生已对问题及解题思路有了初步认识，甚至已经找到了解题的方法，这时教师再从审题、解题、回顾三个步骤揭示解题思路，展示进行解题的数学方法，这样循序渐进的解题教学更有利于渗透数学思想。

例 10　设 $f(x)=\lg\dfrac{1^x+2^x+\cdots+(n-1)^x+n^x a}{n}$，其中 $a\in\mathbf{R}$，$n\in\mathbf{N}$，$n\geqslant 2$。若 $x\in(-\infty,1]$ 时，$f(x)$ 有意义，求 a 的取值范围。

分析：当 $x\in(-\infty,1]$ 时，$f(x)$ 有意义

$\Leftrightarrow 1^x+2^x+\cdots+(n-1)^x+n^x a>0$，$x\in(-\infty,1]$

$$\Leftrightarrow a>-\left[\left(\frac{1}{n}\right)^x+\left(\frac{2}{n}\right)^x+\cdots+\left(\frac{n-1}{n}\right)^x\right]=\varphi(x)$$

$\Leftrightarrow a$ 大于函数 $\varphi(x)$ 在 $(-\infty,1]$ 上的最大值。

于是，该问题归结为求 $\varphi(x)$ 在 $(-\infty,1]$ 上的最大值。

教师讲解本例题时应注重化归思想的渗透，培养学生运用化归方法的能力。

四、给予学生更多的思维活动时间和空间

学生是鲜活的个体，他们有自己的思维世界，要将新知识教授给学

生，就要让学生主动去探索和接受，而这个过程需要给予学生足够的时间和空间去思考和理解。教师要站在引导者的视角，组织和创造更多让学生讨论交流和展示自己观点的机会，使不同层次的学生都能发挥自身最大的潜能。同时，教师要对学生的观点及时进行梳理、点评和归纳，发现错误和遗漏，应及时纠正和补充。

五、改变教学理念，优化教学方法，转变教学过程表现形式

数学解题教学过程是复杂的、活泼的、生动的。传统的教学理念显然不能满足现代教学实践的需要，教师应转变教学理念，成为学生数学思想方法和数学思维活动的促进者。无论是课程设置、教材分析还是教学实践，教师都应对数学有全面的认识，采取鲜活生动的、具有探索性和开放性的教学方法，更能激发学生的学习兴趣。

现代教育技术在教育教学中的应用大大提高了教学效率和教学水平。随着中学数学抽象性知识不断增多，借助多媒体辅助教学可以将许多数学问题具体化、形象化、直观化，如立体几何、解析几何、函数等都可以用计算机进行动态刻画和展示其规律与变化。

第四节　中学数学解题教学案例

"集合间的基本关系"（习题课）教学设计

一、课标分析

1. 集合的包含和相等的概念对于后续的高中数学学习有着重要的意义，也是高中数学最基本的一项工具，故在本课时中需要让学生掌握子集、真子集的含义，能准确识别给定的特殊集合的子集和真子集。

2. 利用数学直观的思想，即采用韦恩（Venn）图表达集合间的关系，体会直观图示对理解抽象概念的作用。加强学生自主探究、合作学习、动手操作、阅读自学的能力，发展和培养学生的数学核心素养以及数学创新

应用意识。

二、教材分析和设计意图

本节课节选自人教版《普通高中教科书 数学 必修 第一册》第一章“1.2集合间的基本关系”。集合作为数学最基本和重要的工具之一，在数学及其他领域有着广泛应用，其中最为重要的是用集合的语言来描述函数，这也是高中阶段的重点、难点，因此集合语言作为一项研究工具，对数学学习是非常重要的。

本节内容主要针对集合间基本关系的学习，重点在于让学生通过类比实数间的关系进行探究，培养学生数学符号语言、图形语言的使用能力，让学生在直观的基础上理解抽象的概念。同时它也是后续学习集合运算的知识储备。

学好本节内容对于培养学生的数学核心素养有着重要的作用，数学核心素养包含数学抽象、逻辑推理、数学建模、直观想象、数学运算和数据分析。在本节知识中，要融会贯通数学核心素养的培养，首先对于集合这样的抽象概念，在教导学生过程中要培养学生的数学抽象核心素养；对于包含与被包含、子集与真子集关系的探究，涉及逻辑推理的部分，要着重培养学生的逻辑推理核心素养；Venn 图的引入，化抽象为具体，利用数形结合的思想，着重培养学生的直观想象核心素养；对于集合的复杂包含关系，可能涉及计算，也同样培养了学生的数学运算核心素养。可见，将数学核心素养贯通数学教学，课堂才能得到最好的教学效果，因此在设计教学时，需要把集合教学与数学核心素养培养有机结合起来。

三、学情分析

在之前的学习中，学生对于子集、集合相等、真子集、空集等相关概念已经有所掌握，并进行了相关练习。随着习题难度的提高、题型的多样化，学生在做题学习领悟的过程当中也越来越吃力。高一的学生求知欲强，精力旺盛，思维活跃，已经具备了一定的观察、分析、归纳能力，能够很好地配合教师开展教学活动，所以教师需要对各类题型进行专题分析，以提高学生的数学分析及数学应用能力。

四、教学目标及学科核心素养

（一）教学目标

1. 会推导与子集、真子集个数有关的四个结论；会利用集合间的基本关系求参数的取值范围。

2. 通过类比实数间的关系，研究集合间的关系，培养学生类比、观察、分析、归纳的能力；培养学生用数学符号语言、图形语言进行交流的能力。

3. 激发学生学习兴趣，体会图形、符号带来的魅力；让学生感悟数学知识间的联系，培养良好的思维习惯及思维品质。

（二）核心素养

1. 理解子集、真子集的概念及集合相等的含义，培养学生的逻辑推理核心素养。

2. 掌握子集、真子集及集合相等的应用，会判断集合间的基本关系，尤其要注意空集这一特殊集合的意义，培养学生的逻辑推理核心素养。

3. 能利用韦恩图表达集合间的关系，从而培养学生数形结合的思想意识。

五、教学重难点

教学重点：集合间包含与相等的含义；子集、真子集的个数问题。

教学难点：由集合间的关系求参数的取值范围。

六、教法与学法分析

启发式、讲练结合、自主探究、合作交流。

七、教学过程

（一）课前知识梳理

1. 子集。

定义：一般地，对于两个集合 A，B，如果集合 A 中任意一个元素都是集合 B 中的元素，就称集合 A 为集合 B 的子集。

记法与读法：记作 $A\subseteq B$（或 $B\supseteq A$），读作"A 包含于 B"（或"B 包含 A"）。

图示（见图 3－6）：

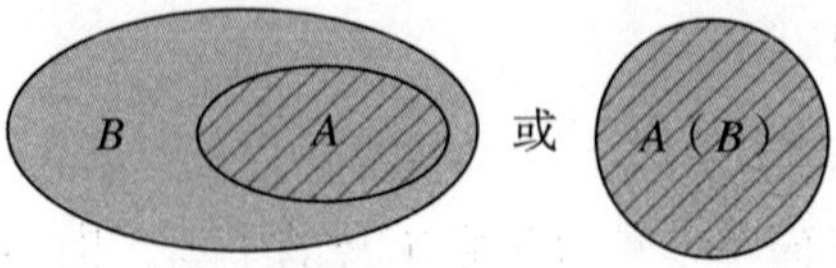

图 3－6

结论：

（1）任何一个集合是它本身的子集，即 $A\subseteq A$。

（2）对于集合 A，B，C，若 $A\subseteq B$，且 $B\subseteq C$，则 $A\subseteq C$。

一般地，如果集合 A 的任何一个元素都是集合 B 的元素，同时集合 B 的任何一个元素都是集合 A 的元素，那么集合 A 与集合 B 相等，记作 $A=B$。也就是说，若 $A\subseteq B$，且 $B\subseteq A$，则 $A=B$。

2. 真子集。

定义：如果集合 $A\subseteq B$，但存在元素 $x\in B$，且 $x\notin A$，就称集合 A 是集合 B 的真子集。

记法：记作 $A\subsetneqq B$（或 $B\supsetneqq A$）。

图示（见图 3－7）：

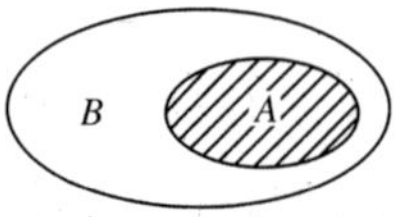

图 3－7

结论：

$A \subseteq B$ 且 $A \neq B$，则 $A \subsetneqq B$。

3. 空集。

定义：一般地，我们把不含任何元素的集合叫做空集。

记法：$\varnothing$

规定：空集是任何集合的子集，即$\varnothing \subseteq A$。

特性：

（1）空集只有一个子集，即它的本身，$\varnothing \subseteq \varnothing$；

（2）$A \neq \varnothing$，则$\varnothing \subsetneqq A$。

4. 性质。

（1）反身性：任何一个集合是它本身的子集，即 $A \subseteq A$；

（2）传递性：对于集合 A，B，C，如果 $A \subseteq B$，且 $B \subseteq C$，那么 $A \subseteq C$。

（二）课堂探究

探究 1　写出给定集合的子集（问题引入）

例 1　（1）请把｛篮球，足球，羽毛球｝的子集列出来，并指出哪些是真子集。

（2）填表回答问题：

集合	子集	个数
$\varnothing$		
｛篮球｝		
｛篮球，足球｝		
｛篮球，足球，羽毛球｝		

由此猜想：集合 $\{1, 2, 3, \cdots, n\}$ 的子集和真子集个数是多少呢？

反思感悟　（教师提问—学生发言—教师总结）

1. 分类讨论是写出所有子集的有效方法，一般按集合中元素个数的多少来划分，遵循由少到多的原则，做到不重不漏。

2. 若集合 A 中有 n 个元素，则集合 A 有 2^n 个子集，有 2^n-1 个真子集，有 2^n-1 个非空子集，有 2^n-2 个非空真子集，该结论可在选择题或填空题中直接使用。

变式训练 1　（学生展示）

若集合 A 有 3 个元素，则其非空真子集个数为（　　）。

A. 8　　B. 9　　C. 7　　D. 6

探究 2　韦恩图及其应用

例 2　下列能正确表示集合 $M=\{-1, 0, 1\}$ 和 $N=\{x \mid x^2+x=0\}$ 的关系的韦恩图是（　　）。

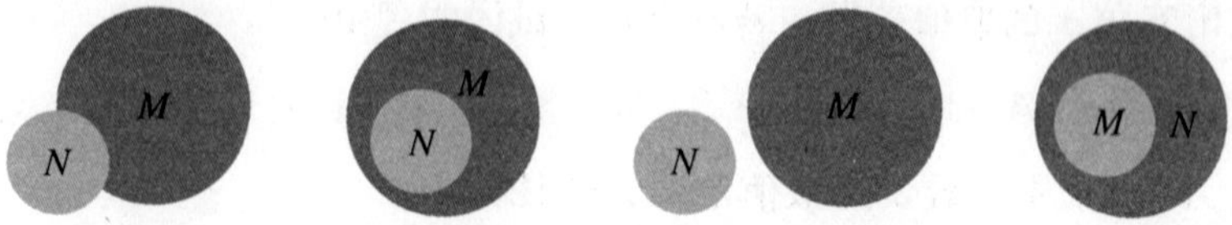

A　　B　　C　　D

变式训练 2　设 $A=\{$四边形$\}$，$B=\{$梯形$\}$，$C=\{$平行四边形$\}$，$D=\{$菱形$\}$，$E=\{$正方形$\}$，则下列关系正确的是（　　）。

A. $E \subsetneqq D \subsetneqq C \subsetneqq A$　　B. $D \subsetneqq E \subsetneqq C \subsetneqq A$

C. $D \subsetneqq B \subsetneqq A$　　D. $E \subsetneqq D \subsetneqq C \subsetneqq B \subsetneqq A$

探究 3　集合相等关系的应用

例 3　已知集合 $A=\{2, x, y\}$，$B=\{2x, 2, y^2\}$，且 $A=B$，求实数 x，y 的值。

反思感悟　（教师提问—学生发言—教师总结）

集合相等则元素相同，但要注意集合中元素的互异性，防止错解。

变式训练 3　若将本例已知条件改为"集合 $A=\{x, xy, x-y\}$，集合 $B=\{0, |x|, y\}$，且 $A=B$"，求实数 x，y 的值。

探究 4　由集合间的关系求参数的范围（难点）

例 4　已知集合 $A=\{x \mid -5<x<2\}$，$B=\{x \mid 2a-3<x<a-2\}$。

（1）若 $a=-1$，试判断集合 A，B 之间是否存在子集关系；

（2）若 $A \supseteq B$，求实数 a 的取值范围。

反思感悟 （教师提问—学生发言—教师总结）

1. 求解此类问题通常需要借助数轴，利用数轴分析法，将各个集合在数轴上（含“=”用实心点表示，不含“=”用空心点表示）表示出来，以形定数，同时注意验证端点值，做到准确无误。

2. 涉及“$A\subseteq B$”或“$A\subsetneqq B$，且 $B\neq\varnothing$”的问题，注意要分 $A=\varnothing$ 和 $A\neq\varnothing$ 两种情况进行讨论，其中 $A=\varnothing$ 的情况容易被忽略，应引起足够的重视。

变式训练 4 （1）例 4（2）中，是否存在实数 a，使得 $A\subseteq B$？若存在，求出实数 a 的取值范围；若不存在，试说明理由。

（2）若集合 $A=\{x\mid x<-5$，或 $x>2\}$，$B=\{x\mid 2a-3<x<a-2\}$，且 $A\supseteq B$，求实数 a 的取值范围。（利用数轴）

例 5 已知集合 $M=\{x\mid 2x^2-5x-3=0\}$，$N=\{x\mid mx=1\}$，若 $N\subseteq M$，则 m 的取值集合为_________。

错解：由已知得集合 $M=\left\{3,\ -\frac{1}{2}\right\}$。

若 $N\subseteq M$，则 $N=\{3\}$ 或 $\left\{-\frac{1}{2}\right\}$。

于是当 $N=\{3\}$ 时，$m=\frac{1}{3}$；当 $N=\left\{-\frac{1}{2}\right\}$ 时，$m=-2$。

所以 m 的取值集合为 $\left\{-2,\ \frac{1}{3}\right\}$。

以上解题过程中都有哪些错误？出错的原因是什么？你该如何改正？如何防范？

提示：上述解法出错的原因是丢掉了 $N=\varnothing$ 这种情况。

正解：由已知得集合 $M=\left\{3,\ -\frac{1}{2}\right\}$。若 $N\subseteq M$，则 $N=\{3\}$ 或 $\left\{-\frac{1}{2}\right\}$ 或 $\varnothing$。

于是当 $N=\{3\}$ 时，$m=\frac{1}{3}$；当 $N=\left\{-\frac{1}{2}\right\}$时，$m=-2$；当 $N=\varnothing$时，$m=0$。

所以 m 的取值集合为$\left\{-2, 0, \frac{1}{3}\right\}$。

纠错心得　错解中由于忽视了空集是任何集合的子集，从而导致漏解，即忽略了 $N=\varnothing$的情况。分类讨论时，要注意做到分类标准清晰，既不重复又不遗漏。

变式训练 5　若集合 $A=\{x \mid x^2+x-6=0\}$，$B=\{x \mid x^2+x+a=0\}$，且 $B\subseteq A$，求实数 a 的取值范围。

（三）课堂练习

1. 集合 $A=\{0, 2, 4, 6\}$ 的子集个数是（　　）。

A. 8　　B. 12　　C. 15　　D. 16

2. 已知集合 $A=\{-2<x<5\}$，$B=\{x \mid m+1\leqslant x\leqslant 2m-1\}$，若 $B\subseteq A$，求实数 m 的取值范围。

3. 已知集合 $A=\{x \mid x<-1$，或 $x>4\}$，$B=\{x \mid 2a\leqslant x\leqslant a+3\}$，若 $B\subseteq A$，求实数 a 的取值范围。

（四）课堂小结

1. 给定集合的子集的个数的结论。

2. 由集合间的关系求参数的范围（难点），空集不容忽视。

3. 方法归纳：分析法，观察法，元素特征法，数形结合，分类讨论。

4. 常见误区：在解决问题时，容易遗忘空集$\varnothing$，它在集合中有重要的地位；求含参数的问题时，容易遗漏端点的取值，应注意讨论。

（五）作业布置

教材 P9　习题 1.2 第 5 题。

（六）板书设计

1.2 集合间的基本关系（习题课）

探究 1　写出给定集合的子集

探究 2　韦恩图及其应用

探究 3　集合相等关系的应用

探究 4　由集合间的关系求参数的范围（难点）

第四章　中学数学思想方法教学

第一节　数学思想方法概述

一、数学思想方法的含义

思想即思维活动的结果，属于理性认识，这是辞海中对思想的解释。钱佩玲教授在《中学数学思想方法》中指出，所谓的数学思想，就是运用于数学问题并帮助解决问题而产生的指导思想。例如转化与化归思想、方程与函数思想、数形结合思想、分类讨论思想等。数学学科本身具有严谨性和科学性特征，对数学思想方法进行分析和探讨，是数学研究的一个重点内容。“数学思想方法”这个概念自产生开始，无论是在数学界还是在教育界都得到极大的重视，其包含数学的一些基本概念，如定义、性质、公式等，以及其中所蕴含的数学思想方法。

沈文选撰写的《中学数学思想方法》一书中指出了数学方法是对数学学科认知的一种高度概括。臧雷通过对数学思想的不断研究而总结出宝贵的经验：用数学学科语言将事物的发展过程与彼此之间的相似之处联系起来，可以让我们从全局的角度去全面地看待问题，让我们更为高效、更为完善地解决问题。数学方法是对数学学科认知的一种高度概括，可以应用在实践中，对于数学问题的解决具有十分重要的作用。

数学思想方法包含两个层面的内容：一是数学思想，二是数学方法。如果重点在于解决问题的策略和指导方针，即数学思想；如果重点在于实际问题的解决手段，即数学方法。数学思想方法具有两个方面的性质，即理论性和实践性，偏重于从理论角度对思想进行描述即理论性，偏重于从实际角度解决问题即实践性。数学思想方法不仅仅是简单的数学运算和数学推理论证，也包含在发现数学问题、分析数学问题、解决数学问题的过程中所产生的思想与方法。

二、数学思想方法的意义

缺乏数学思想方法的指导，教学活动的展开将是没有核心的。让学生在探索知识的过程中，融合数学思想帮助思考问题，并获得高效的学习经验，从而进一步提高学习能力，才是数学思想方法的价值体现。

数学思想方法在中学数学课程教学中的作用主要体现在以下几个方面：首先，要想提高数学课堂的教学质量，可以采用数学思想方法策略教学。其次，数学思想方法通过其趣味性、便捷性、高效性可以激发学生的积极性，让学生意识到学习数学、解决数学问题是同玩游戏一般可以给人带来乐趣的。最后，数学思想方法可以使学生学习数学更有效率，掌握学习数学的方法，形成分析、推理能力。随着中学数学对学生数学思维能力的要求不断提高，学习任务也在不断加重，学会数学学习的方法，进行系统的记忆，才能更有效地学好数学，达到事半功倍的效果。

三、数学思想方法的特点

数学思想方法的主要特点包括四个方面：问题导向、统摄全局、抽象概括、知识迁移。

（一）问题导向

数学思想在对数学问题的引导方面起到问题导向的作用。数学思想是学生学习、研究数学，以及从数学角度进行思维练习的主要纽带与策略方法，也是解决具体数学问题的思想导向，能在解决具体数学问题时为学生提供思维工具，帮助学生定向地解决问题。

（二）统摄全局

数学思想对于数学问题解决的全局具有统摄作用。在具体的知识学习中，数学思想作为学习知识的桥梁，有着纲领性作用，对优化数学知识框架、构建与发展学生的数学相关认识、认知结构有着巨大的作用，并在知识内化过程中充当中介作用。学生通过数学思想的学习，能够更方便地进行知识学习与知识内化吸收。

（三）抽象概括

数学思想的另一特点即抽象概括。数学作为反映自然规律的理性思维学科，在揭示自然规律与事物普遍性规律的情况下，有着显著的抽象概括特点。其概括性越强，对问题的理解与解决而言，其相对应的抽象性就越强，对问题的表述与理解也越透彻。

（四）知识迁移

正因为数学思想具有抽象概括的特点，故在研究过程中产生了知识迁移的特点。数学思想作为数学知识的精练结果，具有沟通数学各方面研究与解决方法的连接作用，是构建数学理论知识的基本。同时该特点也表现在数学学科与社会知识、其他理论学科之间的联系中，使得数学思想更加灵活，能够广泛迁移到其他自然学科之中。

第二节　中学常用的数学思想方法

数学思想内涵广泛，还可以细分为不同的思想方法。第一，用字母代替数的思想方法。数学学习中，使用字母代替数进行计算与抽象的方法，是数学学习认知中的一次飞跃。其不仅提升了学生的抽象概括能力，也发展了学生运用数学语言与数学符号的意识。第二，集合与对应的思想方法。集合作为高中数学第一课，有着重要的学习价值，其能够提供数学中集合与对应的思想方法，从集合的观点出发，将需要解决的问题视为集合中的元素，以集合的语言诠释问题的本质。第三，函数与方程的思想方法。在数学学习中，变量之间的对应思想被称为函数思想，方程思想就是通过分析变量之间的联系，建立起来的一种等价关系。第四，数形结合的思想方法。数形结合的思想方法就是数量关系和几何图形相结合的思想方法。为了更加准确地刻画图形，使我们能够更准确、更深入地了解图形属性，我们可以用数量关系对图形进行分析。第五，转化与化归的思想方法。问题转化为想法，用通俗的话来说，如果遇到困难，我们应该重新审视问题或自我，意识到一些不可见的、复杂的问题是通过一定的方法衍生出来的，并可以被归类为熟悉的、已知的问题。第六，数学建模的思想方法。数学建模思想方法指对现实问题进行数学抽象，以此来解决现实问题的思想方法，强调通过数学语言抽象概括相关问题，以较为简单的数学形式解决复杂的现实问题。

一、用字母代替数的思想方法

用字母代替数的思想方法，简单而言即代数思想，学生在小学五年级学习数学时便接触到该方法，这也是数学思想方法中最基本的一种，即以字母代替数字进行相关的运算与问题解决。代数思想为后续学习代数的高级算法——换元法奠定了良好的数学思想基础，最基本的运用为用字母表示计算过程中某个变量的数量与运算关系，以此简化数学公式的对应表达与转述。

例 1 某数除 8 余数为 1，商除 8 余数也为 1，再将第二次的商除 8 余 7，最后得到商 α。又知该数除 17 余 4，商除 17 余 15，得到商为 2α，求该数。

解析：依照题意，得到

$$[(8\alpha+7)\times 8+1]\times 8+1=(17\times 2\alpha+15)\times 17+4,$$

则可得到

$$512\alpha+457=578\alpha+259,$$

则有

$$66\alpha=198,$$

解得 $\alpha=3$，故该数为$[(8\times 3+7)\times 8+1]\times 8+1=1993$。

例 2 计算下式

$$\frac{190091}{19901991^2-19901989\times 19901991}$$

解析：依照题意，设 $n=19901990$，则原式分母可进行如下转化：

$$\begin{aligned}19901991^2-19901989\times19901991&=(n+1)^2-(n-1)(n+1)\\&=n^2+2n+1-(n^2-1)\\&=n^2+2n+1-n^2+1\\&=2(n+1)\end{aligned}$$

故原式为

$$\frac{190091}{2\ (n+1)}=\frac{190091}{2\times19901991}=\frac{190091}{39803982}\approx0.00477568$$

例 3 计算下式：

$(1+23+34)\times(23+34+78)-(1+23+34+78)\times(23+34)$

解析：设 $23+34=A$，则 $1+23+34=1+A$，

设 $23+34+78=B$，则 $1+23+34+78=1+B$，

则原式

$(1+23+34)\times(23+34+78)-(1+23+34+78)\times(23+34)$

$=(1+A)\times B-(1+B)\times A$

$=B+A\times B-A-A\times B$

$=B-A$

$=(23+34+78)-(23+34)$

$=78$，

故结果为 78。

二、集合与对应的思想方法

从集合的相关思维观点出发，并使用集合的思想看待问题的具体解决过程，就是集合与对应的思想方法。在研究的过程中，可将复杂的问题目标看为数学集合概念中的某个元素，从而对相关的数学问题进行更深层次的分类，使问题简单化。在使用该思想方法时，要认真挖掘相关数学信息，建立集合概念，这样才能在数学问题解决中起到化难为易的效果。

例 4 对于函数 $y=\ln(x^2+2x+a)$，值域为 R，求 a 的取值范围。

解析：对该题的深入分析应当注意学生易错定义、模糊定义，并在后续借用集合观点进行解释、强化，帮助学生理解问题的本质。在该题中，学生极有可能在区分值域与定义域的问题上犯难，错解如下：

设 $g(x)=x^2+2x+a>0 \Rightarrow \Delta<0 \Rightarrow a$ 范围为（-1，1）

正确的解题方法是在正确的定义域与定义域集合的思想上展开的。若要令现有函数 $y=\ln[g(x)]$值域为 R，则必定有 $g(x)$值域包含于（0，$+\infty$）中，而对应的 $g(x)$有 $g(x)=x^2+2x+a$ 值域为$[g(x)_{\min},+\infty]$，此时可知 $g(x)_{\min}=\frac{-\Delta}{4}\leqslant 0 \Rightarrow \Delta \geqslant 0$，即得 $4-4a\geqslant 0 \Rightarrow a\leqslant 1$。

三、函数与方程的思想方法

通过函数的概念、性质和图象去分析问题、解决问题，使得复杂的问题简单化，这种数学思想就是函数的数学思想。函数作为中学数学最基础、最核心的概念，可以将不同知识联系起来。相较于方程而言，函数的思想更为抽象。方程的思想指分析出问题中不同变量的等价关系，进而建立起方程或者方程组，通过解方程或方程组的手段来解决数学问题。如用待定系数法求未知数，由已知条件建立方程组进行求解，最终得到问题的答案，体现了函数与方程的思想方法①。

例 5　已知抛物线 C 的顶点为坐标原点 O，对称轴为坐标轴，且 C 经过点 A（4，6）。求 A 到 C 的焦点的距离。

解析：当 C 的对称轴为 x 轴时，设 C 的方程为 $y^2=2px(y>0)$。

将点 A 的坐标代入方程得 $6^2=2p\cdot 4$，即 $p=\frac{9}{2}$，

此时 A 到 C 的焦点的距离为 $4+\frac{p}{2}=\frac{25}{4}$。

当 C 的对称轴为 y 轴时，设 C 的方程为 $x^2=2py(x>0)$，

将点 A 的坐标代入方程得 $4^2=2p\cdot 6$，即 $p=\frac{4}{3}$，

---

① 冼虹雁. 让函数与方程思想有“法”可依［J］. 广东教育（高中版），2021（4）：19－25.

此时 A 到 C 的焦点的距离为 $6+\frac{p}{2}=\frac{20}{3}$。

函数与方程是基本的数学思想方法，在中学数学中具有广泛的应用。运用方程或方程组解决问题是中学阶段必须掌握的方法。

例 6　设 $f(x)$ 定义域为 $\mathbf{R}$，对 α，β 有

$$f(\alpha)+f(\beta)=2f\left(\frac{\alpha+\beta}{2}\right)f\left(\frac{\alpha-\beta}{2}\right),$$

且有 $f\left(\frac{\pi}{3}\right)=\frac{1}{2}$，$f\left(\frac{\pi}{2}\right)=0$。

（1）证明：$f(-x)=f(x)=-f(\pi-x)$；

（2）设 $0\leqslant x<\frac{\pi}{2}$ 时，$f(x)>0$，证明：$f(x)$在 $[0,\pi]$ 上单调递减。

解析：

（1）由题意得，$f\left(\frac{\pi}{3}\right)+f\left(\frac{\pi}{3}\right)=2f\left(\frac{\pi}{3}\right)f(0)$，且 $f\left(\frac{\pi}{3}\right)=\frac{1}{2}$，

故有 $f(0)=1$，又因 $f(x)+f(-x)=2f(0)f(x)$，故有 $f(x)=f(-x)$，

所以 $f(x)+f(\pi-x)=2f\left(\frac{\pi}{2}\right)f\left(x-\frac{\pi}{2}\right)$，且 $f\left(\frac{\pi}{2}\right)=0$，

故有 $f(x)=f(-x)=-f(\pi-x)$。

（2）$f(-x)=f(x)$且 $0\leqslant x<\frac{\pi}{2}$时，$f(x)>0$，当$-\frac{\pi}{2}<x<\frac{\pi}{2}$时，设 $0\leqslant x_1<x_2\leqslant\pi$，则 $f(x_1)-f(x_2)=f(x_1)+f(\pi-x_2)$

$$=2f\left(\frac{x_1-x_2+\pi}{2}\right)f\left(\frac{x_1+x_2-\pi}{2}\right)。$$

又有 $0\leqslant\frac{x_1-x_2+\pi}{2}<\frac{\pi}{2}$，$-\frac{\pi}{2}<\frac{x_1+x_2-\pi}{2}<\frac{\pi}{2}$，

所以 $f(\frac{x_1-x_2+\pi}{2})>0$，$f(\frac{x_1+x_2-\pi}{2})>0$，故有 $f(x_1)>f(x_2)$，$f(x)$在区域$[0,\pi]$上递减。

四、数形结合的思想方法

数形结合就是把数量关系与几何图形进行紧密结合的思想方法。通过这样的手段可以使抽象的数学语言变形象，也可以把具体的图形用抽象的数学语言表达出来。总的来说，数形结合就是几何与代数相联系的思想方法①。

古今中外对于数学问题的研究不乏用几何的方法来解决代数问题的例子，也不乏将几何直观抽象成代数问题的例子。函数包含了解析式与函数图象，所对应的就是数量关系与几何图形，通过函数的学习可以提高对数形结合思想方法的认识②。

例 7 如图 4-1，函数 $y=x^2+(2k-1)x+k+1$ 的图象与 x 轴有两个交点，分别是 O、A 点。

（1）请写出该二次函数的数学表达式。

（2）在此抛物线右侧有一点 B，且已知 $\triangle AOB$ 的面积是 6，请写出 B 点坐标。

（3）对第（2）问中的点 B，问是否存在一点 P 也在抛物线上，使 $\angle POB=90°$？若存在，求出点 P 坐标，并求出 $\triangle POB$ 的面积；若不存在，请说明理由。

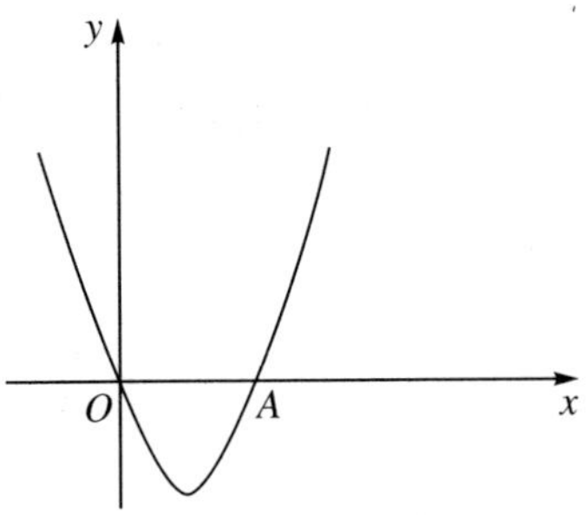

图 4-1

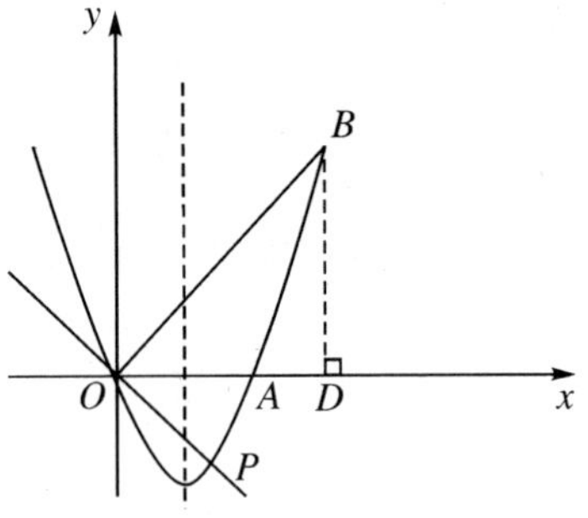

图 4-2　抛物线图象

① 王余文. 高中数学思想方法及其教学策略研究 [D]. 南昌：江西科技师范大学，2017：6.
② 丁子怡. 初中数学中数形结合思想方法的研究与应用 [D]. 上海：上海师范大学，2018：22.

分析：根据题意绘制图形（如图 4－2），可以让数学问题变得直观，根据图形可以看出$\triangle AOB$的面积范围，使得求 B 点的坐标和接下来求出$\triangle POB$的面积更加清晰明了，将抽象的问题变得形象是数形结合思想的典例。

解析：（1）函数图象与 x 轴相交于点 O，则 $0=k+1$，解得 $k=-1$，故 $y=x^2-3x$。

（2）假设存在点 B，过点 B 作 $BD\perp x$ 轴于点 D，由$\triangle AOB$的面积等于 6 得 $AO\cdot BD=12$。当 $0=x^2-3x$ 时，$x(x-3)=0$，解得 $x=0$ 或 $x=3$，则 $AO=3$，$BD=4$，即 $4=x^2-3x$，解得 $x=4$ 或 $x=-1$（舍去）。又因为顶点坐标为$(1.5,\ -2.25)$，因此 x 轴下方不存在点 B，故 $B=(4,\ 4)$。

（3）因 $B=(4,\ 4)$，故$\angle BOD=45°$，$BO=\sqrt{4^2+4^2}=4\sqrt{2}$。当$\angle POB=90°$时，$\angle POD=45°$，设 P 点横坐标为$-x$，则纵坐标为 x^2-3x，即$-x=x^2-3x$，解得 $x=2$ 或 $x=0$（舍去）。

所以在抛物线上仅存在一点 $P(2,\ -2)$，使得$\angle POB=90°$，且 $OP=\sqrt{2^2+2^2}=2\sqrt{2}$。

故 $S_{\triangle POB}=\dfrac{1}{2}PO\cdot BO=8$。

数形结合的思想在中学数学中应用非常广泛，比如在函数图象以及平面向量和解析几何中的运用，还有集合中所用到的韦恩图等。对于解决数学问题，数形结合思想的帮助是非常大的。将数量关系与几何图形联系起来，可以使学生更易于理解相应的数学问题，从而得以更高效、更准确地解决问题。

在教学过程中如何才能有效地渗透数形结合的数学思想？第一，科技在不断进步，新时代的教师应该掌握先进的教学技术。通过现代化的科技手段，绘制出准确的图形进行展示，相对于传统的绘制手段，可以让学生更加直观、准确地把握图形的特点。第二，注重学生的实际操作，教师应引导学生动手操作，培养良好的学习习惯。

五、转化与化归的思想方法

通常我们所说的转化与化归思想就是把难以解决、不便于理解的问题通过观察分析、联想类比等过程选择出一个恰当的方法，通过合适的转化使得题目变难为易。有些数学问题条件与结论的联系不明显，适时对问题中的条件进行转化，可顺利找到解题思路。

例 8 已知 $x=2-\sqrt{3}$，求式子 $x^4-x^3-11x^2+5x-1$ 的值。

解析： 若将$x=2-\sqrt{3}$代入式子计算，解题过程非常复杂，此时可以考虑转化的方法，对已知条件进行转化，简化题目。

$x=2-\sqrt{3}\Rightarrow x^2-4x+1=0$，

$\therefore x^4-x^3-11x^2+5x-1$

$=x^2(x^2-4x+1)+3x(x^2-4x+1)+2x-1$

$=4-2\sqrt{3}-1$

$=3-2\sqrt{3}$。

在数学的学习过程中，合理的转化可以使一些很难的问题迎刃而解，也可以将一些不熟悉的题目，用我们熟悉的方法解出来。我们通过观察、思考，把难以解决的问题通过合适的变换变成我们熟悉的样子，就可以使问题简单化。不管是有理数减法到加法的转化，还是有理数乘法与除法的转化，虽然看起来很简单，但其中蕴含着转化的数学思想。

六、数学建模的思想方法

数学建模思想方法，指利用相关的数学工具来解决实际应用问题的方法，其思维的培养是当前数学教育的重点目标。数学教育主要是从理论到实际的化繁为简的过程，通过对相关概念与内容抽象化、合理化、模型化，学生不仅仅能够获得数学知识，更能够定量地解决问题，并通过理论探究模拟实践结果。

例 9 如图 4－3，要在边长为 16m 的正方形花圃上安装喷水龙头，使得整块面积都能喷洒到水。假设每个喷水龙头的喷洒范围都是半径为 6m 的圆面，需要多少个这样的喷水龙头？

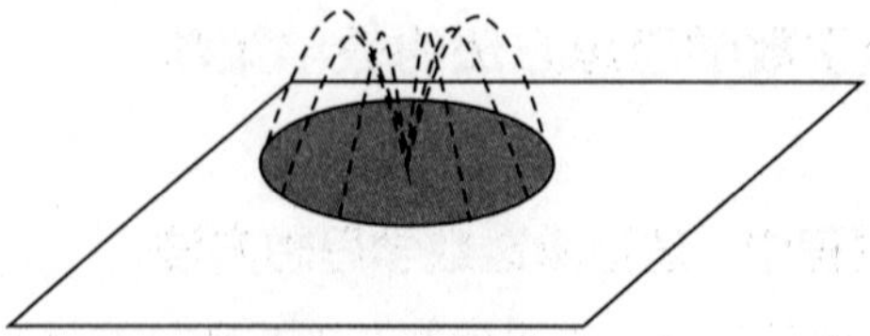

图 4 - 3　问题图示

解析：首先对相关问题进行概念剖析，可知该题属于圆的面积部分，此时由于喷洒半径为 6m，故喷洒的面积可以计算出来，$S=\pi r^2=36\pi\approx 113.097$，而花圃的面积为 $16\text{m}\times 16\text{m}=256\text{m}^2$，3 个喷水龙头并不能够满足需求，故思考 4 个的时候是否成立。将花圃划分为 $2\text{m}\times 2\text{m}$ 的区域，将喷水龙头置于花圃分块的中央，可知由于 $2r=12>8\sqrt{2}$，故此时能够保证满足需求，故最少需要 4 个喷水龙头。

例 10　一拱桥，拱顶到水面的距离为 2 米时，水面宽度为 4 米；那么当水位下降 1 米后，求水面的宽度为多少米。

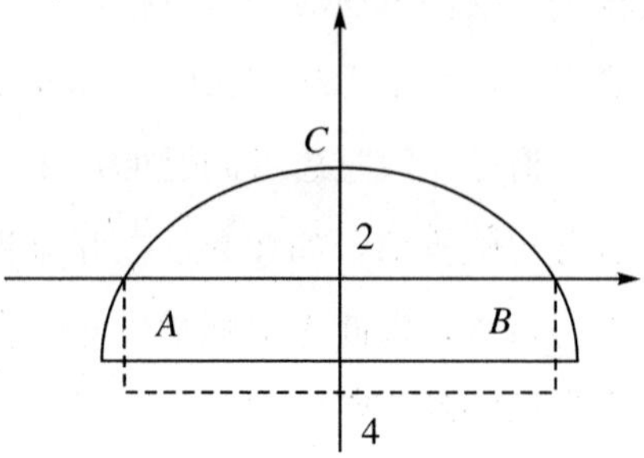

图 4 - 4　问题图示

解析：建立直角坐标系（如图 4 - 4），设顶点式为 $y=ax^2+2$，将 $A(-2,0)$ 代入得 $a=-0.5$，所以抛物线解析式为

$$y=-0.5x^2+2。$$

水位下降 1m，则表示 $y=-1$ 时，$-1=-0.5x^2+2$，解得

$$x=\pm\sqrt{6}。$$

故水面宽度为 $2\sqrt{6}$ 米。

第三节 中学数学思想方法的教学策略

一、在教学过程中，适当渗透数学思想方法

数学思想方法的教学要与恰当的数学课程相结合才可以实现。因此在最初课程构建时要渗透数学思想方法，从学生最早接触的数学概念的形成，到部分重要结论的推理，再到具体实践中运用数学思考的内容以及相关原理的数学规律探究中，都要持续渗透数学思想方法。对简单的抽象概念应当培养函数与方程的思考方法；在具体化的数学题目中，应当培养学生数形结合的思维方式；在概念形成阶段要培养学生代数思想、转化与化归思想；在教学过程中要时刻注意将实际内容与教学内容结合，培养学生探究数学解决实际问题的能力，鼓励学生提升数学建模思想。

二、在复习凝练中，适时概括数学思想方法

在复习凝练的过程中，要注意适时进行概括，在探究中经过思维加工的知识往往更能够准确识记，数学思想方法的培养亦是如此；要在恰当的时机进行思想方法的复习概括，通过思考问题的产生、问题的探究、问题的解决三方面内容进行思想的概括，如在数学探究过程中运用到什么思想方法，渗透了怎样的思想过程，以此来加强学生对知识的把握，以及训练学生对相关部分知识内容结构的不断完善。

三、在问题解决中，运用恰当数学思想方法

问题解决过程中，如果错误使用数学思想方法，解题可能会出现错误，故在解题过程中要运用恰当的数学思想方法。要搞清楚数学知识在各部分问题解决过程中充当的角色，并对此分析具体应当使用的数学工具，以此来培养学生运用数学思想方法解决问题的能力。教师应当在教学过程中引导学生对相关思想方法进行科学的学习，通过建立数学与问题的对应

关系，增强学生的理解能力。

四、在教学反思中，适度领悟数学思想方法

引导学生进行课后反思是教师的一项重要工作。通过反思过程，教师可以帮助学生深入理解数学思想方法和解决问题的核心。教师可以通过创设情境与问题假设，让学生进一步领会数学思想方法在解题中的应用。通过训练学生反思学习过程中渗透的数学思想方法，学生能够自己概括、总结相关的思想方法，这样学生就能获得更深层次的理解。

五、在教材中充分挖掘数学思想方法

教师在使用教材时，应当注重教材中所蕴含的数学思想方法。这些思想方法应渗透在学生学习与解决问题的具体教学过程中，这就要求教师在解读教材时要注重挖掘教材中深藏的数学原理与思维方法，对教材内容实现内化后的二次创造，从而实现在知识教学过程中传递数学思想方法。

教师使用教材、分析教材时应当有层次地探究教学的具体过程。在教学目标的确立和教学过程的具体实现中，教师应揭示其蕴含的数学思想方法。例如，在学习基本的数学概念时，教师可以有意识地教授代数思想、集合与对应的思想、函数与方程的思想、数形结合的思想以及转化与化归的思想，让学生在具体的情形中学习数学建模的思想，潜移默化中让数学思想方法在数学教学的全过程中落实。深挖教材素材，可以充实课堂内容，促进学生对数学思想方法的内化和吸收。

数学思想方法需要通过数学活动来展现，数学思想方法的重要价值只有在知识探索的过程中才能体现出来。知识的获取不应通过灌输的形式进行，这不仅会降低学生学习的效率，同时会抑制学生数学思维的发展。课堂教学活动和知识的探索，需要教师有意识地创设情境，让学生在探索知识的过程中能够融合数学思想，帮助问题思考，从而进一步提高学生的学习能力。

例 1　正弦定理的证明。

解析：利用三角形的高证明正弦定理。

当$\triangle ABC$是锐角三角形时，

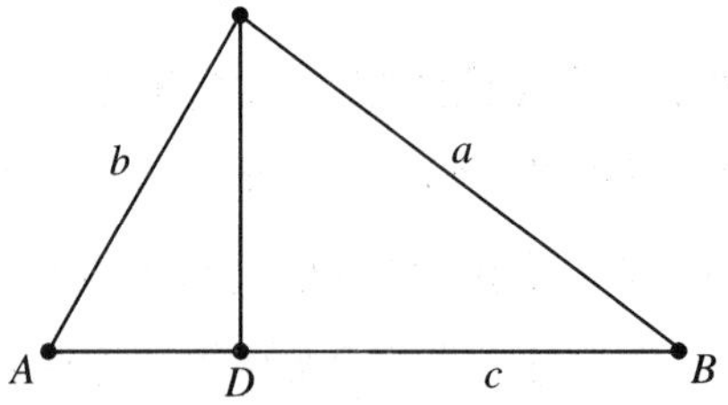

图 4-5　锐角三角形

设AB边上的高是CD，如图 4-5，根据锐角三角函数的定义，有

$CD=a\sin B$，$CD=b\sin A$。

由此，得$\frac{a}{\sin A}=\frac{b}{\sin B}$，同理可得$\frac{b}{\sin B}=\frac{c}{\sin C}$。

故有$\frac{a}{\sin A}=\frac{b}{\sin B}=\frac{c}{\sin C}$。

从而正弦定理在锐角三角形中成立。

当$\triangle ABC$是钝角三角形时，

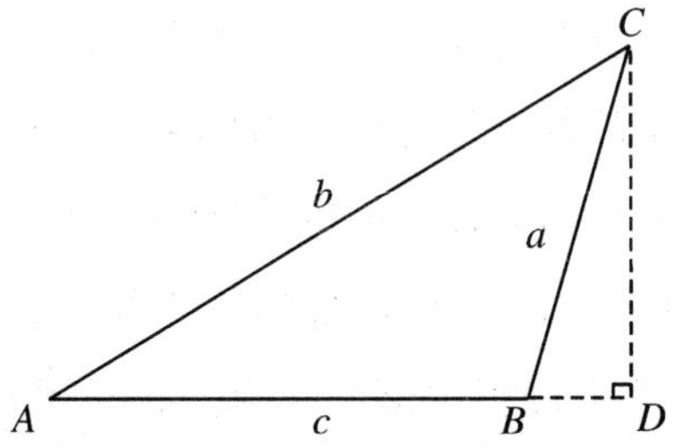

图 4-6 钝角三角形

如图 4-6，过C作AB边上的高，交AB的延长线于点D，根据锐角三角函数的定义，有

$CD=a\sin\angle CBD=a\sin\angle ABC$，$CD=b\sin A$，

由此，得$\frac{a}{\sin A}=\frac{b}{\sin\angle ABC}$，同理可得$\frac{c}{\sin\angle ACB}=\frac{b}{\sin\angle ABC}$，

故有$\frac{a}{\sin A}=\frac{b}{\sin\angle ABC}=\frac{c}{\sin\angle ACB}$。

从而正弦定理在钝角三角形中成立。

综上所述，在一个三角形中，各边和它所对角的正弦的比值相等，即 $\frac{a}{\sin A}=\frac{b}{\sin B}=\frac{c}{\sin C}$。

这一证明过程，不仅需要通过绘制图形帮助问题解决，还需要针对不同类型的三角形分类讨论。教师在根据教材进行教学的过程中，可以应用这样的例子渗透数学思想方法。

得到问题的答案不是开展教育教学的目的，让学生能够掌握解题的思想方法才是成功的教育教学。教师在教学过程中应充分关注学生的学习方法是否应用数学思维模式，重视数学公式的推导过程，因为数学公式的推导过程对学生数学思维的提高，以及对数学思想方法的形成都有着重要作用。只有让学生亲身经历，体验感悟数学思想方法的作用和意义，才能让学生积极主动地尝试运用数学思想思考问题，应用数学方法解决问题。

六、在概念形成的过程中渗透数学思想方法

在概念形成过程中渗透数学思想方法也是学习的重要一环，如在数学极限部分的学习中，可以渗透集合与对应的思想进行概念识别与记忆：数列为离散型函数，其中序号代表自变量，而具体的项则指代函数值。通过这样浅显易懂的逻辑关系，可以在无形中培养学生的数学思想学习能力。

在涉及函数与方程的领域，应当更加注重函数与方程的数学思想及数形结合的数学思想的构建，如一元一次方程、一元二次方程、一元一次不等式、一元二次不等式等内容均可利用数形结合的方法培养学生对所学内容的直观化理解，以便在后续学到的圆锥曲线与曲线方程中，可以很容易通过数形结合的方法求得问题的结果。教师应当在这些概念的最初形成阶段渗透数学思想方法，从而解决对应的数学问题。

教师应在概念形成的全过程中贯穿数学思想方法，不仅渗透于公式的推导、法则的概括、性质的学习以及定理的结果梳理，还应贯穿在具体的解题方法、阶段性知识总结过程中。教学过程中的每一个环节，都应当渗

透数学思想方法。

七、在问题解决过程中揭示数学思想方法

在中学数学教材中，许多问题都可以利用数学思想方法来解决。我们可以合理地利用这些问题开展教学，让学生在解题过程中内化数学思想。教师要引导学生在解决问题的过程中，自觉地探索出解题时所应用的数学思想。同时，也要引导学生归纳总结，将不同的题目根据在解决问题过程中所使用的数学思想进行提炼概括①。譬如，可以引导学生探索数形结合思想在实际问题中的应用。

1. 将数量关系的图形特征进行归纳总结，将数学语言转化成直观图形。

例 2 求函数 $y=|x+1|+|x-2|$ 的值域。

分析：将函数化为分段函数形式：

$$y=\begin{cases}-2x+1 & (x<-1),\\ 3 & (-1\leqslant x<2),\\ 2x-1 & (x\geqslant 2)。\end{cases}$$

画出它的图象，由图 4－7 可知，函数的值域是 $\{y \mid y\geqslant 3\}$。

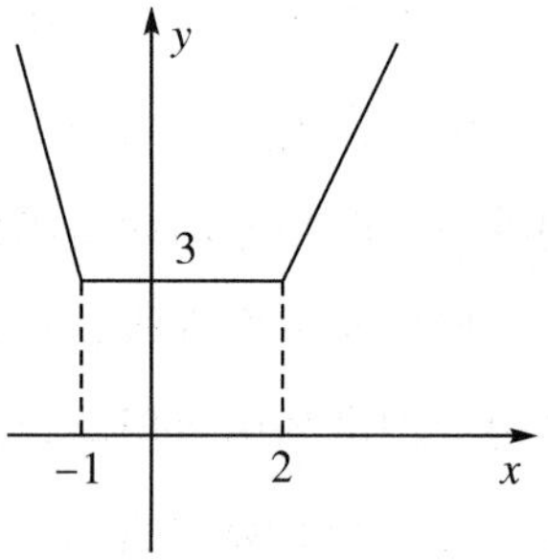

图 4－7 分段函数图象

2. 通过对图形的特点进行归纳分析，找出其中所蕴含的数量关系。

① 王俊斌. 高中数学思想方法的教学策略探究 [J]. 新课程（下），2019 (3)：69.

例 3　利用图形证明完全平方公式。

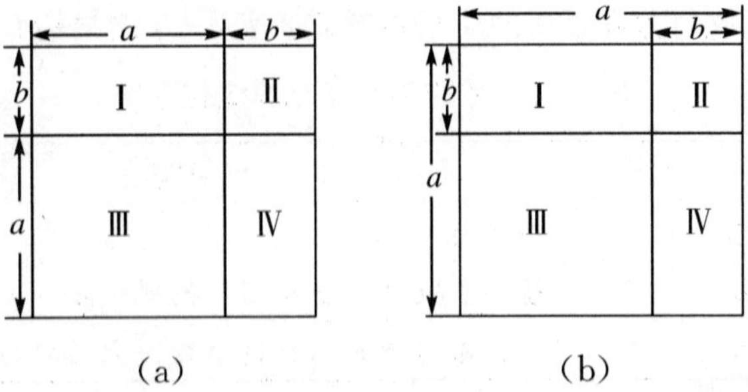

图 4－8

分析：如图 4－8（a），大正方形的面积由四部分组成：两个大小不同的正方形和两个长方形。正方形的面积分别是 a^2 和 b^2，两个长方形的面积是 $2ab$，则有 $(a+b)^2=a^2+2ab+b^2$。可以鼓励学生自主探究如何得到 $(a-b)^2=a^2-2ab+b^2$，提示如图 4－8（b）。

总结：(1) 整体看，求总面积；(2) 部分看，求四块面积和；(3) 结论：$(a\pm b)^2=a^2\pm 2ab+b^2$。

这里我们用了函数与方程、数形结合及转化的数学思想方法。在难以通过数量关系解决问题时，我们可以绘制出对应的图象进行分析，抑或是将图形特点抽象成数学语言来帮助思考问题。合理地运用数学思想方法来帮助解决问题，可以达到举重若轻的效果。

八、在知识整理总结中概括和提炼数学思想方法

数学思想方法存在于我们授课、上课的整个过程中。不过要想形成完善的数学思想体系，最重要的还是要在课后进行自我总结，把数学思想方法进行分门别类，把不同种类的数学思想方法根据其独有特点进行归纳概括，了解运用不同思想方法解决问题的形式和不同的模式，归纳某一部分知识可以进行哪些数学思想方法的教学。在求解平面图形的面积和立体图形的体积时，往往需要结合图象进行分析，这种解题方法就是数形结合的方法。在这个学习过程中，我们能发现原来可以用数量的关系来分析出图形的属性。数轴与直角坐标系的学习，最主要的特点就是用图形来概括数

量的关系。

例如，函数与方程思想的应用可形成如表 4－1 的结构系统。

表 4－1　函数与方程思想结构系统

条目	内容
思想	函数与方程思想
方法	待定系数法、消元法、判别式法
知识	求函数解析式、判别函数图象之间的位置关系

这种归纳有助于学生形成知识、方法之间的纵向联系系统。

数学的学习，如若不能归纳出通用的方法、概括出规范的模式，那么在解决相同类型的不同题目时，就很难进行有效的迁移。教师要组织学生进行反思，把课堂上体会到的数学思维、数学思想方法进行概括总结，把握解决问题的一般形式，并形成具有高度概括性的解题模式。同一种数学思想在不同问题中所展现的侧重点也不同，因此进行归纳概括是必要的。综上所述，善于总结，懂得归纳和概括数学思想是非常重要的。

学生在不同的学习过程中，会得到不同的学习体验，收获不同的数学思想方法。每种数学思想方法都具有其独特的逻辑方式，这种思维逻辑有利于学生数学思维的形成。同时，教师还需要通过具体的训练，加深学生对不同思想方法的理解，完善学生的数学思想体系。只有让学生全面了解所学内容，才能让学生对其有一个具体印象，而不是模棱两可、含糊不清的印象。

例如，在一元一次方程的学习中，学生有了通过数量关系建立方程的活动经验，但要想让学生能够有意识地运用这一类方法，以及在相关问题的解决中能够触类旁通，则需要在一元一次方程、二元一次方程组、分式方程、一元二次方程等内容的学习中进一步进行用方程思想解决问题的训练。在各种问题的方程建模实践中巩固方程思想，要让学生明白如何建立数量之间的联系，用函数与方程的数学思想方法有效地求出正确答案，形成完善的认知结构，明确不同思想对于解决问题的不同指导作用，以及不同方法各自在实际应用中的特点。

第五章　中学数学教学准备技能

第一节　中学数学课堂导入艺术

近几年来，在新课程改革的指引下，更多的数学教师对课堂教学的导入环节越来越关注。课堂导入是课堂教学的开端，是活跃课堂气氛、激发学生思维的一种有效途径；同时，也是教师引导学生参与学习的过程。可见它既是课堂教学的必需环节，也是数学教师必备的基本功。

俗话说，良好的开端是成功的一半。有经验的教师总是十分重视每堂课开始几分钟的新课导入。一堂优秀的中学数学课，离不开新课的导入，它不仅有利于营造良好的教学情境，吸引学生的注意力，还能使学生快速进入本节课学习的最佳状态，从而提高数学课堂教学效率。本节将分别从中学数学课堂导入的作用、原则及常用方法等几个方面来具体研讨。

一、中学数学课堂导入的作用

（一）搭建知识桥梁，做到温故知新

美国著名教育心理学家奥苏伯尔曾经说过："影响学习的唯一要素，就是学习者已经知道的东西，要探明它，并据此进行教学。"数学这门学科是一门逻辑性很强的学科，新知识的产生都是由旧知识发展变化而来的。教师在传授新知识之前，如果能够复习与之相关联的旧知识，引导学生发现新旧知识的联系与不同点，促使学生建立新的知识结构体系，这样的学习方式对于学生而言更有意义。

（二）引发学习兴趣，激发学习动机

教育家第斯多惠说："教育成功的艺术就在于使学生对你所教的东西

感兴趣。”一堂数学新课的开始，如果教师能把貌似枯燥无味的数学知识，用贴切而精练的语言或模型形象地展示出来，不仅可以引发学生强烈的学习求知欲望，还能使他们愉快而主动地学习，并对教师要讲的内容产生兴趣。学生一旦对学习产生兴趣，就能全神贯注积极思考，从而能很好地激发他们的学习动机。

（三）进入学习情境，启发学生思考

数学课堂教学的功能之一是培养学生的思维能力。引人入胜的数学课堂导入可以开拓学生思维的深度和灵活性，从而使学生快速进入学习情境，把思维指向特定的教学任务和程序之中。导入新课也可以看作是培养学生思维能力的创造性活动，数学教师在授课时，可采用多种方式向学生提出问题、设置悬念，为学习新概念以及新定理、公理做铺垫，启发学生对本节课内容进行深入思考，从而达到理解消化本节课知识的目的。

（四）明确学习目的，强化师生情感

每一节数学课，都有其教学目的和任务，而教学过程就是教师教和学生学的双边活动过程。那么学生要学什么？如何学？这就要求教师通过新课导入环节，以适当的教学方式展示出来，快速把学生的注意力吸引到教学情境中，从而激发学生探求知识的积极性，进而使学生明确学习目标，主动参与到课堂练习与师生互动环节中来。这不仅能提高课堂学习效率，还能达到强化师生情感关系的目的。

二、中学数学课堂导入的原则

在一节数学课上，导入是非常关键的环节，它将直接影响学生能否以最佳的学习状态进入本节课的学习，导入内容质量的好坏将直接影响学生的学习情绪和课堂效果。假如教师以呆板无味的形式导入，将会降低学生学习的兴趣，学生可能会反感数学课堂，甚至会厌烦数学学习。可见，一堂新课的导入对于整节课是非常重要的。而设计一个好的导入并非易事，需要遵循以下基本原则。

（一）针对性原则

针对性原则是新课教学的一个重要原则，确保针对性原则是为了更好地实现教学目标，服务教学。首先要了解教材，新课导入要针对教材内容，明确教学目标，抓住其重难点，从学生的心理、年龄特点及兴趣爱好等特征出发，做到有的放矢。课堂导入还要注意综合考虑数学教学内容的整体性，不可舍本逐末。

（二）启发性原则

第斯多惠认为："一个坏的教师奉送真理，一个好的教师则教人发现真理。"[①] 这句话体现了启发性的课堂教学原则。教师采用富有启发性的导入，不仅有利于快速引导学生发现数学问题，激发学生解决数学问题的强烈欲望，还能促使学生自主进入探索知识海洋的世界，打开学生的思维之门。

（三）趣味性原则

苏联著名教育学家巴班斯基认为："一堂课之所以必须有趣味性并非为了引起笑声或耗费精力，趣味性应该使课堂上掌握所学材料的认识活动积极化。"[②] 趣味性导入就是将相关的趣味知识与新课内容结合起来，如有关的数学游戏、数学史、数学典故等，这将会给学生创造愉快的学习情境，同时也能很好地引起学生们的有意注意，有效激发学生的学习兴趣。

（四）科学性与教育性相结合原则

数学是一门严谨的学科，因此教师在设计教学导入时，应将导入内容建立在科学的教学理论系统基础之上，不可胡编乱套，应确保导入内容本身的科学性。同时，教师也可以把导入内容中蕴含的思想挖掘出来，让学生受到启发和感染，引导学生树立科学的世界观和人生观，实现立德树人的教育目的。

（五）多样性与新颖性原则

《孙子兵法》云："水因地而制流，兵因敌而制胜；故兵无常势，水无

---

① 宋永新，薛晓源. 大教育家：世界 100 位著名教育家画传［M］. 北京：商务印书馆，2021：90.

② 李涛. 教师常用教学技能训练［M］. 北京：中国轻工业出版社，2014：38.

常形；能因敌变化而取胜者，谓之神。”新课改强调要培养学生推陈出新的精神，首先要求教师得有创新的思想，再将这种思想运用到数学教学的课堂里。课堂导入唯有“多”与“新”，才能抓住学生的心，引发学生参与的热情，才能营造一个热烈讨论的氛围。

（六）直观形象原则

在数学课堂上，教师可以设计一些让学生动手实践的环节，以培养学生知行合一的精神。教师要认真寻找教材的关键之处，设计一些让学生在现实中可操作的活动，比如剪纸、对折、测量、平移、空间想象等，引导学生自主研究、主动合作、面对面交流，从而提高学生动手实践、动脑思考的能力，培养学生知行合一的精神。

三、中学数学课堂导入的常用方法

课堂导入环节是学生学习一堂新课的关键环节，对中学数学课堂教学中的导入类型掌握得好与坏也是考验教师能否成功地把这一堂课上好的关键因素。因此，这就要求每位中学数学教师必须掌握好中学数学课堂教学中的导入类型与方法，结合每节课的知识特点，采用适当的导入类型，激发学生的学习兴趣。课堂采用什么方法进行教学，可以通过分析学生认知特点来确认。怎么开始一节课是没有固定章法的，由于教学内容不一样，教师所采用的导入方法也是不同的。中学数学课堂常用的导入类型有以下几种。

（一）直接导入法

直接导入法就是教师在上课之前，直接采用开门见山的方法导入。教师直接给出本节数学课的教学目标、教学重难点以及教学目的，让学生对于本节课所要学习的内容有一个很好的把握，以引起学生的有意注意，让学生快速了解重难点知识，快速进入学习状态。

例如，教师在讲解等腰三角形的判定方法时，可以这样直接导入新课：上节课我们已经学习了等腰三角形的有关性质，那么如何判定一个三角形是等腰三角形呢？有哪几种方法？这一节课我们将要探索如何判定一个三角形是等腰三角形。教师的这几句话明确了课题，直接进入课堂教学内容。

（二）复习导入法

复习导入法也称“温故知新法”，是借复习旧内容引入新内容的方法。新旧内容之间存在着密切联系，旧内容是新内容学习的基础，而新内容是旧内容的延伸与发展。教师如果能够找到新旧内容链接的交点，在引入环节带领学生有针对性地复习与新内容相关的旧知识，在此基础上引入新课内容，不仅可以增加学生对新内容的理解，还可以升华学过的内容，同时加深学生对新旧内容的理解。

例如，教师在讲解初中“不等式的解法”一课时，可以先带领学生复习先前学习分式和整式的相关知识，回顾分式和整式的有关性质，接着再把未知数代入，以此来解出不等式。

（三）问题悬念导入法

问题悬念导入法是指数学教师上课时，通过向学生提出问题的方式，让学生在悬念中获取学习任务，引起他们学习数学的兴趣，进而孜孜不倦地探索数学知识，激发学生学习的积极性的方法。正所谓“学而不思则罔，思而不学则殆”，教师可以通过让学生自主思考或小组合作的方式，引导他们边学边思考，做到学思结合。在此过程中，教师还可以通过学生对问题的回答，了解学生易出错的地方，分析其错误的原因，并当场给予纠正，让整堂课更有意义。

例如，教师在教“圆的周长”一课的时候，可以向学生提出这样的问题：如果地球是一个近似球体的椭球，用一根很长的绳子捆紧赤道，仅仅伸长绳子 10 米（假设绳子紧贴地球表面），那么绳子和地球之间的空隙能容纳什么呢？（A）一支铅笔；（B）一只老鼠；（C）一只猫；（D）一头牛。待学生讨论回答后，教师再揭晓正确答案是（D）的时候，学生可能会感到难以置信，由此形成强烈的心理反差。这相当于巧设悬念，能激起学生强烈的好奇心。

（四）趣味导入法

趣味导入法是把与本节课有关的趣味知识，例如相关数学史、数学家的故事、数学小游戏等作为新课导入的内容进行导入的方法。富含趣味而生动的导入，不但可以激起学生的学习兴趣，还能达到事倍功半的效果。著名教育学家乌申斯基说过：没有丝毫兴趣的强制性学习将会扼杀学生探求真理的欲望。因此，这就要求教师在设计趣味导入法时多下功夫，寻找学生比较感兴趣且贴合新课内容的趣味导入内容，以便快速引起学生的注意。

例如，在讲授“关于切线的性质”一课时，教师可以拿出一个用纸做好的圆（如图 5－1）说：“这是一个圆，当挖去中间随便大小的一个同心圆时，你们知道这个圆环的面积大小吗?”接着需要教师拿出一根事先准备好的细棒放在圆环内，发现这既是通过外圆的弦，又是内圆的切线，再把细棒从中间折断，以其中一半为半径做一个圆（如图 5－2）。教师继续引导说：“圆环的面积和这个圆的面积相等，你相信吗? 当我们学习了今天的课程之后，你们就可以轻松地证明这一点了。”

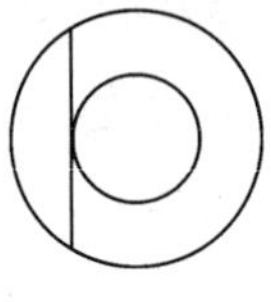

图 5－1

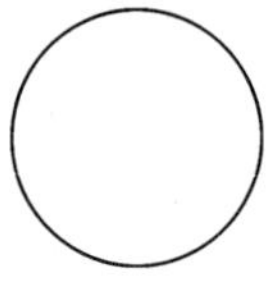

图 5－2

（五）联系生活实例导入法

《义务教育数学课程标准（2011 年版）》指出：数学教学，要紧密联系学生的生活实际，从学生的生活经验和已有知识出发，创设生动有趣的情境，引导学生开展观察、操作、猜想、推理、交流等活动……在我们日常生活中发生的实例，往往既具体又生动形象，教师在上新课前，如果能够联系生活，用贴近学生生活的实例来导入课题，不仅能够使学生感到亲切、自然，而且能够激发学生的学习兴趣，促进学生学习主动性和积极性的提升。

例如，教师在讲解“基本不等式”一课时，可以采用生活中的例子来导入：新华书店在“双十一”进行商品降价促销活动，拟分两次降价，有三种降价方案：甲方案是第一次打 P 折销售，第二次打 Q 折销售；乙方案是第一次打 Q 折销售，第二次打 P 折销售；丙方案是两次都打 P 折销售。请问哪一个方案降价最多。

（六）类比导入法

中学数学的知识之间有着十分紧密的联系，类比导入法就是将相似的知识点进行类比迁移，把已学过的知识点运用到即将学习的内容进行导入的方法。运用类比导入法不仅能够较好地引导学生回顾已学的知识，也能让学生想到即将要学习的新知识肯定与这个知识点有关，在回忆的同时能自然引导学生对新旧知识进行对比。

例如，教师在讲解初中数学分式时，可以从学生小学学过的分数引入，先带领学生找出分式与分数的异同，用分数类比的方法导出分式的相关概念；同理，也可类比分数的基本性质，推想分式的基本性质。

（七）数学史导入法

数学史导入法是教师在讲解某些数学概念、定理时，先给学生介绍一些数学家的传记、背景或数学的发展史，通过对数学史的回顾自然而然地导入新课的方法。这种方法可以通过历史榜样的力量，调动学生学习的积极性，唤起学生探索学习的热情。

例如，教师在讲解“勾股定理”的时候，可以先向学生介绍我国古代劳动人民曾把一根很直的木板按比例 3∶4∶5 分成三份，将它们首尾用钉子钉住，得到的三角形中便有一个直角，这个直角三角形适用于很多建筑方面的工作。现在我们的泥水匠还沿用这个方法，这个是我国古代劳动人民智慧的结晶，通过介绍其发现的艰苦历程，激发学生学习的热情与积极性，以此来导入新课。

第二节　中学数学课堂讲解艺术

讲解是中学数学课堂上至关重要的教学手段，是教师利用语言向学生传授数学知识和数学解题经验的教学行为方式，充分发挥了教师在课堂上的主导作用。中学生的抽象思维能力较弱，对教材中概念、原理、规律等知识的理解比较困难，数学教师的讲解能够使学生理解隐藏在抽象形式下的真正内容，以最短的时间去掌握前人经过漫长岁月积累的数学知识体系，并避免或减少许多认知上的错误①。从认知顺序上看，讲解侧重于从已知到未知，运用学生已有的知识和逻辑思维规律，进行判断推理，使学生新旧知识发生联系，从而实现认知上的转化，达到对新知识的理解②。教师在讲解时要关注学生的有意注意、学习状态、对讲解内容的参与度以及学生思维的清晰度③。教师要根据学生在课堂上的表现，遵循数学课堂讲解原则，及时调整讲解的方法，使课堂上的讲解能够引导学生自主建构知识结构。当然，在现代的课堂教学中不提倡“满堂讲”，教师应结合其他数学课堂教学基本技能，如板书技能、提问技能、演示技能等，使课堂效果达到最佳。

一、课堂讲解的作用

（一）传授数学知识和技能

讲解是指教师有目的、有计划、有组织、有控制的教学行为方式，而数学课堂讲解需要教师的精心组织和策划，以保证知识的科学性和系统性，并系统地传递教学信息。教师依据自己的教学优势与特点，在讲解内容、讲解方式、讲解程度的深浅以及讲解的进度等方面充分展现自己想要表达的内容，从而使学生能够快速获取知识、经验和技能。因此，讲解是数学课堂必不可少的教学方式。传授数学知识和技能是讲解的首要目的，它与数学课程标准所要求达到的教学目标和数学课堂中的具体目标都是相同的。数学课堂教学的主要任务是通过教师对数学知识内容的细致讲解，

---

① 冯珍珍. 基于录像分析法的中学数学教师讲解行为诊断研究［D］. 武汉：华中师范大学，2021：1.

② 朱春宇. 中学数学职前教师和成熟教师数学讲解技能对比研究［D］. 哈尔滨：哈尔滨师范大学，2018：5.

③ 郑莉. 浅谈小学数学课堂教学中的有效讲解［J］. 课程教育研究，2015（23）：146.

学生掌握符合数学发展需要和学生成长需要的知识体系与技能，有利于学生在将来从事与数学相关的行业时发光发热，为社会发展添砖加瓦。

（二）启发思维，培养能力

在数学教学中，教师主要采用“启发式”教学方法进行教学。教师不仅要根据教科书上的理论知识进行讲解，还要根据学生的实际情况因材施教，引导学生思考问题，在教学中充分发挥启发式教学思想，进而锻炼学生的思维能力。在数学课堂讲解时，教师通过揭示数学知识的结构与要素，阐述数学概念的内涵和外延，开启学生的认知结构，给学生提供新的认知空间，打开学生新的认知领域，让学生在教师的讲解中切实领悟数学思维方法，培养学生运用数学知识分析问题和解决问题的能力，而不是通过“传授”的模式让学生被动地接受知识。

（三）提高思想认识，培养数学学习情感因素

在数学课堂上，教师采用生动形象的语言，结合数学内容的思想和方法来源，深入浅出地讲解数学知识，让学生在理解数学知识的同时，提高思想认识，掌握辩证思维方法，初步形成辩证唯物主义观点，逐步树立科学的世界观和人生观。教师在数学课堂上讲解难题时，带着学生从头至尾认真板演，使学生体会刻苦钻研的精神，培养坚毅、认真的学习品质，激发学生数学学习兴趣，培养学生数学学习的情感因素。

二、课堂讲解的原则

（一）科学性原则

数学是一门逻辑性强和严谨的学科。根据学科特点，在数学课堂讲解中，对概念的讲解、定义的表述、观点的阐述、命题的证明等措辞必须准确无误，论证的推理必须符合逻辑，数学语言的表达必须精练简洁。在讲解过程中，教师应确保结构完整合理，逻辑严谨，条理清晰，层次分明。此外，教师应确保术语准确，切忌以省略代替完整的语句或在讲解时出现知识遗漏、错乱等错误。在课前，教师应充分备课。学生正处于思维发展状态，错误的引导会导致学生在知识上出现错漏，应该避免将错误的思维

传授给学生。例如，在“长方体与正方体的认识”一课上，一位老师举着粉笔盒问同学：“这是什么？”同学们纷纷回答：“粉笔盒。”这显然不是老师想要的回答，便让同学们再想想。可同学们怎么也答不出“长方体”，老师着急，举着教具比画着尽力启发，但学生还是茫然。教师不严谨、不科学的提问导致了课堂教学的停顿，使课堂效率大打折扣。所以，课堂讲解不仅要在内容上科学严谨，也要求教师在讲解时表述准确。

（二）启发性原则

数学课堂的讲解一定要遵循学生的认知思维结构特点，由浅入深，由易到难，由具体到抽象，由特殊到一般，层层递进，采用多方面启发诱导学生参与到课堂中，让学生积极主动思考，发现数学事实，而不可“填鸭式”地满堂灌。教师应注意观察学生在课堂上的听讲状态，根据反馈的信息，不断调整自己的讲解速度和方法，启发学生参与课堂并给学生留有思考的空间，做到“不愤不启，不悱不发”。启发式的讲解教学主要是为了提高教学质量，使学生在学习的过程中能够进行独立思考，从而开发创造性思维①。比如，在讲解一元二次方程的根与系数的关系时，让学生用公式法或因式分解法求解方程。向学生提问：这两个方程的根与系数分别存在什么数量关系？分小组讨论，并请各小组代表将本小组观察到的结果进行讲述。教师在巡堂过程中若发现部分学生没有思路，可以进行启发式提示：如果将上述两个方程中的两个根分别相加或相乘，所得出来的结果和这两个方程的系数之间又有何联系呢？紧接着又提出相应的问题：上述两个方程的根与系数都有这种关系，那么，是不是每个一元二次方程都有这种根与系数的关系呢？通过这样的设问启发学生，鼓励学生通过活动自主探索，在教师的循循善诱下，从做题中发现数学的规律，探索出一元二次方程根与系数的关系，并不断提高自身的探索精神，发展数学抽象的素养。

在中学数学课堂中，遵循启发式教学原则，引导学生积极思考、主动

---

① 王小英. 刍议中学数学课堂的启发式讲解教学［J］. 新课程，2016（29）：160.

探索，不仅有利于开发学生的智力，培养学生的发散思维，还能够给学生营造一个良好的学习氛围。教师还应该积极结合中学数学教材的特点及学生的个性特征、实际的学习情况，不断改善教学方式，继而实现教育教学的目的①。

（三）计划性原则

每堂数学课的讲解程序要计划周密，准备充分，深入分析教材，设计讲解方法。突出重点、分散难点、解决关键是讲解的三大要点。在备课时要分条列目，讲解时才能充分流畅。

1. 认真学习课程标准。我国数学课程目标与过去只注重教学基础知识和基本能力的培养相比，更强调从学生已有的生活经验出发，让学生亲身经历实际问题抽象成数学模型并进行解释与应用的过程，促进学生全面、持续、和谐发展，遵循学生学习的发展规律，使学生在思维能力、情感态度与价值观等多方面得到进步和发展。

2. 认真研读教材和教师参考书。不同地区使用的教材版本不尽相同，全国数学教材有多个版本，不同的编者意图不同，尽管是按照同一课程标准进行编写，但是它们在问题的处理、内容形式的呈现、编写顺序等方面存在较大的差异。因此，教师要通读教材，把握教材整体的知识结构，真正领会编者的编写意图，参透每个章节内容的重点，分散难点，从而将处理过的信息知识传授给学生，让学生更好地接受知识。

3. 全面关注学生需求。学生是学习的主体，教师需要关注学生情况，全面了解学生需求。为此，教师要了解班级的整体情况，包括基础水平、学生特点和学习氛围等，根据学生的知识基础、认知水平和特点，以及学习态度，实事求是地确立班级教学起点，设计有一定挑战性的问题，引导学生积极参与探究、解决实际问题，满足学生的认知需求。

（四）整体性原则

数学课的讲解不是孤立的，不能是教师一味地讲解。数学课堂上运用

---

① 王小英．刍议中学数学课堂的启发式讲解教学［J］．新课程，2016（29）：160．

到的公式计算等，需要教师进行推演，通过板书可以让学生更直观地学习知识，对知识的理解也更加深刻，特别是对一些比较晦涩难懂的数学符号，如果教师只是用言语表达，那么对学生来说只是蜻蜓点水，学生可能来不及反应，对所学的知识不能真正理解。区别于一般的教学行为方式，讲解技能还可以进一步定义为教学讲授行为方式。讲解是运用解释、分析、证明、概括等方法讲授数学知识，揭示数学本质，帮助学生掌握知识内涵的讲授方式①。若配合板书、提问、演示、组织等技能，可以实现在教师有序的引导和指导下，学生积极思考探究，达到教与学的和谐发展。教师应整体把握数学课堂，将教师的教转化为学生的学，让学生参与到课堂中，加深学生对知识的认识和理解。数学课的讲解要遵循整体性原则，注意同其他技能或教学工具协调配合，整体把握课堂，综合运用教学技能，发挥课堂的整体效应，提高数学课堂效率。

三、课堂讲解的类型

数学课堂讲解技能的类型依据不同的标准可以进行不同的分类。如果按照讲解内容可以划分为概念型讲解、命题型讲解、问题型讲解以及应用型讲解。如果根据课堂教学方式可以划分为解释式讲解和描述式讲解。

（一）概念型与命题型讲解

在数学课堂中概念占的比重较大，是数学命题和推理的基础，也是数学问题解决的前提，一般用于揭示概念的内涵和外延、概念中的关键词、概念的适用范围等。如讲解“函数的单调性”的概念，就要讲清该概念的关键词，函数的单调性定义如下：一般地，设函数 $f(x)$的定义域为 l，区间 $D \subseteq l$：如果 $\forall x_1$，$x_2 \in D$，当 $x_1 < x_2$ 时，都有 $f(x_1) < f(x_2)$，那么就称函数 $f(x)$在区间 D 上单调递增。特别地，当函数 $f(x)$在它的定义域上单调递增时，我们就称它为增函数。如果 $\forall x_1$，$x_2 \in D$，当 $x_1 < x_2$ 时，都有 $f(x_1) > f(x_2)$，那么就称函数 $f(x)$在区间 D 上单调递减。特

① 蓝晶晶. 职前教师数学课堂讲解技能提升的课例研究：基于“简单的线性规划问题”[D]. 扬州：扬州大学，2020：7.

别地，当函数 $f(x)$ 在它的定义域上单调递减时，我们就称它为减函数。抽象出函数的单调性概念后，教师应该强调其任意性以及区间性，局部单调只能说在区间上单调递增（递减），而不能说是增（减）函数等。又如在讲解“矩形”的概念时，必须分析清楚它的内涵和外延，以及它与其他概念的关系等。数学命题教学是数学课堂教学的主要形式之一。命题的讲解主要是分析如何证明命题以及探索公式推导的思路等，通过分析命题成立的条件和结论，学生掌握其中的数学思想方法。如讲解“诱导公式”时，要分析解读诱导公式的推导过程，然后分析诱导公式的使用条件和运算法则，最后指出该公式使用的注意事项等。

（二）问题型讲解

数学内容的理解主要是靠解决问题来实现的，因此问题型讲解在数学课堂中十分重要。有些优秀教师提出“问题串”的教学模式，即把每节课的内容设计成“问题串”，随着一个一个问题的解决，要讲的主要内容基本包含了。“问题型”数学课堂基本由问题组成，以教师的提问串联课堂，将课堂充分还给学生，学生在独立思考的过程中形成完整的知识网络结构。教师以“问题串”的形式进行教学，通过提问来引导学生进行思考，让学生跟随问题线索来体会知识。在课堂上，学生大部分时间用于自主思考和自己实践，将数学活动融于课堂之中，在潜移默化中提高数学能力①。

课堂实录：“对数函数的图象与性质”教学片段——复习梳理研究函数的一般方法。

Q1：我们已经学习了对数函数的表达式 $y=\log_a x(a>0$，且 $a\neq1)$，那么接下来要研究对数函数的什么问题呢？

答：研究它的图象和性质。

Q2：我们一般是先研究如何画函数的图象，还是先研究它的性质呢？

答：先研究它的图象，再根据函数的图象和解析式研究它的性质。

Q3：那么如何画对数函数的图象呢？类比指数函数的图象，我们可

---

① 王瑾. 高中数学课堂中的“问题串”教学设计研究［D］. 新乡：河南师范大学，2021：3.

以用什么方法呢？

答：用描点法——先列表，再描点，再用光滑的曲线将这些点连接起来。

Q4：具体如何操作呢？下面请同学们以小组为单位，画出函数 $y=\log_2 x$ 和 $y=\log_{\frac{1}{2}} x$ 的图象。

答：（学生以小组为单位，通过合作交流画图。）

Q5：请同学们观察，这两个函数的图象有什么关系呢？它们之间有什么共同点和不同点呢？

答：共同点：这两个函数的图象都位于 y 轴的右方，关于 x 轴对称，且都经过（1，0）。

不同点：$y=\log_2 x$ 这个函数的图象是一条呈上升的曲线，而 $y=\log_{\frac{1}{2}} x$ 这个函数的图象是一条下降的曲线。

Q6：通过这些信息我们可以得出什么结论呢？

答：可以看出这两个函数的定义域都是 $(0, +\infty)$，$y=\log_2 x$ 在 $(0, +\infty)$ 上是增函数，$y=\log_{\frac{1}{2}} x$ 在 $(0, +\infty)$ 上是减函数。

Q7：选取底数 a（$a>0$，且 $a\neq 1$）的若干个不同的值，在同一平面直角坐标系内作出相应的对数函数的图象，观察图象，你能发现它们有哪些共同特征吗？

答：（分别取 $a=3$，$\frac{1}{3}$，4，$\frac{1}{4}$，5，$\frac{1}{5}$ 作出它们相应的函数图象。）

Q8：观察这些函数图象，你能总结出对数函数 $y=\log_a x$（$a>0$，且 $a\neq 1$）有哪些性质吗？

答：当 $a>1$ 时，函数图象在 $(0, +\infty)$ 上单调递增；当 $a<1$ 时，函数图象在 $(0, +\infty)$ 上单调递减；上述函数都经过（1，0）这个点……

本节课由一系列层层递进、逐步深化的问题贯穿始终，首先回顾学过的内容，为后面提出问题 8 做铺垫，这些问题的设置由易到难，且问题具有过渡性、逻辑性以及递进性，每一个问题都是前一个问题的进一步深化，又为后一个问题打基础。就像教学片段所展示的，教师提问的问题都是在启发学生，让学生进入问题情境，每一个问题都让学生自主思考并解决。从简单问题开始，学生在解决简单问题时会感觉到比较轻松，随着一个个问题的解决，学生会有一定的成就感，无形中就增加了他们对数学学习的信心，从而提升他们学习数学的积极性，以这样的递进式“问题串”串联课堂，可以帮助学生更好地掌握知识，达到课堂目标。设计递进式“问题串”时，要注意问题的选取应符合逻辑关系的递进和难度的逐级增加，问题的设计要符合学生的思维发展，使学生的思维能与问题契合①。

（三）应用型讲解

应用的广泛性是数学的一大特点，数学的应用在讲解中占有一定的比例。在经过一系列的课堂讲解后，学生掌握了充分的数学理论知识，学生接受这些理论知识后内化成自己掌握的技能，就可以应用这些理论知识解决实际的问题。应用型讲解要求教师注重从已知到未知进行问题分析，引导学生采用分析、类比、综合、归纳或者构造数学模型等方法解决实际问题。如在讲解“函数的应用”时，要分析这些变量之间的关系以及变化的速度，因变量随自变量变化的速度在前期增长缓慢，到后期急剧增长，这就要考虑构造指数函数模型；若因变量的增长速度稳定且缓慢，则要考虑构造对数函数模型等。

人教版《普通高中教科书　数学　必修　第一册》“函数模型的应用”教学设计片段如下。

例　假设你有一笔资金用于投资，现有三种投资方案供你选择，这三种方案的回报如下：

方案一，每天回报 40 元；

方案二，第一天回报 10 元，以后每天比前一天多回报 10 元；

方案三，第一天回报 0.4 元，以后每天的回报比前一天翻一番。

请问，你会选择哪种投资方案？

问题 1：请初步选择一种你认为合适的投资方案。

---

① 王瑾. 高中数学课堂中的“问题串”教学设计研究［D］. 新乡：河南师范大学，2021：71.

追问：(1) 你能根据例题提供的三种投资方案的描述，分析出其中的常量、自变量、因变量及其相互之间的关系，并建立三种投资方案所对应的函数模型吗？

(2) 三个方案本质上是三个不同的函数模型，如何选择一个标准来比较它们的差异，从而选择合适的函数模型？

(3) 根据教材例题中的表格提供的数据，你对三种投资方案分别表现出的回报资金的增长差异有什么认识？

(4) 你能借助信息技术作出函数图象，并根据图象描述一下这三种方案的特点吗？

师生活动：教师提出进一步的问题，指导学生分析其中的数量关系，引导学生正确写出三种投资方案所对应的函数解析式，再利用表格和图象比较分析这三种函数模型的增长情况，作出根据投资天数进行选择的初步判断。

问题 2：仅分析每天的回报数额就能准确作出选择吗？请结合教材 152 页的问题进一步思考：关于三种投资方案的选择，你应当如何判断？

追问：教材 152 页边空提示根据投资天数作出不同方案的选择，划分天数的标准是什么？这种划分正确吗？

师生活动：回报增加量还不足以作为选择投资方案的依据，教师追问引导学生选择累计的回报数额进行判断，作出正确回答。

在学习本节课之前，学生已经可以利用所学知识解决一些简单的实际问题，但面对较复杂的实际问题，如何将其转化为数学问题，特别是如何选择函数模型来刻画问题，对学生来说还是很难完成的。因此，教师在讲解时可以帮助学生克服困难，引导学生在解决实际问题时，首先根据实际问题的条件建立等量关系，从而将实际问题抽象为数学问题；其次从数和形出发，定性和定量分析实际问题的变化规律，从而选择合适的数学模型进行求解。本例教师结合学生实际，依据不同层次的学生在学习上的差异，带着学生由已知到未知进行分析，一步步深入追问，引导学生将实际问题转化为数学问题，并根据不同的函数增长差异选择合适的函数模型，紧接着引导学生结合图表对三种函数模型的增长情况进行分析，直观理解“对数增长”“直线上升”“指数爆炸”的含义。对于问题2，教师再进一步引导学生分析影响方案选择的因素，使学生意识到要做出正确的选择须多方考虑。

（四）解释式与描述式讲解

解释式讲解就是对较简单的知识进行解释和说明，从而使学生感知、理解、掌握知识内容①。解释式讲解一般用于概念的定义、题目的分析、公式的说明、符号的翻译等，如数学符号的含义、读法以及一些简单数学概念的解释说明。对于比较复杂的知识，如果单单使用解释说明的方法进行讲解，就难以收到很好的讲解效果，学生对知识的理解不透彻，只停留在表层知识的理解，这就需要配合其他课堂教学技能，尤其是演示、实验、板书等技能的配合。描述式讲解是通过对数学知识发生、发展、变化过程的描述以及对知识的内涵和外延的描述，使学生对数学知识有一个完整的印象，达到一定深度的认识和理解②。根据教学内容和目的，描述可分为结构性描述和顺序性描述。对于结构性描述，要揭示数学知识的结构层次关系和要素间的关系，突出重点，抓住关键；要注意比喻和类比等方法的运用，生动形象地对数学知识进行讲解。对于顺序性描述，按照事物发生、发展变化的先后顺序进行描述，要注意数学知识发展的阶段性，抓住知识发展变化的关键节点，而不是无重点、无逻辑地流水账式叙述。对于描述式讲解通常可以是教师描述，也可以由学生在探究后进行总结、描述。对于学生在探究过程中出现的错误不要回避，而应主动引导学生思考，突破重难点，使学生对概念的易错点印象更加深刻。

例如，对“命题”概念的讲解，首先让学生阅读课本内容，并回答下列问题：1. 什么叫做命题、真命题、假命题？2. 怎样找出命题的“题设”和“结论”两部分？学生在课本上找到答案后，让学生对概念进行辨析，

---

① 程丽萍，彭友花，欧阳正勇. 数学教学知识与实践能力［M］. 哈尔滨：哈尔滨工业大学出版社，2018：273.

② 同①.

加深对概念的理解。出示问题：判断下列语句是不是命题，若是命题，请判断是真命题还是假命题。

①常温下，纯净的水是无色透明的液体。

②对顶角相等。

③画一个角。

④若 $x>y$，则 $2x+3<2y+3$。

⑤有一个角是直角的三角形是直角三角形。

⑥每一个大于 4 的偶数都是两个奇素数之和，每一个大于 7 的奇数都是三个奇素数之和。（这就是迄今尚未被彻底证明的著名的哥德巴赫猜想）

（在学生回答完上述问题后）

师：上述语句中，除③外都是命题。对某一件事起到判断作用的语句叫做命题，反之，不起判断作用的语句就不是命题，数学中用来表达数学判断的陈述句或符号的组合被称为数学命题。命题不一定为数学独有。如果命题表达的判断符合客观实际，也就是正确的命题，则认为该命题是真命题，如果命题所表达的判断不符合客观实际，则认为该命题是假命题。上述命题中，①②和⑤都是正确的，是真命题；④是错误的，是假命题；命题⑥自从 1742 年被德国数学家哥德巴赫提出后，虽经世界上许多杰出数学家的努力，但这一命题的正确性仍然没有得到证实，它的真假性是客观存在的，证明它的真假只是时间问题。要注意，一个命题或者是真，或者是假，任何命题都不能同时既是真又是假。同学们再考虑第二个问题，怎样找出一个命题的“题设”和“结论”……这样的解释，强调了理解命题这一概念中应注意的几个问题，加深了学生对命题这一概念的认识，同时通过命题⑥对哥德巴赫猜想作一简单介绍，激发学生对数学的学习兴趣。

总之，教师在数学课堂讲解活动中，要紧扣教学活动体系的各个关键要素，合理设置各个教学环节，科学讲解知识内容，不能直接灌输给学生，而应该潜移默化，循循善诱，引导学生主动思考，积极探索。在教学中创造与学生、课堂密切相关的情境，用问题、文化、背景等多种方式引入课题，配合其他教学技能进行课堂讲解，可以促进教与学更好地融合，有利于培养学生的模型思想和理性思维。为数学课堂有效教学“添砖加瓦”，实现与时俱进，共同发展，教学相长。[①]

第三节　中学数学课堂提问艺术

提问技能是利用教师与学生间相互交流，检测学生所学、提升学生思维、帮助学生积累经验，教师利用专业知识达成教育总体目标的一个方式，是教师在课堂中开展课堂交流的主要教育技术。

一、提问技能的作用

课堂提问在课堂教学中有着重大含义和重要作用，良好的课堂教学问题可以使得学生的专业思路得到有效锻炼，而且可以在一定程度上提高学生的学习能力。在课堂提问的过程中，学生和教师可以建立情感交流，通过提问，教师可以发现学生存在的知识漏洞，从而改进自己的教学方式，以提高教育教学质量。这也体现了师生间相互反馈的作用。教师灵活有效地运用课堂提问，除了能够了解学生对知识的掌握情况，还能够增强课堂的互动氛围。在这种氛围下，学生在一次一次的问答中体会数学思考的魅力，并积极主动地投入课堂，保持精神饱满的状态。

二、提问的原则

（一）目的性原则

目的性原则在课堂提问中发挥着重要的作用。教师在实现这个目的性原则时不能仅仅只是去达到教学所需要的目的性，还要保证好教师自身的教学任务。要想充分发挥课堂提问技能的效果，教师要提炼教材内容，有根据地向学生提问；要明确教学目标，有目的性地向学生提问；要抓住教

① 陈志强．浅论初中数学课堂练习讲解活动的实施［J］．数理化学习，2015（6）：38－39.

学重点，有针对性地向学生提问，三者缺一不可。如果教师在提问的过程中所提的问题不具有目的性，往往只会浪费宝贵的提问机会和课堂时间，无法让提问技能为课堂服务，学生的思维也得不到锻炼，错失了师生间的互动交流的机会。因此，教师要把握好教学内容，明确教学重点、难点，围绕相关内容设置具有强烈目的性的问题，这样才可以让学生在思考问题时产生自己的见解，并促进自己思维的灵活性，同时能够解决教学重难点，使课堂教学变得更加有效。

（二）合理性原则

合理性是一切技能的基础要求。首先，教师要根据不同的教学内容规划好提问的时机，是在处理教学重点之间，或是在对知识点进行讲解之时，是在对本节课的总结之间，还是在进行总结之后提问。其次，教师要按照教学进度精心设计提问，这样可增加提问技能的有效性，并依照循序渐进的原则，设计符合学生认知发展规律的教学思路。最后，教师要保证问题的有效性及合理性，要控制不同教学内容的问题容量，通常一节课最多可以精心设计 2～3 个重要问题，再配以部分辅助问题，这样才能增强提问的有效性。

（三）启发性原则

课堂提问应富有启发性。教师通过启发性提问，引导学生思考，有助于学生思维的训练，从而实现知识的深度发展。教师要抓住学生好奇的天性，在设计问题和提出问题时要综合考虑学生的知识储备和对知识的掌握情况。因此，教师要善于从多方面去分析问题，在备课和讲课过程中不能仅仅只是设计题目或者去使用老套的题目。因为这些题目不能激发学生自身的思考能力和启发学生进一步思考，所以教师要精心设计题目，使得这些题目能够启发学生，并引导学生去了解和掌握所学知识内容，有效突破教学重难点。同时，教师应探究和挖掘不同方式的提问表述和提问技巧，以此来提高学生回答问题的积极性。

（四）层次性原则

课堂教学问题设置尽可能做到“层次性”。与课堂教学一致，教师在对学生进行提问的同时，也要遵循由浅入深的原则，先让学生正确回答和掌握简单的问题，再由易到难地过渡到更深层次的问题，设置教学问题要循序渐进，避免学生一开始就回答不上来，产生畏难情绪。通过设置有层次性的问题，学生在探究问题中一步一步地掌握课本知识。

（五）系统性原则

课堂问题要有系统性。首先，每个问题的设置都应从教材内容出发，教师所提问题应环环相扣，让一个问题与另一个问题之间彼此相关。这样可使教师在帮助学生解答问题的同时，培养他们建立知识系统的能力，让知识在学生头脑中系统化、条理化。其次，教师要把握好课堂上各个知识点的衔接，注意在学生思维发散时适当提出引导性问题，并合理掌控课堂教学的进程，引导学生有系统和针对性学习，充分发挥课堂提问技能的作用，使学生能更好地掌握数学知识。

三、提问技能的类型

（一）复述性提问

复述性提问，简而言之就是让学生对已经学过的知识内容进行复述的提问。掌握课本中或课堂上所学到的重要概念、基本定理、常用性质、必备法则，是学好数学的关键。学生在进行练习时，必须熟记这些基本的概念、常见的定理和必考的公式等。比如，在证明三角形全等的一系列题目中，学生在解决这一类问题时，首先要掌握 5 个判定定理，再根据已知条件和可构造条件挑选出适合解决此题目的判定定理。若学生不能熟记与掌握这 5 个判定定理，那将无法对三角形的全等进行证明。

复述知识点的提问，一般安排在学习了某个知识点之后，或在之后的练习中需要运用这个知识点之前。这类复述性的提问应在学生已经清楚了解结论的产生过程的前提下进行。

（二）铺垫性提问

铺垫性提问，就是在学生将要去学习课本知识点或者课外知识时所进行的一种抛砖引玉的提问。这种提问方式能够帮助学生在学习新知识点时做好必要的知识铺垫，能够指引学生有目的地学习，减少学习上的障碍。铺垫性提问是通过回顾学过的知识或内容，向学生提出问题，让学生了解这些知识和内容与当前教学内容的联系。教师通过问题式的导入，引入本节课所要学习的新内容，能够使学生在课上更加专注和激发学生进一步去了解和学习好新知识的欲望，提高学生对学习的兴趣。

例如，在讲“余弦定理”之前，教师可以先通过提问“正弦定理”的有关概念、定理，然后在此基础上讲余弦定理的概念。这使学生对旧知识点与新知识点中的联系有更深层次的理解，帮助学生更好地理解和掌握新知识，加深对旧知识的理解和巩固，从而达到有意义的学习。

（三）理解性提问

理解性提问，顾名思义就是要对学生所掌握的知识点进行理解而设置的提问。所以这类提问的形式要根据学生的学习情况和教师的教授情况去制定，要符合教学的目标和要求。另外，教师要根据学生的自身情况去设定好提问的形式和提问的方向，尽可能让学生都能够掌握好每一章的难点和重点。就目前的情况来说，大部分学生在学习新课的时候，对于新概念、新规律和新方法并不能够快速理解与掌握。根据这一情况，教师不能提出太复杂的题目与问题，可以通过一些容易的题目，让学生先掌握重点和难点，然后再加大题目的难度，循序渐进，让学生更进一步理解课本的知识点。

（四）探索性提问

探索性提问，即教师为引导学生寻求解题思路而进行的提问。这样的提问建立在学生已经整体掌握基础知识并能够对其进行熟练应用的基础上，教师通过对学生进行提问，引导学生利用之前学习过的各种数学方法和策略，加强学生综合运用数学知识的能力，全面提高学生的数学思维及学生分析难题和解决难题的能力。

（五）效果性提问

效果性提问，就是教师为了检查学生对新知识的学习情况而进行的提问。这种提问方式是为了能够及时发现和反馈学生对于新知识的学习掌握情况，使教师及时调整教学方向。如果学生对新知识的掌握存在问题时，就需要教师对新旧知识进行总结和巩固，并对已经教学过的内容进行分析、整理，使这些内容更加条理化，增强新旧知识间的相互联系，方便学生对其进行记忆。

例如，通过学习判定三角形全等的 5 个定理（SSS、SAS、ASA、AAS、HL）之后，教师可提问“5 种判定定理之间有哪些共同点和不同点”，使学生对三角形全等的判定有更深层次的理解和认识。学生在学习完新知识之后，教师要精心设计题目给学生进行解答，根据反馈回来的学习情况制定新的教学策略，并指出学生存在的各种错误。

（六）概括性提问

概括性提问，即教师要让学生对本节课、本阶段、本学期学习进行总结时而进行的提问。学生只有能够对新知识有深入的了解并形成概括性的知识框架，才能够真正提高数学能力和数学素养。很多教师都是自己进行总结性概括或者使用网络上现成的概括框架。但是，只有将课堂一部分交给学生，让他们学会概括每天学习的知识，才能更好地培养学生的数学能力，提高学生的数学素养。

例如，当学生进行“平移”知识点的学习时，教师让学生操作物体进行简单平移，并提出“为什么物体沿着同一方向平移之后的位置不一样?”以及“为什么物体平移相同的距离之后的位置不一样?”两个问题，让学生通过实验操作进行分析与概括，得出“平移与位置和方向有关”，这有利于学生将知识系统化。

四、提问技能在教学中的实施

（一）创设良好的提问情境

课堂上，教师可以先创设良好的提问情境，再对学生进行提问，让学生的注意力转移到课堂当中，通过设计好的问题让学生对本节课的知识进行思考，培养和提高学生在学习新知识过程中的自我探究能力和数学思维能力。在过去的教学中，传统的提问方式过多依赖于教材，并且多是教师自己提问又自己回答的形式，这种提问方式是不可长期采用的。教师要从这种传统的提问方式中跳出，紧跟时代潮流，增加问题的趣味性，积极探究具有创新性的提问方式，在提问技巧上下足功夫，让学生善于独立思考，并保持探究问题的热情。

在课堂教学中，教师创设问题情境可以通过实际情境引入问题，或通过学生感兴趣的事物引入问题，让学生有身临其境之感，使问题更加形象、具体，更有利于学生思考问题并解决问题。教师在上课的过程中，应当充分营造良好的课堂氛围，使课堂提问变得轻松而简单，学生回答老师的问题也变得愉悦与积极。

比如，教师在进行“图形的平移”这一部分知识点的讲授时，可以先向学生提问：“我们在将物体进行平移的过程中是否会改变它的形状、大小呢?”但仅仅通过口头提问让学生去思考问题，容易使学生的思路遇到卡壳的现象，他们没有具体的事物可以参照，仅凭想象，无法快速准确地给出答案。这时教师需要依靠几何画板、PPT 等多媒体技术设备来直观地呈现某物体的平移过程，或者组织学生动手操作将物体进行平移。通过类似这样的方式来创设提问的生活情境，再让学生思考和回答问题，更利于学生数学思维的发展，提高学生回答的热情和准确率。

（二）精心设计课堂问题

在过去传统的教学模式中，都是老师站在讲台上讲，学生坐在讲台下听，而这通常会导致老师讲自己的，学生也忙自己的，教师与学生之间没有交流与互动，整个课堂气氛变得十分压抑。在使用提问技能时，教师需要多花点心思在设计课堂问题上，需要根据对教材与学情的分析，设计符合所教学生的问题。通过这种方式，教师可了解学生的学习效果，帮助学生及时查漏补缺，掌握好本节课的知识点，也为后续新知识的讲授打好基础。教师在准备第二天的上课教案之时，应当对自己要在本节课的课堂上所要提出的问题进行深入思考，反复考量在问题提出之后，学生能有怎样的思考空间，该如何去引导学生得出结论等。

如学习“角平分线的性质”这部分内容时，教学的目的是让学生充分理解角平分线的性质，并能够利用此性质解决相关的证明问题。首先，教师可先提问学生是否还记得角平分线的作法，在作出角平分线的基础上，再带着学生作出角平分线上任意一点到角两边的距离，观察作出的两条线段，继续提问："同学们，经过仔细观察，你们有没有发现这两条线段之间具有怎样的关系呢?"接着教师带着学生进行深入学习与探索，学生通过探究、猜测、验证、论证逐步得出角平分线上的点到角两边的距离相等的性质。通过学生自己动手探究和教师有效的问题引导，更有利于帮助学生掌握角平分线性质的知识点，加深对这些知识的印象。

（三）抓住课堂提问时机

在课堂教学中，教师利用提问技能时，要时刻关注学生的学习状态与反应，抓住课堂提问的最佳时机，确保学生都能融入课堂教学中，激发学生主动学习的热情。教师要合理利用学生预习的阶段，在进行新课的学习之前，通过合理的设问调动学生对新知识的求知欲望，并和学生保持一定的互动，多与学生交流，从而将课堂笼罩在活跃的数学氛围中。在课堂小结环节，教师也可采用提问的方式，以问题的形式帮助学生回忆和巩固本节课所学习的知识点，教师及时收到学生的反馈，不仅能提高学生学习的效率，也为后续教师的课堂改进提供方向。因此，教师在组织教学活动时可适当合理地运用提问技能，见缝插针，抓住合适的提问时机，当学生在思考问题的过程中遇到瓶颈时，教师要利用问题引导学生走出困境。

比如，在进行"正方形"这一部分内容的教学时，教师可以在预习环节先向学生抛出一个问题："大家知道怎样证明一个四边形是正方形吗?"由于学生还未对正方形的证明方法进行系统的学习，所以不能给出答案，这样能激起学生探索知识的欲望。之后，教师在带领学生系统学习和掌握了正方形的证明方法后，再进行提问："我们如何证明一个四边形是正方形呢?"学生已掌握相关知识，因此积极地回答了问题，如"有一个角是直角的菱形是正方形""一组邻边相等的矩形是正方形"等。在课堂教学中进行有效提问，不仅增加了师生之间的交流，还提高了学生参与课堂的活跃度，促使学生保持高涨的情绪参与课堂活动。

总之，数学教师要充分意识到有效提问的重要意义，关注课堂提问的有效性，要在数学课堂中体现出课堂提问的艺术性。通过课堂提问构建丰富多彩的数学课堂学习环境，综合考虑教学内容和学生的实际情况，通过创设问题情境、精心设计课堂问题、抓住课堂提问时机等方式，发挥课堂提问的作用，助力数学教学的发展。

第四节　中学数学课堂板书艺术

虽然随着互联网技术的不断发展，各种各样的多媒体软件及其他技术已经深入中学课堂，但是板书的重要性仍然是不言而喻的，它对于教材的整理、归纳和分析能起到举足轻重的作用。板书把知识和思维过程更加直观地呈现给学生，从而更好地培养学生的数学思维，将知识提升到理论的高度，使学生能够举一反三，形成独立分析并且解决问题的能力。

一、板书设计在中学数学教学过程中的作用

（一）能够起到提示的作用

规范的书写，能够帮助学生更好地理解和掌握书本的相关知识。由教师进行板书引入，不仅可以起到回顾上一节内容的作用，还能够对新的知识点进行导入，促进学生对新知识的理解。

（二）能够起到规范的作用

教师在书写板书的过程中，能够使学生模仿教师的书写格式。黑板上的板书其实是教师个人的解题思路，学生通过学习教师的思路，在解决其他类似的问题中能够举一反三。

（三）能够起到很好的美育教育

教师通过将板书的格式排版得更加合理，能够使学生们感受到直观的美感。排版工整的板书往往能够使人赏心悦目，从而更好地提高学生学习知识的积极性，学生也能在优质的板书下提升自身的审美水平。

二、中学阶段板书设计所遵循的原则

板书是连接教师、学生以及教材编写者的桥梁。板书设计不仅能够对学生的数学素养、数学思维、数学思想的形成产生影响，还有利于培养学生的学习习惯和审美能力，如何从板书的表面现象找到背后的意义，需要教师们不断地尝试和创新，在尝试与创新中追问并强化数学课堂教学板书设计不可替代的现实价值①。以下为中学数学板书设计遵循的具体原则，如图 5－3 所示。

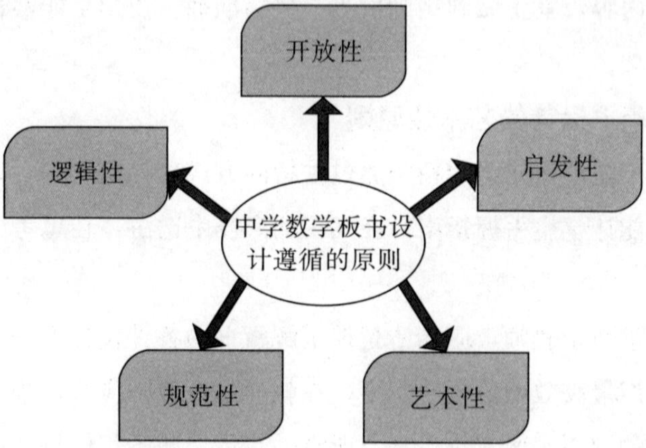

图 5－3　中学数学板书设计原则

（一）板书设计的开放性原则

由于数学模型源于生活，因此将生活中的数学模型融入数学课堂中，能够使教师授课更加开放。学生在开放的环境下学习更能提高其创新能力，增强其知识运用能力，而不是死板地学习数学。

（二）板书设计的逻辑性原则

由于数学建模思想本身具有的逻辑性，学生在发现问题、解决问题的过程中，能够提高其逻辑思维能力，增强将抽象的数学知识应用于具体实际的能力。

---

① 林家慧．小学数学课堂教学板书设计案例分析［J］．新课程研究，2021（34）：94－95．

（三）板书设计的启发性原则

无论是什么形式的板书都必须充分揭示课堂教学的主要内容，为学生提供课堂知识脉络和思维空间，加深学生对知识的理解，使学生既能掌握知识，又能发展能力。

（四）板书设计的规范性原则

教师在进行板书时要注意字体结构的工整性，保证在板书过程中笔顺正确，书写速度适中，与教学的进度相适应，通过规范的书写格式清晰地呈现教学的内容，真正做到用词恰当，概括准确，使学生能够快速构建出新知识的框架。

（五）板书设计的艺术性原则

好的板书能够将知识的精华通过独特的方式传递给学生，其作为学海的导航图，能让学生手握指南针在知识的海洋中遨游，在思考中不断提升自己的能力。

作为中学数学教师，应当清楚地了解板书的各种设计方法，利用好黑板，能将知识最高效地传授给学生。在教学中，教师应善用板书，加强学生逻辑思维的训练，激发学生参与课堂的热情，而不仅仅是在黑板上罗列知识点。教师在制作板书时，应充分发挥教学主导者的作用，引导学生参与互动，调动课堂氛围，激发学生的学习兴趣，促进学生能力的开发，培养其思维能力。教师要做到随机应变，灵活地设计板书形式，结合学生的学情，因材施教，做到具体问题具体分析，为培养学生的能力打下坚实的基础。

三、板书设计的类型

（一）对比式板书

通过对比找出异同，能够厘清知识的共性和个性，在对比中让学生感受到数学的简洁之美。从数学语言定义、文字语言定义以及性质三方面进行横向展开，能够很好地体现教师的教学思路。对于教师来说，好的板书能够有助于其完成自己的教学内容，从而更好地整理自己的思路，并展现给学生，让学生了解核心的教学内容。直观的板书排版能够帮助学生一目了然发现其中的规律以及特点，有利于突破教学的重难点，也便于学生对自己所学的知识进行归纳、总结和提升。下面以“直线、线段和射线”这一课为例进行对比式板书，如表 5－1 所示。

表 5－1　直线、线段和射线对比表

		内容
区别	线段	线段中有两个端点，且其长度是有限的、可测量的
	射线	射线只有一个端点，且其长度是无限的、不可测量的
	直线	直线没有端点，且其长度是无限的、不可测量的
联系		线段与射线都属于直线

（二）思维导图式板书

在利用思维导图厘清事物间的关系时，我们可以将零散的内容有机地结合起来，以某一个主题为中心，以辐射状的方式将内容不断扩展、发散，逐步建立一个有序的发散的图象。这种方法可以帮助绘制者形成系统性的思维。作为数学学科教师，可以通过思维导图把各知识点之间的关系连接起来，将思维导图作为一种教学设计的方法，从而为接下来的教学内容做出计划与准备。同时，思维导图也可以帮助教师自身理解，从而使教师能更好地讲解知识内容，让教学流程变得更加系统。以整式的教学为例，虽然制作思维导图看起来很简单，但其中蕴含着整式的所有相关知识，学生通过这样的板书能够更好地将知识模块与模块之间的联系建立起来。再者，流程式思维导图可以让学生更加有序地学习数学知识，构建知识网络，培养系统思考问题的能力，从而减轻学生学习负担，提高其思维灵活性。

下面以中考总复习“四边形”一节复习课为例，通过思维导图使学生迅速回忆平行四边形、矩形、菱形、梯形、正方形等四边形的性质（如图 5－4 所示），师生共同完成会达到更好的效果。

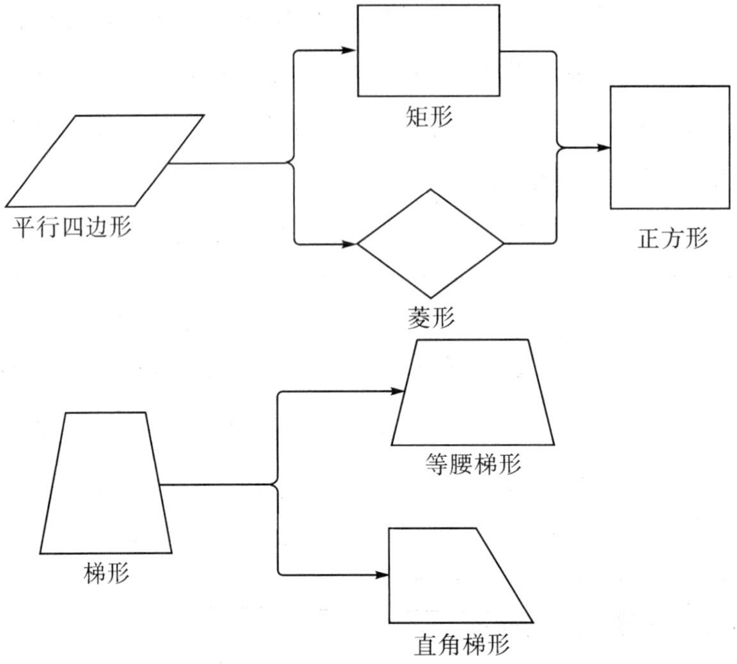

图 5－4　图文式板书

教师亲自制作图形，能够鼓舞学生积极参与画图的过程，利用这种方式能够充分发挥数学教育者的主导作用，通过引导学生、增进师生互动、调动课堂氛围，使学生在相对有趣的氛围中不断提升自己的能力。虽然当今社会多媒体的教学方式不断普及，但是板书依然是一种极为重要的教学方式。教师应该有提高自身板书规范的意识。教师的智慧通过板书由内向外发散，学生通过教师的板书更好地感受到课堂的快乐，同时教师也可通过这样的方式将自己的讲授能力表现得淋漓尽致。下面以一道教学应用题为例。

甲和乙两人从 A、B 两地相向而行，两个人第一次相遇在离 A 点 10km 处，相遇之后两个人速度不变继续前进，分别到达 B 地、A 地后立刻返回，两人第二次相遇在距离 B 地 3km 处，问 A 与 B 两地之间的距离。

解析：教师在黑板上画出如下示意图（见图 5-5），

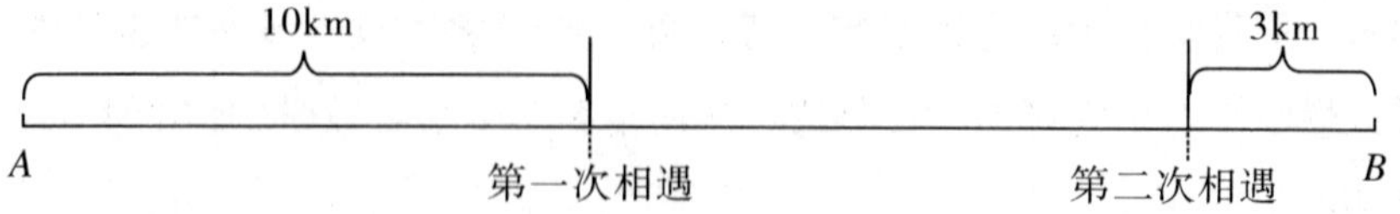

图 5-5

利用图形的直观性引导学生联立方程解决问题，能够有效培养学生数形结合的思想。

第五节　中学数学课堂结束艺术

结束技能是教师在结束课堂教学内容时所运用的技能，是通过归纳总结、拓展延伸使学生将课堂知识融会贯通后完善学生的知识结构，从而掌握并运用所学内容的教学行为方式。在任意一个相对独立的课堂教学阶段，都需要运用课堂结束技能对教学阶段进行小结，并在每一堂课学习结束时进行课堂总结，帮助学生回顾课堂所学知识。

一、课堂结束技能的作用

俗话说，编筐编篓全在收口，无论做什么事情，都要重视结尾部分，故而在课堂教学中，要注重课堂结束部分的设计和组织。因此，优秀的课堂结束技能，要能够巩固知识，检查教学成效，强化教学成果，激发学生的学习兴趣。

（一）总结本节课的教学内容，巩固学生对知识点的记忆

一节课接近尾声时，教师与学生一起总结本节课所学知识，帮助学生对所学知识（如数学概念、定理、公式、法则等）形成清晰的认识，加深学生对知识点的理解与掌握，引导学生对知识点进行归纳整理，从而形成更加完善的知识结构，便于学生巩固记忆。

（二）抛砖引玉，为下节课的学习内容做铺垫

根据课程标准的要求，数学学科的学习是由浅入深、循序渐进的逻辑

过程。因此，教师在一节课结束的时候，适当抛出关于下节课学习知识的问题，引导学生主动去探索与思考，可以加深学生对本节课知识的掌握，并点燃学生对下次课的学习热情，从而培养学生学习数学知识的主动性与迫切性。

（三）在所学知识基础上拓展延伸

对于教师来说，培养学生知识迁移的能力是不可或缺的一环。教师在学生原有知识的基础上稍加提升，提出比原有知识稍高层次的问题，学生通过知识迁移来思考教师所提出的问题，有利于培养学生思维的发散性和深刻性，从而得到知识的深化和升华。

二、目前数学课堂结束技能使用时存在的问题

（一）结束技能较为单一

一些教师认为数学课的结尾部分只需要出几道题目给学生练习一下或者教师总结一下教学内容就可以了。其实，这是一种落后的教学观念，根据新课标要求，教师要注重学生数学核心素养的培养，故而，结尾的设计要以提高学生的数学核心素养为基本点，采用多样的结尾方式。

（二）结束语言过于模式化

一些教师在课堂结束的时候，习惯于用一套模板："今天我们学了什么内容?""你们今天有什么收获吗?"当教师过多使用此类结束语言时，会让学生觉得枯燥无味，对于结尾部分的专注度也会低于其他教学环节，严重影响学生对知识点的巩固。

三、课堂结束技能的原则

一个良好的课堂小结对教师来说是有一定要求的。崔克忍认为课堂小结应该自然妥帖、水到渠成、结构完整、前后照应。[①]

（一）课堂结束技能要前后照应

课堂结束部分是整个课堂教学过程中不可或缺的一环，课堂结束环节

① 崔克忍. 中学数学教学论［M］. 北京：北京师范大学出版社，2010：291－292.

应与课堂导入环节相呼应，不能偏离课堂教学内容。课堂小结前后照应可以加深学生对知识的理解与掌握。

（二）课堂结束技能要自然贴切，水到渠成

课堂教学结束是课程学习的必然结果，它既是课堂的结束，也是对课堂知识的回顾。课堂结束要自然贴切，不能突兀，否则学生的思维难以跟上，使得课堂知识的回顾事倍功半，并且当学生课后回顾知识时，难以联想，容易产生混乱感。当课堂结束水到渠成时，学生自然而然地跟上教师的节奏，学生对知识的理解与掌握更加深刻，并且便于课后回顾与整理。

（三）课堂结束技能要及时

心理学研究表明，记忆是一个不断巩固的过程。为了让学生熟练记忆，教师需要及时小结，并定期复习测试，才更有利于帮助学生掌握并巩固所学知识点。

（四）课堂结束技能要留有余地，开拓思维

数学课的结尾应当留有余地，可以让学生带着问题走进课堂，解决这些问题后，带着更深刻的问题走出课堂，从而激发学生的学习兴趣，让学生积极主动地去探索答案，加深学生对知识点的掌握与运用。

四、课堂结束技能的类型

（一）总结归纳式

在教学内容结束后，教师利用较短的时间把教学内容利用叙述、列表格、画图等方法进行提炼概括，加深学生对所学内容的理解与掌握。这是课堂结束技能中最常见、最简单的一种，常用于新授课的结尾。该类型简明扼要，主线分明，可以产生提纲挈领的作用。但若运用不好，无法充分调动学生的思维能力，易使学生产生松懈、怠慢情绪，长此以往，不利于学生总结能力、思维能力的培养。

例如“集合”一节的课堂结束设计。

本节课学习了以下内容：

①集合的有关概念——集合、元素、属于（$\in$）、不属于（$\notin$）、有限

集、无限集、空集（$\varnothing$）；

②集合的表示方法——列举法、描述法、韦恩图（Venn 图）；

③常用数集的定义和记法。

（二）提问式

在每节课结束时，教师通过提问的方式引导学生用准确简练的语言概括该节课的学习内容，使学生对该节课的重难点知识形成清晰的认识，帮助学生加深理解、巩固新知。

例如“勾股定理的逆定理”一节的课堂结束设计。

教师引导学生从以下问题出发回顾本节课所学内容，并进行探讨与交流。

①勾股定理的逆定理的内容是什么？它有什么作用？

②本节课学习了勾股定理的原命题、逆定理等知识，你能说出它们之间存在什么关系吗？

③在论证勾股定理的逆定理的过程中，我们经历了哪些过程？

又如“任意角的三角函数”一节的课堂结束设计。

①你是如何把锐角三角函数定义推广到任意角的？（请说出任意角三角函数是如何定义的？）

②你是如何判断和记忆正弦、余弦、正切函数的定义域和值域的？

③你是如何记忆正弦、余弦、正切函数值的符号的？

（三）解惑式

解惑式结课是指结合新课的内容，用问题来创设情境，并在课堂结束的时候对该问题进行解答，这种方式也是常用的课堂教学方法之一。常见的做法是：在课堂开始时，根据本节课内容创设情境，激发学生对本节课学习的兴趣，提出问题。在课堂结束时，利用本节课学习的知识，解决课堂开始时提出的问题，并概括总结本节课所学内容。

例如“相似三角形的性质”一节的课堂结束设计。

导入部分：同学们，我们每周一都会有升旗仪式，那你们知道学校升旗杆的高度吗？

结尾部分：在前面的学习中，我们学习了相似三角形的几条性质，请你们回忆一下。在课前老师问了你们一个问题，求学校升旗杆的高度，你们觉得应该用相似三角形的哪条性质呢？我们一起来讨论一下吧！

（四）拓展延伸式

在学生掌握课堂所学知识的基础上，教师对其进行拓展延伸，从而进一步提升学生的思维能力，开拓学生的知识面。

例如“圆柱的表面积、体积”一节的课堂结束设计。

我们通过学习和证明，已经知道了计算圆柱体的侧面积、表面积和体积的方法。这里有一道题，看谁可以快速计算出来：

一个圆柱的侧面积是 $4\pi cm^2$，底面半径是 2cm，这个圆柱的体积是多少？

（五）问题启发式

在课堂结尾时，教师提出与课堂知识有关的实际问题，不做解答，留给学生课余时间去思考、解决，使学生在学习中产生悬念心理，从而激发学生的探知欲，培养学生对数学的学习兴趣，发现数学美。

例如“相似三角形的性质”一节的课堂结束设计。

在本节课的学习中，我们学习了相似三角形的性质。请同学们课后思考一下：每周一学校都会有升旗仪式，而升旗仪式能够营造良好的校园文化氛围，增强学校的凝聚力，提高师生的民族自豪感。旗杆作为升旗仪式必不可少的东西，你们有测量过旗杆的高度吗？请同学们给出测算方法。(无法直接测量)

（六）趣味式

在新课结束时，预留几分钟的时间，安排游戏、讲故事等趣味活动与课堂教学结合起来，在欢快的氛围中回顾所学新知识，增强学生对新知识的记忆及对数学的兴趣。

例如“列方程解应用题”一节的课堂结束设计。

古希腊数学家丢番图的墓碑上有这样一道数学题，告诉了世人他的年龄，我们一起来看一下。

过路的人，这儿埋葬着丢番图。他生命的六分之一是幸福的童年，十二分之一是无忧无虑的少年。再过去七分之一的年程，他建立了幸福的家庭。五年后儿子出生，他感到很幸福，他有了他的第一个儿子，可是命运给这个孩子在这世界上的光辉灿烂的生命只有他父亲的一半，在儿子死后，丢番图悲痛难忍，四年后，也与世长辞了。请问丢番图的年龄是多少岁？

（七）串联式

一般在一个单元或者一个章节学习结束后，教师对本单元或本章节内容进行串联、整理、归纳、总结，帮助学生对所学知识建立知识框架。

例如四边形单元内容课堂结束设计，如图 5－6 所示。

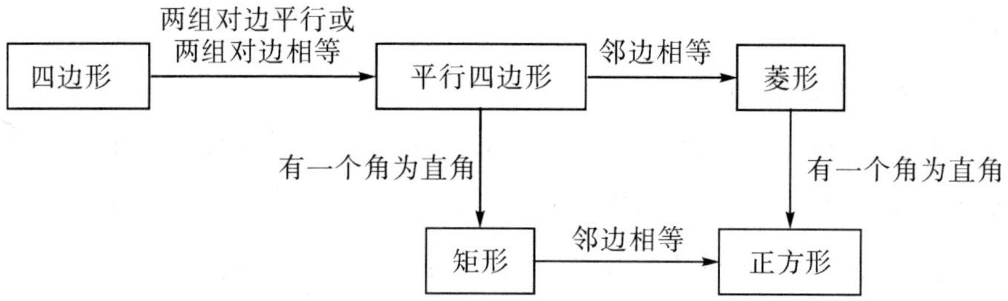

图 5－6　四边形单元内容

第六章　中学数学教材处理艺术

第一节　中学数学教材处理概述

一、教材处理的含义

吴立宝等人在《教材分析的几个视角》中对教材的表述如下：数学教材是具体的数学课程，是经国家基础教育课程教材专家工作委员会审定的，并且按照国家的课程标准等一系列要求制定的，其中的内容都是经过多次修改修订，反复试验加工得到的，是教师上课的重要参考资料。①

广义上来说，教材可以指所有推动数学课程学习的工具；狭义上来说，教材专指教科书。教材是教师进行教学的重要依据，是教师完成教学任务、教学目标的重要工具，也是学生进行学习的重要参考资料。“教材处理”是教学者在课程安排、课堂呈现上贯穿在教学过程中的重要环节，就是如何科学地、动态地组织教材，进行教学的过程。处理好教材是上好一节课的前提，是课堂活动落实的保障，是一种教师进行有效教学的艺术。

二、中学教材处理的基本理念

教材处理的过程不是盲目的，需要有基本理念做支撑，遵循一定的基本理念，这样才能让教师在进行教材处理时找准课程最终指向的方向。

（一）教材处理要以学生发展为本

《普通高中数学课程标准（2017 年版）》指出，高中数学课程面向全

---

① 吴立宝，王光明，王富英. 教材分析的几个视角 [J]. 教育理论与实践，2016（23）：39-42.

体学生，实现人人都能获得良好的数学教育，不同的人在数学上得到不同的发展。教学是以学生为主体展开的活动，以学生为主体的地位充分表明了教师进行教材处理时需要对学情进行分析和研究。如今的教育，已经不再是以教师为主角，教师进行一言堂的传统教育，教育改革的主要方向是提升学生在教育当中的地位，将课堂还给学生，以学生为中心展开教学。脱离学生进行的教材处理是孤立的，没有实际意义的。因此，教师在进行教材处理时，要从学生的年龄特点、已有的知识经验、学习能力等多个方面对学生的学情进行整体把握和分析研究。

（二）教材处理要体现数学课程标准的理念

教材处理要以课标为依据，课标是在一定课程理论指导下，依据培养目标和课程方案，以纲要形式编制的，关于课程的性质与价值、目标与内容、教学实施建议以及课程资源开发等方面的指导性文件。它是教材编写的基本依据，也是编好教材的前提；是教师领悟与掌握一门课程的精神实质，深入理解教材，正确进行教学设计和备课的有效工具。

（三）教材处理要体现创造性地使用教材

教材处理虽是在教材原有的基础上结合实际情况进行加工，但不能为了处理而处理，产生舍本逐末的现象。教材是教材编写者依据课标精心编写的，供教师教学和学生学习的材料，是课堂教学实施最直接有效的材料，是编写者基于多年的研究和实际教学经验而精心整理出来的，具有一定的权威性。因此，教师要充分认识教材编写者的意图。如果教师在不理解编写意图的情况下盲目教学，打乱数学知识结构本身的逻辑，或者教授不符合教材内容的知识，就极易发生违背课标来进行教学的现象。教师在教学中发挥着引导者、组织者和合作者的作用，是连接学生和教材的中介，教师应发挥自身的优势，将课程内容以更有效的方式传授给学生。但是，教师也不能将教材奉为“圣旨”，要根据学生的特点进行必要的改造。贾荣固的《教材分析与处理的策略》一文中也提出：面对具体的教学目标任务，教师有责任、有必要通过教材分析进行重新选择、调整和处理。①

（四）教材处理要以培养学生“四基”“四能”为目的

高中阶段的数学课标为学生学习高中数学课程设立的总目标，主要围绕以下三方面内容开展：数学的基础知识、基本技能、基本思想、基本活动经验，即“四基”；提高从数学角度发现问题和提出问题的能力、分析和解决问题的能力，即“四能”；发展数学抽象、逻辑推理、数学建模、直观想象、数学运算、数据分析等数学学科核心素养。这三个方面体现高中数学学习的总体目标，在课堂上，集中体现为知识技能、数学思考、问题解决、情感态度四维教学目标。

1. 知识技能指基础知识和基本技能。

基础知识包括数学课程中的基本概念、基本性质、基本法则、基本公式等；基本技能主要包括基本的运算、测量、绘图等技能。基础知识和基本技能是掌握基本思想和基本活动经验的基础，学生掌握基础知识和基本技能要在理解的基础上逐步达到熟练状态，切不可死记硬背，影响基本思想和基本活动经验的建立。

2. 数学思考指数学基本思想。

关于数学的基本思想，曾经建立的两个判断标准为：数学产生和发展必须依赖的思想；学习过数学的人应当具备的基本思维品质。这两个判断标准体现了数学基本思想的三个要素：抽象、推理和模型。由此可见，数学思考与数学核心素养的培养是一脉相承的。数学思想方法是在数学学习过程中体现的，是学生解决数学问题、理性思考现实世界的工具。高中阶段的数学思想方法主要包括数形结合、分类讨论、转化与化归、函数与方程等。数学思想方法的培养需要教师在教学过程中给予学生足够的时间进行思考和感悟，形成独立思考的习惯。

3. 问题解决。

问题解决指从数学的角度发现问题、提出问题、分析问题和解决问题

---

① 贾荣固. 教材分析与处理的策略［J］. 大连教育学院学报，1998（4）：51-56.

的过程，课标体现了新时代的要求和课程价值取向，强调学生创新能力的培养，而创新能力的培养往往体现在问题解决的过程中。数学家们通常认为发现问题比证明结论更重要，因此，教学应该注重学生发现问题的能力的培养。教师可以结合课程内容要求和学生的学情特点，适时适度地创设问题情境，引导学生根据生活和数学逻辑发现问题、提出问题。新的课程理念也强调，要从“重结论轻过程”的教学转变为“重结论的同时更重过程”，这些都表明，学生解决问题的过程也是对学生能力的培养，教师应当予以重视。

4. 情感态度。

情感态度指学生通过数学学习所拥有的情感和对待事物的态度。课标在课程目标中提出了学生通过高中数学的学习应该达成的情感目标。从中可以发现，关于情感、态度、价值观的要求更集中体现在数学核心素养的时代性上。数学情感态度的培养是潜移默化的，教师可以从核心素养提高的角度加强学生的自信心，进而更好地发展学生自主学习的能力；关于提升学生的创新意识和实践能力，教师要更加注重学生的“三会”，不仅要学数学，更要“做数学”；认识数学的相关价值目标，不仅要体现在数学本身，更要体现在实际生活当中。此外，思政教育与数学学习相结合，也是培育学生情感态度的重要方法。

第二节　中学数学教材处理维度

一、数学教学内容分析

数学教学内容是数学教学的基础，教师进行教学，必须先了解教什么，只有对教学内容有具体的了解与掌握之后，才能谈怎么教。了解教学内容的方式方法多样，最直接的方法是认真研读课标、教材、教参等书籍文献。进行教学内容分析，是一个教师的教学基本功，要求教师在理解教学内容的基础上对教学内容进行深度处理，分析其中的逻辑等诸多要素，以便更好地应用到实际教学中，提高教学效率。

数学教学内容作为一个复杂的系统，可以从知识结构、知识背景、教学功能这几个方面进行分析。

（一）知识结构分析

知识结构分析可以分为表层知识结构分析和深层知识结构分析。其中，表层知识结构分析侧重于教材系统中各个知识要点与逻辑联系的分析，明确每个知识点在该系统中的作用、意义和重要性，厘清知识点之间的联系，有利于确定各个知识点应掌握的程度和训练要素；深层知识结构分析是在进行表层知识结构分析的基础上，对数学知识的本质内容、数学思想方法、数学核心素养培养的分析。

下面以“数列”为例，对该内容进行表层知识结构分析和深层知识结构分析。

1. 表层知识结构分析。

从“数列”这章内容来看，数列分为数列、等差数列、等比数列三个板块的内容。在“数列”这一板块，主要介绍数列的概念、分类，从数列的三种表示方法初步阐明数列与函数之间的关系，表明数列是特殊的函数，为加强数列与函数之间的联系奠定基础。在“等差数列”这一板块，学习等差数列的概念时，加强了等差数列与一次函数的联系，这样方便学生运用一次函数的知识理解等差数列的概念，并运用一次函数的思想理解等差数列的性质。在“等比数列”这一板块，类比等差数列进行学习，同样将等比数列与学过的指数函数联系起来，运用同样的方法，通过指数函数来理解等比数列的概念及性质。

从数列的内容，我们可以看到，数列在高中数学中作为一个独立的章节出现，但却与之前所学习过的函数内容联系紧密，可以说，学习函数部分的内容是在为学习数列做铺垫，而数列的学习也加强了学生对函数的理解。

2. 深层知识结构分析。

“数列”这章的内容处于许多知识的交汇点，尤其是在运用概念和解决问题时，需要许多知识支撑。从函数的知识角度理解数列，借助函数图象、函数多种表达方式对数列进行深度剖析，可以体现学生整体的、动态的思维方式。求解数列的通项公式，通常需要对数列进行递推，体现递推归纳的思想；在解决问题时，方程或方程组思想的体现也较为充分，一些习题设计均属于这种类型，如已知数列满足某个条件，求这个数列的通项公式；对于一些稍微复杂的题型，还需要运用图象进行分析解决，体现数形结合的数学思想方法；对于有某些限定条件的题型，需要进行分类讨论，体现分类讨论的数学思想方法。此外，还有算法思想等。这些数学思想方法的学习和运用，对学生的数学运算、逻辑推理等核心素养有一定的提升作用。

（二）知识背景分析

知识背景是知识的起源点和出发点，通常在具体的数学情境和实践需要中产生，是原始学习的出发点，对学生进行直接教育有着重要的作用。很多数学知识的产生都具有丰富的背景，教师需要深入研读教材及数学史相关内容，了解知识的来龙去脉，才能站在更高的高度备课，从而提升教学水平。

知识背景分析是对知识产生的背景和发展历程进行分析。通过对数学史的了解，看清数学知识的发展历程，明确其是经历何种运算、转换以及经过数学家怎样的思考历程才能得以呈现的。例如，对数就是源于古代天文爱好者对天文学的研究需要，对复杂且烦琐的“天文数字”进行运算，为了减轻运算负担而发明的。

知识背景分析是对数学知识与其他知识之间的联系进行分析。数学知识是一个完整的系统，如代数与几何之间的联系十分密切，不同学段之间的知识联系也非常紧密。初中阶段的方程与函数内容对高中阶段所学习的不等式内容中的线性规划起着重要的铺垫作用，同时，运用代数与几何之间的联系，可以更加方便地解决线性规划的问题。在大学阶段学习的运筹学课程中的线性规划又进一步深化了高中阶段线性规划内容的学习，以解决更复杂的线性规划问题，在借助几何画图解决问题的同时，方法更加多样化。但我们不难发现，从线性规划这条主线来看，这三个学段的线性规划知识的实质仍是不变的。

知识背景分析是对数学知识与其他学科之间的联系进行分析。数学是学习理科的重要基础，许多重要的研究都要基于对数学基础知识的理解才能进行。数学与其他学科之间的联系同样也相当密切。在高中阶段，数学中的向量知识对学习物理的力学内容有着很大的帮助，通过学习向量，学生可以快速地学会对物体的受力进行分析。从向量的角度看力学，更加直观、高效，可以提升物理的学习效率。

知识背景分析是对数学知识与实际联系进行分析。数学知识的产生基于一定实际生活的需要，数学源于生活，同样服务于生活。对于高中阶段数学的学习不仅要培养学生的数学逻辑和推理能力，更要让学生理解数学对实际生活有怎样的帮助，掌握一些生活技能。在学习正弦定理时，可以加强正弦定理的实际应用，如在日常生活需要时，可以用此定理测量距离，从而更新学生用尺子量、用相似比等测量方式。

（三）教学功能分析

教学功能分析是对学生学习的知识的地位与作用的衡量，分析其对之前内容的学习是否起到深化作用，对之后内容的学习是否起到铺垫作用，对学生综合素质的发展是否起到提高作用。熊惠民主编的《中学数学教学设计与案例研究》中，将数学价值从知识价值、智力价值、思想价值三个方面进行分析[①]；刘剑在《数学的教育功能浅析》一文中，将教学功能从德育、智育、美育三个方面进行分析[②]。

下面从教学目标的实现来进行教学功能的分析，以圆锥曲线中椭圆及其标准方程的学习为例。知识与技能方面，椭圆的定义及有关概念、椭圆标准方程的推导是对求轨迹方程知识的深化与运用，同时也为之后学习双曲线、抛物线奠定基础；数学思考方面，提升学生观察、比较、分析、概括的能力，培养学生数形结合、化归的数学思想方法，落实逻辑推理、数学运算等数学核心素养；问题解决方面，能够根据条件求解出椭圆的标准

---

① 熊惠民. 中学数学教学设计与案例研究［M］. 北京：科学出版社，2020：21.

② 刘剑. 数学的教育功能浅析［J］. 考试周刊，2014（64）：49-50.

方程，运用椭圆的标准方程解决实际问题；情感态度方面，椭圆的学习包含很多辩证唯物主义思想，椭圆与生活息息相关，学生可以认识到自然界事物之间的联系。

学生在数学学习过程中能够在课堂上完成相应的学习目标，并能在课后加以反思，提升个人综合素质，是教师进行教材有效处理的体现。

二、数学教学目标的确定

（一）教学目标的功能

1. 导向功能。教学目标是教学活动的预期结果，对教学过程有着指引作用，能使课堂上师生的活动有明确的方向，把师生的精力集中在实现教学目标上，减少其他事物的干扰。

2. 评价功能。教学目标既是出发点，也是落脚点。评价一堂课的好坏就是以是否达成教学目标为标准。

3. 指导功能。根据教学目标制订教学计划，选择教学方法、教学策略和教学需要借助的媒体。

4. 激励功能。许多教师在上课前就明确告诉学生教学目标，引起学生的注意，激发学生的求知欲，调动学生的积极性和主动性。

（二）明确教学目标与课程目标的关系

无论是工作还是学习，都需要明确的目标作为指引和导向。数学教学目标体现着数学育人的要求，同时也是评价学生学习效果的标准。课标对数学课程目标的表述中，第一部分为发展学生的“四基”“四能”，在数学课程的学习中，教师不仅要关注学生在学科方面的发展，同时也要注重数学的育人功能，让学生感悟数学在社会、科学、技术发展中的价值与作用；第二部分主要以发展学生核心素养为重点进行表述，发展学生的数学核心素养是教材处理围绕的中心，也是整个高中数学课程的主线；第三部分是对学生学习数学课程所应达成的“情感态度与价值观”目标。数学教学目标的内容要始终围绕课标中的课程目标进行设定。教学目标是对课程目标的进一步具体化，是指导、实施、评价教学的基本依据，是教学活动达到的预期结果，是学生通过学习后预期产生的行为变化。

教学目标可以分为学段目标、学年目标、学期目标、章节目标、课时目标。现在我们主要探讨课时目标的确定。近年来，我们提倡教学目标分为四维教学目标——知识与技能、数学思考、问题解决、情感态度与价值观。

（三）教学目标确定的操作步骤

1. 分解教学目标。课程标准中确定了总目标和学段目标，具体到学生的课时目标，教师应该先对总目标进行分析，从学段目标、学年目标、学期目标、章节目标一直到课时目标逐一进行分解。根据大方向的要求确定每一个课时应该达成的目标，具体化地处理教学目标也就避免了教学目标空泛的结果。

2. 分析教学任务。教师根据课标中的具体要求明确教学任务，教学任务分析以章节目标作为终点一层层厘清课时教学目标。从学生现有的知识水平和知识结构出发，厘清教学任务中需要引导学生掌握的知识与技能。

3. 落实教学起点。落实教学起点，要全面地对学生的学情进行分析，了解学生的基本情况。要了解学生的基础知识掌握程度，以及学习本课时的知识需要学生具备哪些基本技能；了解目前学生的学习能力，是否有能力接受新知识的学习，以及思维能否达到新知识要求的抽象水平；了解学生的班级同学水平构成和日常学习习惯、兴趣、态度等。

4. 撰写教学目标。编写教学目标要根据具体情况进行具体分析，将学生要达成的目标落到实处。目标表述要准确、简明、合理、全面，用规范的术语说明不同层次的要求，不可含糊宽泛。顾及真实课堂与预期的距离，既要让课堂的路线不脱离教学目标，同时，也要留有余地，供学生发挥一定的自主权。

三、突出教学重点

（一）教学重点的含义

教学重点指教学中的重点内容，是课堂教学中需要解决的主要矛盾，是教学的重心所在，是最基本的、最主要的知识技能，在整个教学内容中处于核心的地位。通常，重点多集中在基本概念、基本理论和基本方法上。在高中数学学习中，重点主要是数学概念、公式、定理、法则、方法、数学思想、数学思维策略等。在李祎、贾雪梅所编著的《中学数学教学设计》一书中，将教学重点分成教材中的学科知识系统、文化教育功能和学生的学习需要三个方面。[①] 从这三个方面来看，教学重点不仅要体现学科本身的内容，更要与学生实际相结合。

（二）突出教学重点的方法

1. 主次辨析法。

在处理教材时，分析哪些是重要的，哪些是次要的，有明确的主次，这样在课堂讲授时，就能轻松驾驭。学生在课堂上的活跃性是有起伏变化的，所以必须通过分析抓住一节课的重点，在学生最活跃、效率最高的时刻解决重点问题。例如，在讲授圆的标准方程这一板块的几何知识时，直线与圆的位置关系有相交、相切、相离三种，但通过对整体的分析，我们发现，相切是解决许多几何问题的重点，因此，在讲授时，就应当将重心偏向相切的位置关系。

2. 动手实践法。

高中的数学知识是较为抽象的，学生在学习一些知识点时，缺乏想象力，无法在脑海中构建有效的模型，就可能导致学生认为数学枯燥难懂。对于解决教学中的重点问题，教师如果能发挥学生的动手实践能力，通过学生亲自观察得出结论，将加强学生的感观认知，促进学生对课堂内容的理解。例如，在讲授“分段函数”一课时，教师可以通过引导学生动手画出分段函数的图象进行观察，理解分段函数的意义。

---

① 李祎，贾雪梅. 中学数学教学设计［M］. 北京：高等教育出版社，2016.

3. 板书强调法。

随着现代信息技术的普及，许多教师善于利用多媒体进行教学，但多媒体教学相比传统板书也有一定的弊端，多媒体追求快速的同时，容易忽略学生的消化能力。在讲授重点时，一般将本课时的核心知识点或典型例题板书在黑板上，有利于突出重点。学生通过教师的书写也能加强理解和记忆。

例如，“正弦定理”板书设计如图 6－1 所示。

1. 正弦定理

$\frac{a}{\sin A}=\frac{b}{\sin B}=\frac{c}{\sin C}=2R$（$R$ 是$\triangle ABC$ 外接圆半径）

2. 变形

（1）$a\sin B=b\sin A$

（2）$a=2R\sin A$，$b=2R\sin B$，$c=2R\sin C$

3. 应用

$S=\frac{1}{2}ab\sin C$

图 6－1　“正弦定理”板书

4. 讲练结合法。

数学的学习过程注重学生抽象思维的培养，教师的讲与学生的学是一个有机整体，学生只听教师讲授，远远不能达到预期的学习效果。讲练结合很大的优势在于学生可以对刚学习过的知识进行练习，学生通过及时的训练，使学习的重点内容得到深化。

5. 图表展示法。

表格在整理方面的优势非常突出，知识框架一目了然，可以将复杂的内容运用更加简洁、直观的方式呈现出来。尤其是在讲授复习课时，对重点知识的重新整理更有利于学生形成系统的框架。例如，二次函数的图象、一元二次方程的根、一元二次不等式的解集间的关系，运用表格来呈现十分明了，如表 6－1 所示。

表 6－1　二次函数的图象、一元二次方程的根、一元二次不等式的解集间的关系

二次函数 $y=ax^2+bx+c$（$a>0$）的图象		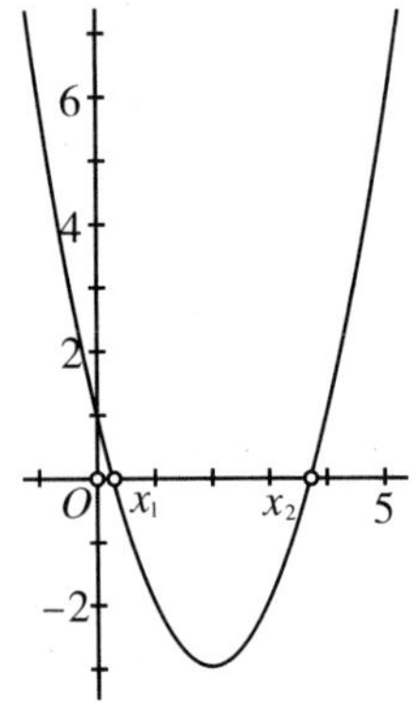	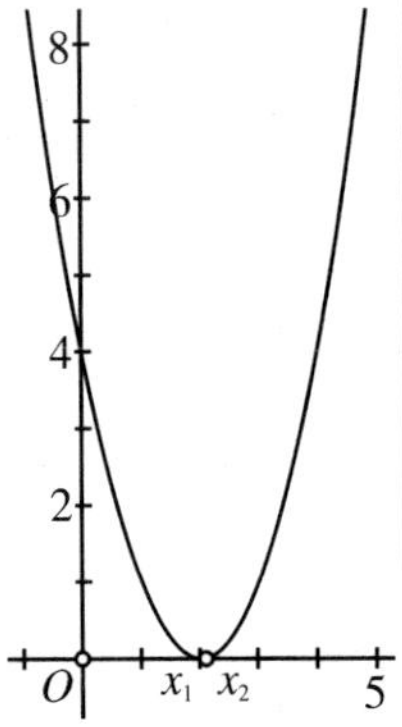	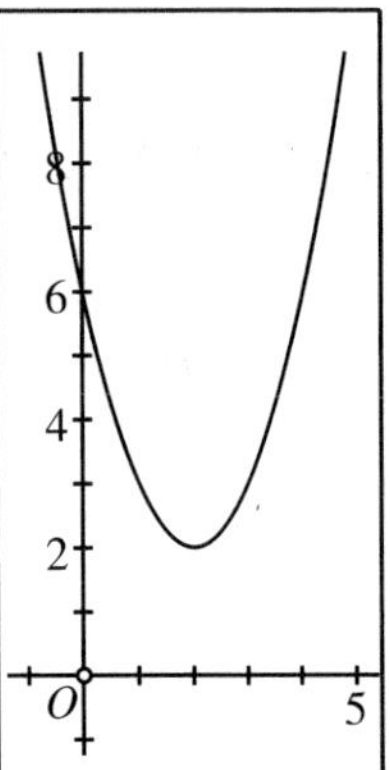
一元二次方程 $ax^2+bx+c=0$（$a>0$）的根		有两个相异实数根 $x_{1,2}=\frac{-b\pm\sqrt{\Delta}}{2a}$ $(x_1<x_2)$	有两个相等的实数根 $x_1=x_2=-\frac{b}{2a}$	没有实数根
一元二次不等式的解集	$ax^2+bx+c>0(a>0)$	$\{x\mid x<x_1$ 或 $x>x_2\}$	$\left\{x\mid x\neq-\frac{b}{2a}\right\}$	**R**
	$ax^2+bx+c<0(a>0)$	$\{x\mid x_1<x<x_2\}$	$\varnothing$	$\varnothing$

四、突破教学难点

（一）教学难点的含义

教学难点指教学中学生不易理解的知识，或不易掌握的技能。难点需要根据学生的实际水平来确定，同样的问题，在不同的班级中，由于学生的水平不一致，因此难点也不一致。但在一般情况下，教师在备课时，基于对本班学生的了解和自己的教学经验来确定教学难点，通常为大多数学生难理解、难掌握的内容。

（二）突破教学难点的方法

1. 设置情境法。

设置情境引入数学问题能使学生产生一定情感反应，使其积极建构具有学习背景、情境和学习活动条件的学习环境。拥有良好的问题解决背景，学生学习的心态会大有不同，学生在轻松的环境下学习，对难点的感受程度也较低，接受知识程度也较高。在学习“函数的概念”这一课时，教师可以这样设置情境：我们都知道广西的水果香甜可口，价格实惠。某人到水果店去买西瓜，价格表上写着：6 斤（1 斤＝0.5 千克）以下，每斤 0.4 元；6 斤以上 9 斤以下，每斤 0.5 元；9 斤以上，每斤 0.6 元。这人挑了一个西瓜，称重后店主说 5 元 1 角，1 角就不要了，你给我 5 元吧。聪明的顾客说，你不仅没少要我的钱，反而还多收了我的钱。与店主说出理由后，最后店主只能照实收钱。你们知道顾客是怎么知道店主在他面前“耍花招”的吗？

2. 类比迁移法。

部分学习的难点作为独立的一章或一节出现，但相同类型的知识点总有相似之处，运用类比的数学思想方法，可以把已学的知识迁移到新知识的学习之中。类比是富于创造性的思维方法，它能够开阔学生的视野，引起丰富的联想，开拓解题思路，使学生能够在百思不得其解的情况下，从某个可类比题型或结论上获得启示，探索到解题的快捷途径。例如，在等比数列的学习中，可以类比等差数列的学习。

求等差数列的通项公式可以用累加法，由等差数列的定义可知：

$a_2-a_1=d$，

$a_3-a_2=d$，

……

$a_n-a_{n-1}=d$，

$\therefore (a_2-a_1)+(a_3-a_2)+\cdots+(a_n-a_{n-1})=(n-1)d$，

$\therefore a_n-a_1=(n-1)d$，

$\therefore a_n=a_1+(n-1)d$。

类比等差数列求通项公式的方法，求等比数列的通项公式用累乘法，同理，由等比数列的定义可知：

$\frac{a_2}{a_1}=q$，

$\frac{a_3}{a_2}=q$，

……

$\frac{a_n}{a_{n-1}}=q$，

$\therefore \frac{a_2}{a_1}\cdot\frac{a_3}{a_2}\cdot\cdots\cdot\frac{a_n}{a_{n-1}}=q^{n-1}$，

$\therefore \frac{a_n}{a_1}=q^{n-1}$，

$\therefore a_n=a_1q^{n-1}$。

3. 直观演示法。

信息化时代的今天，教师借助多媒体进行教学，许多画图软件的兴起，从视觉上拉近学生与知识的距离。尤其是在讲授有关几何知识时，图形的呈现使学生更易理解。一些 2D、3D 构图突破了原本的教学瓶颈，为缺乏想象力的学生提供了很好的学习机会，破解了学生的疑难问题。例如，在讲授椭圆一课时，教师可以借助画图软件展示并讲解椭圆的定义和性质。

第七章　中学数学例题、习题选编艺术

第一节　中学数学例题、习题选编

中学数学例题及习题教学为数学教学的重要组成部分，应如何选编好例题及习题来提高学生学习的质量，不仅取决于教师的教学观念、教学行为、教学方法以及对例题及习题的认识，也取决于学生的学习观。

一、例题及习题在数学课堂教学中的作用

（一）教学功能

在数学教学中，几乎每一节课都需要组织各种各样的例题和习题。在新授课之前，需要组织发展基本技能相关的例题和习题，以及为学习新知识的知识转移做准备的例题和习题；在讲授新课的过程中，必须结合相关内容进行讲解，并组织相应的例题和习题。在新课结束时，也必须做基本的例题和常规的习题，同时，还可以组织一些变化的例题和习题。简而言之，例题和习题可以促进学生更好地理解、掌握、巩固和应用数学的基本概念、定理、公式、定律和性质，还可以发展学生的基本技能，如计算、问题解决、原理图绘制和测量等。

（二）教育功能

任何教学活动都会对学生的思想品德产生一定的影响。然而，这种影响可能是积极的、健康的，也可能是消极的甚至有害的。因此，思想教育必须渗透到数学教学活动中。数学知识应用广泛，与人民生活、国家建设和社会发展密切相关，可以通过例题和习题相结合，教育学生以知识应用

为目的；数学知识逻辑严密，通过例题和习题，可以进一步揭示知识之间的联系与区别、补充与发展、对立与统一、现象与本质。数学知识具有高度的抽象性，根据中学生的认知心理学，通过例题和习题，可以帮助学生掌握从具体到抽象，再从抽象到具体的思维模式，即从特殊到一般，再从一般到特殊的理解事物的一般规律。数学教学中，使用具体、生动和令人信服的统计数据和材料来编写示例问题和练习，可以教育学生热爱祖国、热爱社会主义、热爱科学和工作。此外，通过例题和习题开展自我评估和其他评估（教师和同学的评估），可以提高学生解决问题的策略、例题和习题的完成效率。由此可见，例题和习题的教育作用是多方面和多层次的。

（三）发展功能

通过实例和练习，学生的初步逻辑思维能力，如分析、综合、抽象、总结、判断和推理能力，可以逐步得到提高，从简单到复杂，从低到高地加强，这有助于锻炼数学思想和方法，渗透数学思想，培养思维的敏捷性和灵活性等素质。例题和习题可以培养学生从一个解决方法转移到另一个解决方法，以及从一个结论转移到另一个结论的能力，还可以培养学生在遇到不是唯一解决方案或答案时发现差异的能力，并提出自己独立的观点；可以培养学生的空间想象力，再现几何形状、尺寸和位置之间的关系，还可以培养学生的语言表达能力，提升学生更具组织性和总结性的思维；可以培养学生观察和理解周围事物的数量关系和物理特征的兴趣和意识，还可以培养学生的个性和数学能力。

（四）反馈功能

例题及习题可以及时反馈学生掌握知识、形成技能等各种信息。一节课常常要安排多次反馈性的例题及习题，以便使正确的得到强化，错误的得到纠正，及时调控教学进程，提高课堂利用率，保证教学质量。实践证明，每当学生完成例题及习题，他们最为关心的是解题结果正确与否，但是这种关心程度将随着时间的推移而逐渐减弱。因此，教师要抓住时机，利用学生对例题及习题印象最鲜明、最清晰的时候进行反馈，让学生及时了解自己解题的质量，能起到事半功倍的效果。其实，反馈不只是为了知道对错，做对的也可能不是同一种解题思路，同一个思维水平。所以，例题及习题的反馈还应做进一步的深入，使教学更具有针对性，让每个学生都能在自己原有的认知水平上有所提高，培养学生自我检验的习惯，让他们掌握一定的检查方法，提高自我反馈的意识和能力。总之，教学质量的保证，在很大程度上依赖于能否获取矫正性的反馈信息，例题及习题正是获取这种信息的重要渠道。

二、数学例题及习题的类型

（一）有关概念的含义

1. 数学例题是教师讲课时用以阐明数学概念、数学命题及其初步应用的题目，用来说明某一公理、定理、定律或推论应用于数学学科时所举的例子。

2. 数学习题是以数学为内容，或者虽不以数学为内容，但必须运用数学知识或数学思想方法才能解决的题目，如数学课中教师提问的问题、例题、练习题、测验题都是数学习题。

（二）数学例题及习题的分类

1. 中学数学中的例题。

大体上可以分为两类：一类是引入新知识的实际事例；另一类是为加深理解、巩固有关概念和命题，熟悉其用途和用法而设立的例题。

2. 中学数学中的习题。

它可以按不同的标准加以分类：

(1) 根据形式分类：数学问题可以分为两类，一类是求解问题，另一类是验证问题。

(2) 根据知识内容分类：数学问题可以分为代数问题、三角问题、平面几何问题、立体几何问题、解析几何问题等。

(3) 根据教学需要分类：口头问题、练习问题、讨论问题、例题和课堂练习、作业问题、反思问题、复习问题、测试问题、考试问题、能力问题等。

（4）根据回答方式分类：多项选择题、填空题、判断题、更正题、计算题、认证题、绘图题等。

（5）根据整合程度分类：单一问题、综合问题。

（6）根据难易程度分类：简单问题、中等问题、困难问题。

（7）根据答案分类：主观问题、客观问题。

对中学数学例题及习题进行分类有助于探索和研究它们的解决方案，同时也有助于教师在不同的教学阶段和条件下正确选择和应用数学例题及习题进行教学。

三、中学数学例题、习题选编的原则

对数学课本例题和习题进行合理的选编能构建知识网络，培养学生的思维能力，并能提高学生学习效率。但如果选编不当，就会起到事倍功半的效果。因此在对课本例题和习题进行选编时，应当注意以下五个原则。

（一）科学性原则

例题和习题为教学目的服务，因此例题和习题的选编必须符合教学内容和教学要求，准确把握知识结构各个部分的重点和难点，符合学生思维的特点和认知发展的客观规律，能帮助学生进一步巩固知识，并逐步形成更熟练的技能。

（二）层次性原则

例题和习题的选编必须遵循层次性原则，即从简单到困难、从基础到强化、从低到高的组织发展顺序。学生应该首先掌握简单的习题，然后由浅入深。

（三）针对性原则

例题和习题的选编应从教材内容和学生基础两个方面考虑，要克服不从客观现实出发的主观性和形式性练习，达到特定的目标。习题的难度和数量也必须适应不同学生的需要。有些知识学生还没有掌握，因此设计练习时必须适应这一现实，在实践新知识时，应注意对旧知识的回顾和巩固。

（四）灵活性原则

选编例题和习题应有助于促进学生的积极思考，激活思想，充分调动学生的内部智力活动，并从不同的方向寻求最佳的问题解决策略。通过实践，学生的思维越来越灵活，适应能力越来越强。

（五）多样性原则

例题、习题的选编应注意问题类型的多样化和练习方法的多样化。机械地重复练习，不仅影响教学效果，而且影响学生的学习积极性。问题类型的多样化是指除了理解题外，还应设计填空题、选择题、判断题、纠错题或其他问题。练习方法的多样化包括做笔记、听写和实际操作，既有专项练习，也有全面系统的练习，还应根据学生的年龄特点采取相应的练习形式。简而言之，形式必须服务于教学内容。

四、数学例题及习题选编的策略与方法

（一）数学课堂教学上例题、习题的选编

例题和习题是课堂教学的重要组成部分，是学生学习知识和形成能力的关键。在课堂教学中，教师应根据教材内容、教学过程和学生的实际水平，合理组织或设计一定数量、难度和形式的课堂练习，以激发学生的学习兴趣，调动学生的学习积极性，提高学习质量。

例题和习题在教学中的重要作用已成为大多数教师的共识。一节成功的数学课，习题的设计必须细致、定性和定量。特别是突出教学重点和难点的基本问题的设计应更具科学性和艺术性。

1. 突出重点、难点。

教师在设计例题和习题时，要思考重点，分解难点；在点拨时，突出重点，破除难点；在讲解时，紧扣重点，强化难点；问题设计，问在重点，逼近难点；归纳小结时，点出重难点，避免面面俱到，主次不分，浪费时间。

例如，在七年级“有理数加法法则”的教学中，可以艺术地围绕教学

重点设计以下习题：

题 1：从这节课开始，我们将学习有理数的运算。那么我们应该先研究什么样的运算呢？（从容易到困难，把困难变成容易）

题 2：两个有理数相加会有多少种情况呢？（分类）

题 3：像(－3)＋(＋2)这样的形式，能否凭借已有的知识和经验去发现其他结果？（探索）

题 4：你能观察和比较现有的各种数学表达式，猜测并尝试归纳有理数加法的规则吗？（观察、分析、比较、归纳）

题 5：为什么要特别指出“两个相反数相加得零”？（特殊与一般）

题 6：有理数加法与小学数学中的加法有什么联系与区别？（知识的联系与区别）

像这样的练习设计，不仅能突出教学重点，让学生学到知识，而且在组织、指导学生主动地参与探索知识的活动中，让他们感受、理解知识产生和发展的过程，不断增强对数学思想方法的感悟，发展创新思维能力。

可以结合学生生活实际设计以下问题：

(1) 小强朝东方向走了 7 米，再朝东方向走了 4 米，小强两次一共朝东方向走了多少米？

(2) 小红朝东方向走了－7 米，再朝东方向走了－4 米，小红两次一共朝东方向走了多少米？

(3) 小明朝东方向走了 7 米，再朝东方向走了－2 米，小明两次一共朝东方向走了多少米？

(4) 小王朝东方向走了－7 米，再朝东方向走了－2 米，小王两次一共朝东方向走了多少米？

(5) 小李朝东方向走了 5 米，再朝东方向走了－7 米，小李两次一共朝东方向走了多少米？

(6) 小杨朝东方向走了－5 米，再朝东方向走了 2 米，小杨两次一共朝东方向走了多少米？

以上 6 个问题的设置运用了数学中分类的思想方法。

通过分类，引导学生认真观察，积极思考，总结有理数加法的规律，并进一步分析和总结规律的特征：两个有理数相加所得到的“和”由两部分组成，即一个符号和一个绝对值。计算“和”的绝对值本质上就是算术数字的加法和减法。因此，有理数的加减经历了一种简化的思想，即把有理数的加减简化为实数的加减。

如上所述，有理数加法法则对学生来说是一个学习难点。因此，我们必须抓住突破困难的关键。一是借助数轴视觉演示，引导学生仔细观察、积极思考并总结规律；二是引导学生分析规律的特点，在此基础上总结和记忆规律，从而在解决困难的过程中发现自己存在的问题。总结了规律后，我们可以问更多的问题：在算术中，当两个不等于零的数字相加时，和必大于加数吗？那么，对于两个有理数，相加后的和也会大于加数吗？

提问后，让学生思考和分析，最后让学生明白，在有理数运算中，算术中的一些结论可能是无效的，即对于两个有理数相加所得的和可能不大于加数，这是有理数和算术运算之间的差异。

2. 注重思维训练。

教材中的习题都是通过精心选编得来的，但有些只是给出了问题解决形式，省略了分析和解决问题的思维过程。如果只是单纯地让学生去抄写知识点，学生只能被动接受，并不知道为什么是这样。在数学教学过程中最大的弊端就是学生不知道自己在做什么，教师在教学过程中应该引导和激励学生真正理解知识之间的交织，提出解决问题的想法，补充思维过程。

例 1 已知方程 $x^2-2x-1=0$，不解方程组，求一个一元二次方程使它的根是原方程的各根的倒数。

分析：

设原方程的根为 x_1，x_2，则所求方程的根为$\frac{1}{x_1}$，$\frac{1}{x_2}$。

以$\frac{1}{x_1}$，$\frac{1}{x_2}$为根的一元二次方程是 $y^2-\left(\frac{1}{x_1}+\frac{1}{x_2}\right)y+\frac{1}{x_1}\cdot\frac{1}{x_2}=0$。

所以需要求出$\frac{1}{x_1}+\frac{1}{x_2}$和$\frac{1}{x_1x_2}$。

通过这样的补充，学生明白了解题的思路和办法，接下去的求解可以让学生自己完成。

3. 注意概括总结。

为了灵活地进行学习，我们必须善于从已知的数学关系中获得新的数学关系。在学习新的数学知识内容时，学生应善于进行综合分析，通过概括知识来促进知识的系统化、结构化。这就需要鼓励学生在学习过程中大胆创新和推广，努力促进正向迁移，注重改进数学思维方法，寻求更普遍且更准确的规律。

例 2 求直线 $y=x+\frac{3}{2}$被曲线 $y=\frac{1}{2}x^2$ 截得的线段长。

解：设直线 $y=x+\frac{3}{2}$被曲线 $y=\frac{1}{2}x^2$ 截得的交点为 $A(x_1, y_1)$，$B(x_2, y_2)$，则$\frac{y_2-y_1}{x_2-x_1}=1$。

将 $y=x+\frac{3}{2}$代入 $y=\frac{1}{2}x^2$，得方程 $x^2-2x-3=0$，所以 $x_1+x_2=2$，$x_1x_2=-3$。

从而$|AB|=\sqrt{(x_1-x_2)^2+(y_1-y_2)^2}=\sqrt{2}\sqrt{(x_1-x_2)^2}=4\sqrt{2}$。

完成这个问题后，可以指导学生观察和思考，从而发现上面答案中隐藏着两种重要的方法：第一，可以借助韦达定理解决直线与二次曲线的相交问题；第二，可以在不设未知数的情况下进行等量代换。学生掌握了这两种解题方法，就容易灵活地处理许多类似的弦长问题。

例 3 求证椭圆$\frac{x^2}{25}+\frac{y^2}{9}=1$ 和双曲线 $x^2-15y^2=15$ 在交点处的切线互相垂直。

讲完此例后，引导学生观察分析。不难发现，此例题中的两曲线有公共的焦点，由此可启发学生推广总结，得到下面的命题：有公共焦点的椭圆和双曲线在交点处的切线互相垂直。容易证明这个命题是正确的，通过这种引申推广，可激发学生的学习兴趣，培养学生思维的灵活性。

灵活地进行学习，还表现在善于把新旧知识融合在一起，学了新知识后，善于站在比较高的层次上看待旧的数学问题。例如，学习了复数后，除了善于把实数与复数的知识在更高层次上统一起来，还应善于运用复数知识巧解某些与实数有关的问题。

（二）针对学生情况对例题、习题进行选编

课堂练习是学生反复接触或重复操作学习内容的过程。课堂练习可以及时反馈不同层次学生对知识的掌握情况，反映课堂教学效果；也可以在巩固、发展和深化学生学习知识方面发挥作用，同时起到激励作用。通过课堂实践，不同层次的学生均可以获得成就感。

由于学生在知识、技能和能力方面的发展不尽相同，学生素质参差不齐，给教学带来较大的困难。针对这一状况，教师应根据教材内容，从大多数学生的实际情况出发，兼顾学习困难和学有余力的学生，课堂中安排一些数量适当，难易适度，适合学生实际的课堂练习题组，既激发学有困难的学生的学习兴趣，也使学有余力的学生得到提高。练习教学应该同知识教学一样，要精心设计，科学指导。

1. 目的明确。

设计类练习需要按一定标准来设计不同层次的练习、选择特定的问题和确定问题数量。其中，基本要求需要一致，训练技巧要分为不同层次，适应不同层次学生的水平。为全面提高所有学生的教学质量，可设计分层教学练习，分为 A、B、C 三组。A 组的问题以模仿为主，与教材中的例子相近。B 组的问题以竞争为主，问题条件有点复杂。C 组的问题以灵活应用为主，问题更全面，涉及更广泛的知识，解决问题的方法需要有一定的技术性。

比如八年级数学“整式的乘法与因式分解”内容中的习题，分解多项式 $16(a-b)^2-9(a+b)^2$ 对于大多数学生而言，难度过高，不容易理解和掌握。但是把这道题分成三个小问题，即（1）x^2-9y^2，（2）$16x^2-9y^2$，（3）$16(a-b)^2-9(a+b)^2$，这样的分类就非常有层次。第（1）题

和第（2）题要求低水平层次的学生掌握，第（3）题要求中高水平层次的学生熟练掌握，同时鼓励低水平层次的学生尽可能掌握。由于基础和接受能力不同，低水平层次的学生往往无法掌握难度较大的知识。对于低水平层次的学生来说，他们应该做一些课本上的基本练习，不要太难。对于中高水平层次的学生，特别是优秀的学生，由于他们基础扎实，接受能力强，课堂练习的重点是引导他们猜测和比较，培养他们解决问题的思维和能力。

2. 符合学生认知发展规律。

技能的形成和能力的提高遵循一定的规律，即要循序渐进，由浅入深，由单一到综合。在设计练习时，应遵循此原则，以确保学生不会感到做题过于困难从而产生厌学情绪。如此，学生便能成功完成练习，提高做题正确率，逐步形成做题的兴趣，从而减轻学生的学习负担。

例如，在学习"含 30°角的直角三角形的性质"一节中，可设计如下一组练习。找出图 7－1 中含 30°角的直角三角形，并指出哪两条边具有倍半关系：①等边三角形 ABC 中，AD 是高；②直角三角形 ABC 中，$\angle ACB=90°$，CD 是高，$\angle A=30°$；③在三角形 ABC 中，$\angle A=60°$，CD，BE 分别是两条高。

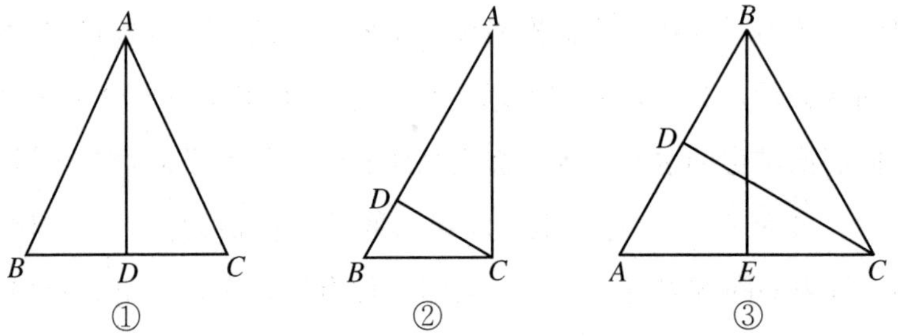

图 7－1

这组练习，紧扣教学重点，为新知识的再现与理解提供了条件。通过知识的初步应用，学生能基本掌握解题方法，形成技能，增强学习兴趣。

3. 分层达标。

例如，"角的度量"一节，为了发挥习题的基本功能，起到启迪学生思维的作用，同时又能让学生在积极主动的练习过程中发现问题、解决问题，于是可以选编如下题组：

已知 OD 平分 $\angle AOC$，OE 平分 $\angle COB$，如图 7-2。

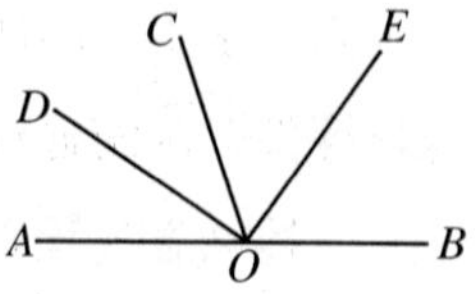

图 7-2

① 当 $\angle AOC=52°18'32''$ 时，求：$\angle BOC$，$\angle DOC$，$\angle COE$，$\angle DOE$ 的度数。

②当 $\angle AOC=64°24'18''$ 时，重复计算上述问题。

③请你自己任取 $\angle AOC$ 的度数，再计算上述问题。

④对比上述计算，你有何发现？能说明为什么吗？

通过此题，既达到了训练计算角的度数以及度分秒之间换算的目的，又能通过问题③④激发学生的探索热情，在自主探索中享受成功的喜悦，同时又分层次照顾了全体学生，满足了不同层次学生的需求。

（三）优秀例题、习题的案例

【案例 1】2007 年人教版高中数学必修 1 中“3.1.2 用二分法求方程的近似解”的教学片段。

引例 1：（创设情境，引入新课）

师：同学们应该都玩过“猜价格”游戏吧，你们给出一个价格，我说“高了”或“低了”，你们再给出一个价格，直到猜对。同学们请猜一猜我手中杯子的价格。

（学生们说出了许多答案。）

师：同学们说出了很多的答案，但是有没有哪位同学能用数学的方法来快速地猜出这个商品的价格。

生 1：先估算一个价格，如果高了再每隔 10 元降低报价，低了就每隔 10 元增加报价。

生 2：先估算一个价格，如果高了，再报一个价格；如果低了，就报这个价格与上个价格和的一半；如果高了，再把报的低价与一半价相加再求其半，报出价格；……

师：同学们，是按照学生 1 那样每隔 10 元，还是按照学生 2 那样来检测呢?

生:(齐答)按照学生 2 那样来检测。

师:学生 2 的回答,我们可以用一个动态过程来展示一下。(展示多媒体课件,区间逼近法)

上述动态过程,每次都将所给区间一分为二,进行比较后得到新的区间,再一分为二,如此下去,逐步逼近商品的价格。这种思想就是二分法。

上述问答为学生创设了有趣的生活场景,让他们积极思考和学习,通过数学练习引导学生学习新知识。在这里,它反映了例题的智力功能和思想形成的教育功能。

该课的教学从学生原有的认知基础出发,探究方程的近似解,利用自主探索、动手实践、合作交流、阅读自学等学习数学的方式,发挥学生学习的主动性,使学生体验总结出二分法。学生在体验数学发现和创造的过程中,经历了直观感知、观察发现、运算求解、数据处理、抽象概括等思维过程,提高了数学思维能力。通过数学史的介绍,帮助学生了解数学在人类文明发展中的作用,形成正确的数学观。本课将信息技术和数学课程进行了有机的整合,让学生体会到现代信息技术是认识世界的有效手段和工具,同时增强了学生的应用意识,提高了实践能力。

【案例 2】下面以 2004 年人教版高中数学必修 1 习题 1.2(A 组题)为例进行阐述。

1. 求下列函数的定义域:

(1)$f(x)=\frac{3x}{x-4}$;(2)$f(x)=\sqrt{x^2}$;(3)$f(x)=\frac{6}{x^2-3x+2}$;(4)$f(x)=\frac{\sqrt{4-x}}{x-1}$。

2. 下列哪一组中的函数 $f(x)$ 与 $g(x)$ 相等?

(1)$f(x)=x-1$,$g(x)=\frac{x^2}{x}-1$; (2)$f(x)=x^2$,$g(x)=(\sqrt{x})^4$;(3)$f(x)=x^2$,$g(x)=\sqrt[3]{x^6}$。

3. 画出下列函数的图象，并说出函数的定义域、值域。

(1) $y=3x$；(2) $y=\dfrac{8}{x}$；(3) $y=-4x+5$；(4) $y=x^2-6x+7$。

1～3 题作为基础题，起巩固函数基本概念的作用。函数最主要的要素就是定义域和值域。特别是第 2 题判断题，要求学生理解什么样的函数是同一函数。

4. 已知函数 $f(x)=3x^2-5x+2$，求 $f(-\sqrt{2})$，$f(-a)$，$f(a+3)$，$f(a)+f(3)$ 的值。

5. 已知函数 $f(x)=\dfrac{x+2}{x-6}$，

(1) 点(3，14) 在 $f(x)$ 的图象上吗？

(2) 当 $x=4$ 时，求 $f(x)$ 的值。

(3) 当 $f(x)=2$ 时，求 x 的值。

6. $f(x)=x^2+bx+c$，且 $f(1)=0$，$f(3)=0$，求 $f(-1)$ 的值。

4～6 题是函数解析式知识点的巩固。

7. 画出下列函数的图象：

(1) $F(x)=\begin{cases}0, & x\leqslant 0\\ 1, & x>0\end{cases}$；(2) $G(n)=3n+1$，$n\in\{1, 2, 3\}$。

第 7 题是对分段函数知识的巩固。

8. 如图 7－3 所示，矩形的面积为 10，如果矩形的长为 x，宽为 y，对角线为 d，周长为 l，那么你能获得关于这些量的哪些函数？

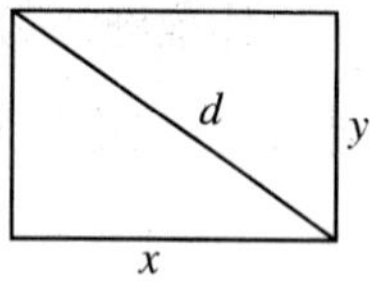

图 7－3

9. 一个圆柱形容器的底部直径是 d cm，高是 h cm。现以 $v\,\text{cm}^3/\text{s}$ 的速度向容器内注入某种溶液。求容器内溶液的高度 x cm 关于注入溶液的时间 t s 之间的函数解析式，并写出函数的定义域和值域。

第 8、9 题是函数的实际应用，第 8 题还是一道开放题。

第二节　中学数学开放题的教学探究

一、数学开放题的含义

（一）数学开放题的概念界定

数学开放题早在20世纪的时候就已经出现了，那么数学开放题是什么呢？经过阅读大量文献，笔者发现目前对于数学开放题的概念，学术界还没有统一明确的定义。以下是著名学者关于开放式数学问题的一些讨论。

1. 数学开放题是指答案不唯一，即没有固定答案的数学问题。这类题是通过条件能得到多种答案的问题，不会受到条件的限制。

国内著名学者俞求是认为，答案不唯一、没有固定答案的问题，即为开放题①。

刘学质认为，具有多样的答案，能够启发学生发散思维的题就是开放题②。

2. 数学开放题是指条件具有非完备性、结论具有不确定性或者答案具有不固定性的数学问题。

刘萍认为，数学开放题是相对于传统中条件完备、结论确定的封闭题而言的，是指那些条件不完备、结论不确定的数学问题③。

孙耀庭认为，开放题应该是那些条件不完备（即多余需选择、不足需补充），结论不确定或答案不固定的数学问题④。

3. 数学开放题是指条件、结论、解题方法、策略都具有不确定性的数学问题。

贾汝刚认为，数学开放题是指没有确定的题目条件、解题方法、结论

---

① 俞求是. 中学数学教科书中的开放题［J］. 中学数学教学参考，1999（4）：1-3.
② 刘学质. 问题解决在美国和日本［J］. 数学教学，1993（2）：17-21.
③ 刘萍. 数学开放题与学生主体意识的培养［J］. 中学数学，1998（9）：4-6.
④ 孙耀庭. 结合教材编制开放型问题［J］. 数学通讯，1996（5）：13-14.

答案等形式的问题①。

戴再平认为，凡是具有完备的条件和固定的答案的习题称为封闭题，而答案不固定或者条件不完备的习题称为开放题②。

胡丽梅认为，开放题的条件不完备、可多余、多余需选择、不足需补充；开放题的结论或解法不固定、不唯一等③。

4. 陈巧丽等学者认为数学开放题是相对于数学封闭题的概念进行界定的，数学封闭题即有完整固定的条件，结论也是唯一的，那么与它相对应的就是条件不完备或答案不唯一，问题本身具有探索性与发展性的习题则称为开放题。

综上可知，数学开放题是相对于数学封闭题而言的，凡是条件不固定、答案不唯一或者要素不齐全的数学问题，均可被称为数学开放题。

（二）数学开放题的特点

1. 条件具有不完备性。

在数学开放题中有些开放题的条件不足，有的是条件多余，有的是需要补充条件，这就是条件的不完备性，所以要求学生根据之前学过的基础知识和题目去选择或者补充条件。

例 1　如图 7－4，已知 $AB=DE$，$\angle BAC=\angle EDF$，添加一个条件，证明$\triangle ABC\cong\triangle DEF$。

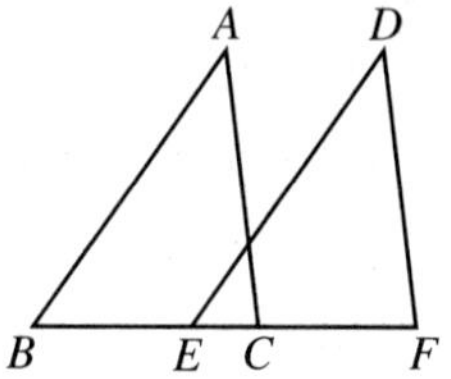

图 7－4

分析：这道题中只需学生以所学过的“SAS”“ASA”“AAS”等为依

① 贾汝刚. 高考风景线，开放绘蓝图：谈 2020 年高考数学开放题［J］. 中学数学，2021（3）：34-35.

② 戴再平. 数学习题理论［M］. 2 版. 上海：上海教育出版社，1996：26.

③ 胡丽梅. 高中数学开放题教学的几点思考［J］. 福建教育学院学报，2016（5）：55-57.

据添加条件即可，需要学生对所学的知识有一定的了解与掌握，立足于学生的认知基础之上。

2. 结论具有不确定性和多样性。

由于有的开放题的条件是不完备的，从而导致问题的结论是不确定的、多样的。

例 2　写出一条与直线 $2x+6y+5=0$ 垂直的直线方程__________。

分析：这道题满足斜率为 3 的直线方程 $y=3x+k$，$k\in\mathbf{R}$ 就可以了。

3. 解决策略具有非规范性、发散性和创新性。

因为开放题具有条件不完备性和结论不确定性的特点，所以在解答开放题的过程中没有固定的解题模式，一般需要从多个角度进行思考问题，这样就可以得到不同的解题策略，所以有时会有创新方法的发现。

4. 层次性和发展性相结合。

数学开放题的设计主要依据一定的顺序结构有层次地设计题目，从易到难呈现出螺旋式上升。为了保证面向全体学生，做到因材施教，数学开放题一般都会设置不同层次的问题。学生是发展中的人，我们要以发展的眼光去看待学生，具有一定开放性的数学探究题能帮助学生从多角度开发和利用基础知识，使所有学生都能参与其中，使不同层次的学生得到不同的发展，从而增强学生自主探究能力。

5. 起点低、入门容易、受众广。

在开放题教学中，教师设计的问题一经提出，几乎所有的学生都能动手，不管学生处于何种水平，都可以在各自的知识储备中找到答案或者一定的解题思路。在解答开放式问题的整个过程中，学生都可以参与问题的讨论，在发挥学生主动性的同时也激发学生的学习兴趣。

例 3　在平面直角坐标系上分别标明了三个点的坐标，分别是 A（0，0），B（2，4），C（4，0），根据学习过的函数知识，尝试写出尽可能多的函数解析式（不要求同时经过三个点）。

分析：根据已学的现有知识，基础比较差的学生可以通过待定系数法求得一次函数等，基础好的学生可能得到二次函数。由于开放题不固定性的特点，使得它不但可以用来活跃课堂气氛，同时也可以使学生积极思考，打开思维大门，有力地促进学生脑部灵活性的发展。

6. 创新性与现实性相结合。

在解决开放题的过程中，学生不仅要掌握书中的基础知识，而且需要继续探索和创新，获取更多的新知识，并将新知识与头脑中已有的旧知识进行重组构建。开放性较大的数学题往往需要以现实为背景设置问题，让学生结合已有的现实生活经验，通过探索创新来解决问题，让学生体会到数学来源于生活并运用于生活，让学生认识到数学的应用之广和体会学习数学的乐趣。

（三）数学开放题的类型

数学开放题有不同的分类标准，根据这些标准，数学开放题可以根据命题要素和答案结构进行分类。

1. 根据命题要素进行分类。

（1）条件开放题。

条件开放题是问题中条件不全需补充或者多余，没有标准答案的数学问题，需要解题者根据题目的结论逆向去推测多种可能存在的条件。

例 4　已知三角形的两边分别为 4 和 9，当第三边为多少时，三角形的周长为偶数？

分析：这是一道条件开放题，题中给出了一个确定的结论，要求学生从给出的条件中选取合适的条件使结论成立，目的在于考查学生对三角形三边关系的理解和应用。通过解决这类问题，学生能够正确判断并选择满足解题需要的条件，形成批判性思维。

（2）策略开放题。

策略开放题是指在解决问题的过程中，可能有多种方法或依据，需要解题者从多个角度寻找不同的解题方法和策略。

例 5　某物流公司要招聘一名物流经理，对小红、小明、小林三名候选人进行三项素质测试，成绩如表 7－1 所示。

表 7-1　素质测试成绩表

姓名	创新	综合素质	语言
小红	98	95	96
小明	97	89	92
小林	94	93	97

如果你是招聘人员，你会录用谁?

分析：这是一道策略开放题，解决此类问题需要学生发挥自己的想象力与思考能力，因此，此类开放题可以激发学生大胆发现问题、解决问题的热情，使他们的思维更发散。

(3) 结论开放题。

结论开放题是指问题的条件完整，但在解题过程中可能出现各种不同的结论或答案的数学问题，即答案具有开放性，其答案不同很大可能是由于解题者的认知水平导致的。

例 6　已知某函数的图象经过点 $P(1, 3)$ 和点 $Q(3, 7)$，请你写出满足此条件的函数解析式。

分析：此结论开放题可以考查学生对初中函数本质的理解，并使学生掌握数学的基本方法——待定系数法。在数学课堂中经常进行没有固定答案的研讨，会使更多的学生体会到学习数学的乐趣。

(4) 综合性开放题。

综合性开放题是指问题的条件不完整、解题策略或依据有多种选择或结论多样的数学问题，需解题者根据题目给出的情境，自行拟定条件、策略，进而得出结论。

例 7　补充以下命题，使之成为真命题。在三角形 ABC 中，如果三角形满足________，那么该三角形是等边三角形。

分析：解决此类题目，解题者必须理清解决问题的思路，积极地思考、探索和创造，从而提高分析问题和解决问题的能力。

2. 根据答案结构进行分类。

(1) 有穷列举型。

有穷列举型是指答案个数有限，解题过程中可以将其所有答案一一列举。

(2) 有穷混浊型。

有穷混浊型是指问题的答案是有限的，但在具体解答过程中，由于答题者所学知识的限制不能完全列举出来。

(3) 无穷离散型。

无穷离散型是指问题的答案不可数，但却是离散的。解答时可给出寻找答案的算法或可表示答案的一个公共表达式。

(4) 无穷连续型。

无穷连续型是指这种问题的答案不仅是无限的，而且是连续变化的。

二、数学开放题的作用

1. 有利于培养学生良好的自主学习品质。解答开放题要求学生改变传统的思考模式，发挥自己的联想和想象，不单要从多角度来探讨，更要多方位和多层次进行深入了解，有利于培养学生的综合能力。

2. 有利于学生主体意识和独立人格的形成。因为学生在进行开放题解答的过程中，没有现成的模式能够参考，需要学生运用已学的知识去灵活解答，运用多种思维进行思考。

3. 有利于构建民主、和谐、融洽的师生关系。通过教师的引导，小组之间或者班级内部的讨论，可以进一步取长补短，不但可以增强教师和学生之间的交流，充分调动课堂的教学氛围，使得学生的积极性得到极大提高，而且更加有利于提高学生用数学的方式去解答问题的能力，帮助学生形成正确的数学观，构建民主、和谐、融洽的师生关系。

4. 有利于学生体验成功，增强自信，提高问题解决能力。开放题在激发学生的求知欲、激励学生积极参与、培养团体合作精神等方面，具有极大的优势。

5. 有利于学生培养探究能力和创新精神。对学生来说，高中阶段是学习难度非常大的一个时期，大部分学生可能会产生退却心理，引起负面的情绪，从而影响其学习。数学开放题相对于封闭题而言，题目更加新颖，没有限定解题方法，也没有固定的解题答案，解答时要求学生主动对原有的知识结构进行重新构建，多角度和多层次地探索，有效激发学生对数学的探究心理。学生通过分析，进而提出一种新的解题思路或者方法，这个过程就是一种创新。

6. 有利于充分发挥学生的主体性。改变以教师为中心的教学方法，让学生从配角变成活动的主角，调动学生的主观能动性。

7. 针对教师层面来说，教育价值也体现在多个方面，体现了教学相长。

8. 充分利用数学开放题教学，能够有效地激发学生的学习兴趣，产生较好的教学效果。创设具有情景化、生活化的问题背景，能激发学生的认知兴趣和求知欲。采用数学开放题的教学方式，在激发学生的学习兴趣、增强学生的学习信心、培养学生独立思考和解决问题的能力方面具有显著优势。此外，这种教学方式还有助于培养学生的群体意识和合作精神，唤醒学生的探索精神与创新意识，以及培养正确的科学态度，从而塑造学生独立、独特的人格和克服困难、勇于探索的意志和品质。

三、数学开放题的选编

数学开放题对初高中的学习都有重要意义，初中数学课程标准要求：为了考查学生的创造能力，可以设计开放性问题。[①] 教育部发布的《关于2000年初中毕业、升学考试改革的指导意见》中提出，不仅要重视高中生数学学科的教学目标，还要重视数学学科教学的育人功能。就高中而言，无论是高中数学教材中的例题、思考题、探究题和课后练习题，还是教材之外的各种数学作业、试题，不仅是为了让高中生掌握数学基础知识和基本技能，同时也是为了培养学生的思维品质、关键能力和数学核心素

① 王旭辉. 对初中数学开放题编制的几点思考［J］. 中学数学，2016（24）：58-60.

养。以下就数学开放题的选择和编制进行探究。

（一）数学开放题的选择

教材是教师组织教学、学生学习的重要依据，如今的教材中已经引进了部分开放题。虽然引进的开放题形式比较单一，数量较少，但教师仍可以借助这些开放题来培养学生的相关思维。例如，2019 年人教版高中数学必修 1A版第 100 页“回顾与思考”模块的问题：“你能结合具体实例，分析、比较函数的各种表示方法的特点吗?”这个问题的答案多样，回答不必都相同。它具有很大的开放性，既能用于检查学生对所学知识的掌握程度，也能锻炼学生思维的灵活性。除了教材，教师还可从其他的材料中选题，如教辅书及相关文献等。例如：“有一块长 4 米，宽 3 米的园地，现要在园地上开辟一个花圃，使花圃的面积是原园地的一半，问：如何设计?”①

（二）数学开放题的编制

数学开放题的编制一定要与开放题的内涵相吻合，体现开放题的特点，从数学开放题编制的基本理论出发，并结合教学的具体内容与现有的资料②。以下就数学开放题的编制所用到的编制方法进行探究。

1. 通过封闭题改造法编制数学开放题。

开放题作为一种新的题型，出现在教材或习题中的频率不高，所以编制开放题最简单、最有效的方法就是挖掘学生们平常接触最多、最熟悉的封闭题领域，以封闭题为原型，对其进行适当改造。以下以具体的几何试题为例，介绍封闭题改造法中常见的两大类型：改变题目条件和改变命题中的设问内容或设问形式。

（1）改变题目条件。

改变题目条件，是将封闭题改编成开放题最常见、最简单的方法，主要包括“删减或弱化条件使结论多样化”以及“隐去部分条件，寻求结论成立的充分条件”两种方法。

---

① 陈权梅，王光生. 数学开放题教学的两个基点［J］. 数学教学研究，2016（5）：2-7.
② 何梅. 有关初中数学开放题教学的研究［J］. 中国科教创新导刊，2011（30）：76.

例 8 已知四边形 $DOBC$ 是正方形，D，O 两点的坐标分别是（0，8），（0，0），点 C 在第一象限，则点 C 坐标为（　　）。

A.（2，4）　　B.（4，8）　　C.（8，8）　　D.（8，0）

改编题 已知四边形 $DOBC$ 是正方形，D，O 两点的坐标分别是（0，8），（0，0），则点 C 坐标是什么？

分析：此题运用改变题目条件编制了开放题，在限制点 C 在第一象限时答案只有一个，即 C 选项的（8，8），省略了这个条件之后 C 可以在第一象限也可以在第二象限。

（2）改变命题中的设问内容或设问形式。

一道开放题的开放度在很大程度上取决于问题的设问方式，所以合理地改变封闭题的设问内容或者设问形式，可得到开放题①。

例 9 已知数列 $\{a_n\}$ 的前 n 项和 $S_n=1+\lambda a_n$，其中 $\lambda\neq0$。

证明 $\{a_n\}$ 是等比数列，并求其通项公式。

改编题 已知数列 $\{a_n\}$ 的前 n 项和 $S_n=1+\lambda a_n$，其中 $\lambda\neq0$。

试问 $\{a_n\}$ 是等比数列是否成立？如果成立，请求出其通项公式。

分析：原题的证明过程是确定的，是属于传统封闭性的证明题，而进行改编后就成为一道探索型的开放题，这样更有利于培养学生的探索精神和思维能力，对学生的学习也具有很重要的意义。

例 10 多项式 $9x^2+1$ 中添加一个单项式 $6x$，形成的完全平方式为________。

改编题 多项式 $9x^2+1$ 中添加一个单项式，使其成为一个完全平方式，则添加的单项式可以是什么？

分析：此题通过改变题目的设问方式使之成为开放题，原题只有 $(3x+1)^2$ 一个答案，而改编题中的答案可以是多个，例如添加 $-6x$ 可得完全平方式 $(3x-1)^2$，添加 $6x$ 可得完全平方式 $(3x+1)^2$。

① 龚雷. 数学开放题的设问方式［J］. 数学教学，1998（5）：6-7.

2. 用类比联想法编制数学开放题。

类比是指当两个对象或者两类事物的一些属性相同或相似时，猜想另一些属性也相同或相似的方法[①]。类比作为一种思维形式，是一种依据直觉进行合乎情理的推理方法。由于中学阶段的几何素材有限，合理利用类比对数学中某一概念、定理及其相关结论、几何图形进行适当联想、类比、替换，可以有效降低开放题的编制难度。同时，在几何开放题中进行类比训练，也有助于学生更好地理解图形变换，提高思维深度，培养探索创新意识。

自编题　我们对平面内两直线平行的定义如下：在同一平面内，不相交的两条直线叫平行线。

（1）若将平行线概念推广到其他几何图形中，你能举出有平行线的图形吗？

（2）结合实际生活，你能举出生活中的平行线的例子吗？

（3）试想一下在三维空间中，平行线的定义和平面内平行线的定义会一样吗？请结合生活实际举例。

3. 用建模法编制数学开放题。

建模法来源于数学建模的启发，是指挖掘生活中蕴含的数学知识，转化成抽象的数学问题，以此来编制开放题的一种方法。数学来源于生活，几何题也不应只以抽象、枯燥的图形组成，适当建立生活情境可以增添几何题的活力。从生活中挖掘得到的素材大都生动有趣，是学生熟悉、易于接受的，也能激起学生的解题欲望。观察考试中的几何题，会发现将几何知识与生活背景结合起来是一类常考题型。因此在编制几何开放题时，可以考虑以实际生活为背景，将生活中蕴含的几何知识转化成抽象的数学问题，从而得到所需的开放题。

例 11　（2019 年人教版高中数学必修 1 A 版）体内癌细胞初期增加得很缓慢，但到了晚期就急剧增加，画一幅能反映体内癌细胞数量随时间

---

①　王玉佳. 运用类比思想使复习更有效［J］. 初中数学教与学，2020（8）：1-2，19.

变化的示意图。

分析：该题考查了指数函数的图象与性质，考查的知识较为简单。但由于将指数函数的定义隐藏在生活背景中，学生在解决该问题时需要建立关于指数函数的数学模型，将题干中的生活事物转化成数学信息，这能让学生体会到数学来源于生活并且运用于生活。

4. 用类比推广法编制数学开放题。

类比推广法是根据一些类似的数学命题和数学思想方法进行适度的改造或推广，从而编制出多种类型的数学开放题。

例 12 已知椭圆 C：$\frac{x^2}{a^2}+\frac{y^2}{b^2}=1$（$a>b>0$）的离心率为$\frac{1}{2}$，$F_1$，$F_2$分别为椭圆的左、右焦点，点 M 的坐标为（3，0），且 $|F_1M|=4$。

（1）求椭圆 C 的方程。

（2）过点 M 的直线 l 与 C 交于 A，B 两个不同的点，点 B 关于 x 轴的对称点为点 E，设直线 AE 与 x 轴交于点 N，试判断当直线 l 变化时，点 N 是否也随着变化。若不变，求出点 N 的坐标。

改编题 已知双曲线 C：$\frac{x^2}{a^2}-\frac{y^2}{b^2}=1$（$a>0$，$b>0$）的离心率为 2，$F_1$，$F_2$分别为双曲线的左、右焦点，点 M 的坐标为（3，0），且 $|F_1M|=4$。

（1）求双曲线 C 的方程。

（2）过点 M 的直线 l 与 C 交于 A，B 两个不同的点，点 B 关于 x 轴的对称点为点 E，设直线 AE 与 x 轴交于点 N，试判断当直线 l 变化时，点 N 是否也随着变化。若不变，求出点 N 的坐标。

分析：这是一道考查圆锥曲线基本性质的开放题，圆锥曲线的基本性质包括标准方程、定义域和值域的范围、对称性、焦点、顶点、焦半径、准线等。这样编制的开放题，不仅可以很好地考查学生对圆锥曲线的基本性质的掌握情况，培养学生解决问题、独立思考的能力和发展数学核心素养，还可以为数学教师编制和探究开放题提供方向，同时也适应新课改的要求和素质教育的发展。

四、数学开放题的教学策略和教学方法

数学开放题教学是指以数学开放题为载体，以教师为主导，充分发挥学生的主体作用，在师生互动互助、合作交流中，使学生建构新的认知结构。数学开放题教学是新近产生的模式，它与传统教学互为补充，共同促进学生的发展。以下就数学开放题的教学策略和教学方法进行探究。

（一）数学开放题的教学策略

教学策略是教师在教学过程中，为达到一定教学目标而采取的一系列相对系统的行为，包括教学组织形式、教学方法和技术等①。因开放题特殊性的特点，对学生各方面的要求也越来越严格。为了更好地服务于教育，遵从素质教育的培养目标，在开放题教学设计的过程中教师要全方位地思考问题和揣摩问题，精心做好开放题的教学设计工作。基于数学开放题的特点，以下主要介绍三种数学开放题的教学策略。

1. 渗透策略。

（1）在新概念、新定理的学习中引入数学开放题。

在学习数学新概念或新定理时可以设置一定的情境开放题，激发学生对新知识的探索，通过对开放题的探究，寻找规律，引出所要学的新知识。例如在进行函数奇偶性教学时，可以在课堂的开始让学生观察多组函数的图象，从多个角度描述图象和图象变化有哪些特点和异同点，引入函数奇偶性。

（2）以生产生活为背景进行开放题的设计。

数学的价值在于它在生活中的应用，数学源于生活，开放题的价值也源于生活，所以要适当地将学生关注的生产生活问题以开放题的形式引入数学教学，培养学生的数学应用意识，激发学生探索新知识的兴趣。例如在学习二次函数时，我们可以构建一个问题情境，使其中的变量关系可以用解析式表示。

（3）在学生的日常数学练习、课后作业中引入开放题。

学生们现阶段的日常练习和课后作业以封闭题为主，教师可以在这些

---

① 上海市中小学课程教材改革委员会办公室．上海市中小学研究型课程指南［M］．上海：上海教育出版社，2003.

题目的基础上，对其进行适当改编，将开放题渗透到学生的课后练习中，增加练习题目和课后作业的多样性和趣味性。例如在学习函数定义之后，可以要求学生在课后寻找“定义域和值域相同的函数”，不仅能够加深学生对函数定义域和值域的概念的理解，还能让学生对之前的函数进行复习和总结。

2. 主体策略。

主体策略是指在教学过程中，教师作为一个引导者要以学生为主体，使学生的思维处于主动的状态，让学生主动地接受知识，教师则进行提示、引导、评价。为使主体策略实施到具体的教学中，可采取以下做法。

（1）采用多种形式进行教学，教师可以用图片、动画或者具体实物等方式为学生呈现开放题，为其提供生动活泼的教学环境。例如给出条件“一个平行四边形一组对边平行”，让学生自己再添加条件证明该平行四边形是矩形。

（2）提问时以学生认知结构为基础，因材施教，激发学生学习兴趣，促进学生主动参与到教学过程中。

（3）采取多种教学方式，除讲授法外，还可以结合小组讨论等方式进行教学。首先要鼓励每个学生进行独立思考，自主探索。然后对班级的学生进行优化分组，以组为单位进行讨论研究，让小组内的成员集思广益，畅所欲言。学生在与小组成员的合作中，尝试解决问题，培养合作交流意识。在探究的过程中，教师负责探究活动的组织和指导，同时也是学生活动的合作者。在学生探究时，教师要进行及时的引导和帮助。最后，以小组的形式进行汇报交流，师生共同对问题进行总结、拓展延伸。

3. 元认知策略。

元认知就是对认知活动的一种认识。简单来说，就是学生在解题过程中的自我感知、自我评价以及自我调整，是人类大脑存在“思维监控结构”的客观反映。元认知水平的高低能够直接影响学生解题能力的强弱，所以元认知策略就是培养、提升学生的元认知水平，从而间接地提高学生的解题能力的一种教学策略，在具体教学中可采取以下具体策略。

（1）鼓励学生在解决问题的各个环节进行反思。首先对问题中涵盖的信息进行反复思考，主动将认知结构中含有的知识与题目相联系。然后从各个方面对可能的解题策略进行假设，在不断否定和选择中形成自己的解题思路。

（2）解题完成之后鼓励学生反思解题的过程，一方面反思自己的解题方法，另一方面对其他人的解题方式进行客观的评价。学生通过学习过程的评价和反思逐步提高元认知能力，从而寻找其他的解题方法。

以上三种教学策略各自侧重教学过程中的不同方面，从不同方面进行教学，在教学设计时进行有机结合，以此达到数学开放题的教学目标，对数学教学有重大意义。

（二）数学开放题的教学方法

对于数学开放题的教学方法，我们应该结合以上三种教学策略，将其进行有机结合，立足于学生和教材来设计开放题，把课堂交还给学生，让学生成为课堂的主人，让每个学生都能参与到数学的解题中来，这样不仅对提高学生数学学习兴趣有好处，更有利于提高学生发现问题、提出问题、分析问题、解决问题的能力。

第三节　中学数学变式题的教学探究

一、数学变式题教学概述

（一）数学变式题的概念界定

数学变式题，是指所用的思想方法类似，但形式不同的一类问题，可以从符号、位置、形状、系数、方法、图象等方面进行变式。例如，$-2-(-3)=$________，从符号变式的角度可以变式为$-2+3=$________。

数学变式题的教学，又可以简称为变式教学。在心理学中，变式是指从不同方面组织感性材料，使非本质要素变异，突出事物本质特征的方法，运用于数学中能够帮助学生更精确地掌握概念。

所谓变式教学就是改变其非本质特征来凸显其本质特征。也就是说，教师通过不同的角度、不同的深度、不同的情境和不同的背景变化，借助于一些变式策略，像“一题多解、一题多变或多题一解”等，从多个方面变更所提供的数学对象或数学问题的呈现形式，从而使学生弄清楚不同知识点之间的内在联系。变式有多种形式，如“形式变式”“内容变式”“方法变式”等，数学变式教学有利于提高学生的思维能力和应变能力。

采用变式方式进行复杂教学叫做变式教学。变式教学在教学过程中既是对知识技能、数学思考、问题解决和思维的训练，也是有效实现新课程三维教学目标的重要途径。

（二）数学变式题教学的作用

1. 节约时间。

通过变式训练，学生能举一反三，对同一类型的题目能够更快地掌握，自如地应对数学问题中量变形变而质不变的问题，避免题海战术，从而大大节省训练的时间。

2. 提高学生的学习能力。

采用变式训练，学生在学习过程中会不断模仿，从而形成自己的学习方式和学习习惯。在学习之后，他们会把问题转化，从而对知识理解得更深刻。这样，既能教给学生知识，也能教会学生如何学习。

3. 吸引学生的注意力。

教师运用变式训练，不断变换题目，使用一题多变等变式方法可以吸引学生的注意力，激发学生的兴趣，给学生一种时刻变化的新鲜感，从而保持较高的课堂学习热情。

4. 培养学生思维的灵活性。

使学生从不同的角度发现不同的结论，引导学生以不同的方式思考问题，提高思维的灵活性。

5. 培养学生的创新意识。

通过一题多变、一题多解的训练，能让学生从不同的角度去思考问题，知道解决问题有多种方法，深化所学知识，克服思维定式，在改变的过程中取得进展，并在取得进展的过程中，扩大学生的创新空间。

（三）数学变式题的教学原则

1. 针对性原则。

数学课的类型通常包括新授课、习题课和复习课。因此，不同类型的课，所做的更改将是不同的，所面对的对象也将是不同的。在复习课上，复习课的变化应以所学内容为基础，渗透数学思想和方法。复习课中习题的变化不仅要渗透数学思维和数学方法，而且要紧跟考试大纲。

2. 可行性原则。

选择教材内容进行变式时，不应过于简单。盲目改变会给学生带来负担，也无益提高学生的思维。变式不能变得过于难，如果遇到困难大的变式题，学生就容易失去信心，甚至会产生厌倦情绪，导致学习效率下降。变式也不能“变”得过多，内容设计过多，学生易于陷入题海战术，还会增加无效劳动，加重学生的负担，教学效果也会打折扣。因此，在教学中运用的变式题一定要精挑细选，既不能太简单，也不能太难，还不能太繁杂，应主动促使学生重新思考，发现其中的规律。

3. 参与性原则。

运用变式教学，需要突出学生的主体地位和主动参与性，因为只有学生具有良好的学习动机，让他们自己动手动脑，在实践中去观察、探索、发现问题和解决问题，发挥他们学习的积极性，才能达到最佳的教学效果。

二、中学数学变式教学的探究

（一）数学变式题教学的变式路径

基于多元表征学习理论和变异理论的指导，提炼出问题变式的三条路径。第一条从代数知识结构中探索代数变式路径；第二条从图形的形状、大小、位置三个方向探索几何变式路径；第三条从函数的代数性和对几何的应用性两个维度探索函数变式路径。对这三条路径可总结为：代数路径、几何路径、函数路径。

1. 代数路径，沿系数→符号→位置→指数→因式→项数等进行变式。

代数问题变式路径的思维导图如图 7－5 所示。

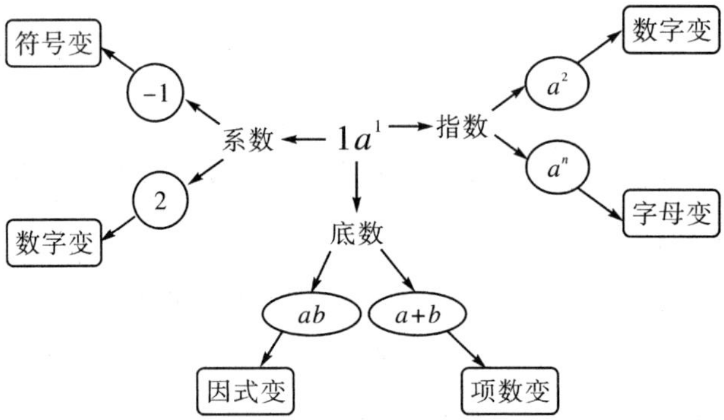

图 7－5　代数问题变式路径

2. 几何路径，沿图形形状→大小→位置进行变式。

几何问题变式路径的思维导图如图 7－6 所示。

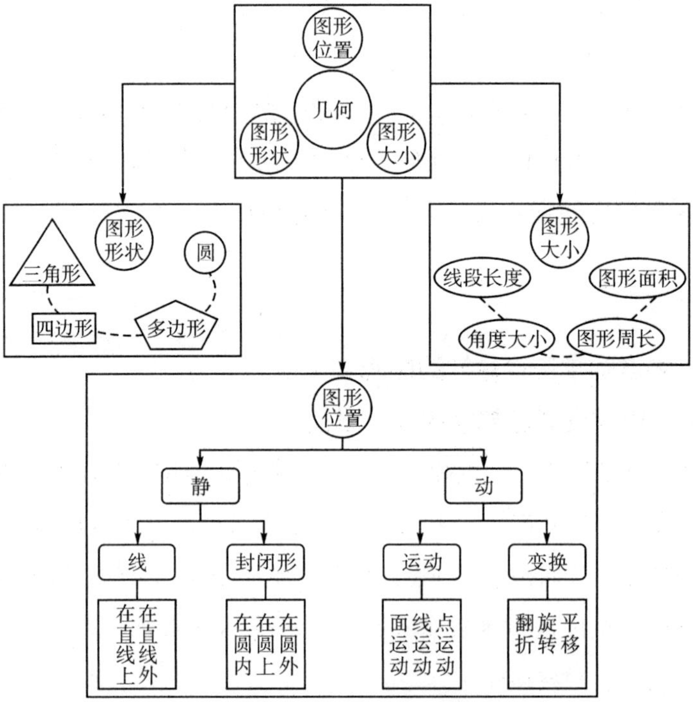

图 7－6　几何问题变式路径

3. 函数路径，沿代数和几何两条变式路径展开。

函数问题变式路径的思维导图如图 7－7 所示。

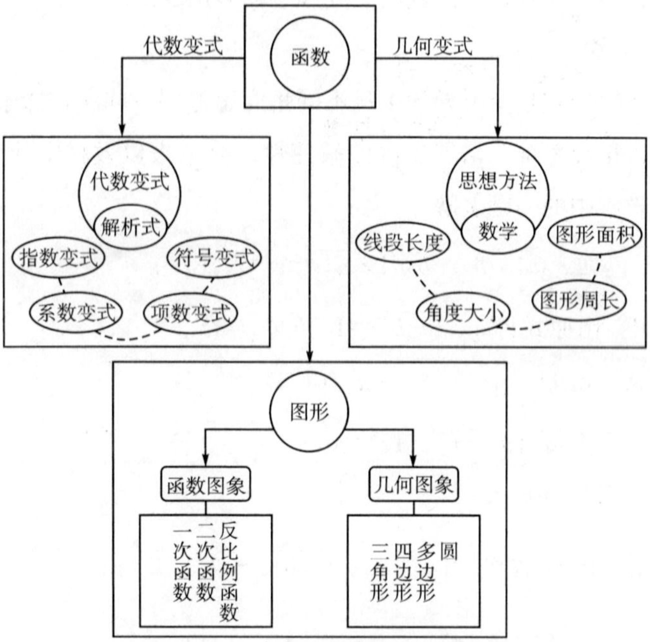

图 7－7　函数问题变式路径

（二）数学变式题的教学模式

1. 新授课的教学模式。

新授课的教学程序是：创设情境→探究新知→新知变式→变式应用→归纳总结。在变式的两个环节中，既要向横向宽度变式，又要向纵向深度变式，使学生能够更加深刻地掌握知识。

2. 复习课的教学模式。

复习课的教学程序是：回顾新知→精选范例→解法探究→变式演练→解决问题→归纳总结。

3. 习题课的教学模式。

习题课的教学程序是：展示问题→问题变式→问题解答→问题拓展→问题归纳。在习题课，问题变式要有梯度，由易到难，循序渐进，既要符合学生认知规律，又要符合教学规律。

（三）数学变式题的教学方法

变式教学的方法多种多样，下面主要介绍几种常见的方法：一题多解变式、一题多变变式、一法多用变式和一题多用变式。

1. 一题多解变式。

一题多解变式是指引导学生从不同角度思考同一问题，探索不同的解决方法，以拓展思维，培养思维的敏捷性。接下来以教材中的练习为例，讨论变式教学中的一题多解。

例 1 已知 $a\sqrt{1-b^2}+b\sqrt{1-a^2}=1$，求证：$a^2+b^2=1$。

解法 1：由原式得 $a\sqrt{1-b^2}=1-b\sqrt{1-a^2}$，

两边平方得 $a^2-b^2-1=-2b\sqrt{1-a^2}$，

再两边平方得 $(a^2+b^2-1)^2=0$，

即 $a^2+b^2=1$。

解法 2：由原式得 $1-a\sqrt{1-b^2}-b\sqrt{1-a^2}=\left(\frac{a^2+1-b^2}{2}-a\sqrt{1-b^2}\right)+\left(\frac{b^2+1-a^2}{2}-b\sqrt{1-a^2}\right)=\frac{1}{2}\left[(a-\sqrt{1-b^2})^2+(b-\sqrt{1-a^2})^2\right]=0$，

$\therefore a=\sqrt{1-b^2}$，$b=\sqrt{1-a^2}$，

$\therefore a^2+b^2=1$。

解法 3：利用均值不等式 $xy\leqslant\frac{1}{2}(x^2+y^2)$，

得 $a\sqrt{1-b^2}+b\sqrt{1-a^2}\leqslant\frac{1}{2}[(a^2+1-b^2)+(b^2+1-a^2)]=1$，

当且仅当 $a=\sqrt{1-b^2}$（或 $b=\sqrt{1-a^2}$）时等号成立，即有 $a^2+b^2=1$。

从上面的三种解法中，如果我们再对数量关系及结构特征做一致的分析研究，跳脱固定思维模式的束缚，打破常规，开阔思路，我们还能发现以下解法。

解法 4：由已知得 $|a|\leqslant 1$，$|b|\leqslant 1$，且$\sqrt{1-a^2}\leqslant 1$，$\sqrt{1-b^2}\leqslant 1$，

因而 $a>0$，$b>0$ 且存在 $0\leqslant\alpha$，$\beta\leqslant\frac{\pi}{2}$，使 $a=\cos\alpha$，$b=\cos\beta$。

则由已知条件可化为 $\cos\alpha\sin\beta+\cos\beta\sin\alpha=1$，故 $\sin(\alpha+\beta)=1$，

故 $\alpha+\beta=\frac{\pi}{2}$，$\cos\beta=\sin\alpha$，则由 $\sin^2\alpha+\cos^2\alpha=1$，

故 $a^2+b^2=1$。

例 2　解方程组$\begin{cases}x+y=17 \cdots\cdots ① \\ x^2+y^2=169 \cdots\cdots ②\end{cases}$

解法 1：由①得，

$y=17-x$ ……③

把③代入②得 $x^2+(17-x)^2=169$，

整理，得 $x^2-17x+60=0$，

解这个方程得 $x_1=5$，$x_2=12$。

把 $x_1=5$ 代入③，得 $y_1=12$；

把 $x_2=12$ 代入③，得 $y_2=5$。

所以原方程组的解是

$\begin{cases}x_1=5, \\ y_1=12;\end{cases}$　$\begin{cases}x_2=12, \\ y_2=5。\end{cases}$

解法 2：由①^2－②，整理得 $xy=60$。

可以把 x，y 看作是一元二次方程 $z^2-17z+60=0$ 的两个根，解这个方程得 $z_1=5$，$z_2=12$。

所以原方程组的解是

$\begin{cases}x_1=5, \\ y_1=12;\end{cases}$　$\begin{cases}x_2=12, \\ y_2=5。\end{cases}$

2. 一题多变变式。

一题多变变式是指对某一题目进行条件变换、结论探索、拓展延伸等多方位、多角度、多层次的探索，使某一题目变成某一类题目，并达到举

一反三、触类旁通的效果，从而培养学生多角度思考问题的能力。

（1）条件变式。

下面通过举例说明一题多变中的条件变式是如何变的。

例 3 已知全集 $U=\mathbf{R}$，$A=\left\{x \mid -4<x<-\frac{1}{2}\right\}$，$B=\{x \mid x\leqslant -4\}$，$C=\left\{x \mid x\geqslant -\frac{1}{2}\right\}$，则集合 $C=$（　　）。

A. $A\cup B$　　B. $A\cap B$　　C. $\complement_U(A\cap B)$　　D. $\complement_U(A\cup B)$

对该题进行条件变式时，我们可以先把题目变得简单化，再通过变式得到一类题目。

变式 1：已知全集 $U=\mathbf{R}$，$A=\left\{x \mid -4<x<-\frac{1}{2}\right\}$，$B=\{x \mid x\leqslant -4\}$，求 $A\cup B$，$A\cap B$。

变式 2：已知全集 $U=\mathbf{R}$，$A=\left\{x \mid -4<x<-\frac{1}{2}\right\}$，$B=\{x \mid x\leqslant -1\}$，求 $A\cup B$，$A\cap B$。

变式 3：已知全集 $U=\mathbf{R}$，$A=\left\{x \mid -4<x<-\frac{1}{2}\right\}$，$B=\{x \mid x\leqslant 1\}$，求 $A\cup B$，$A\cap B$。

变式 4：已知全集 $U=\mathbf{R}$，$A=\left\{x \mid -4<x<-\frac{1}{2}\right\}$，$B=\{x \mid x\leqslant a\}$，求 $A\cup B$，$A\cap B$。

变式 5：已知全集 $U=\mathbf{R}$，$A=\left\{x \mid -4<x<-\frac{1}{2}\right\}$，$B=\{x \mid x\leqslant a\}$，其中 a 是未知数。

①若 $A\cap B=\varnothing$，求实数 a 的取值范围；

②若 $A\cup B=\left\{x \mid x<-\frac{1}{2}\right\}$，求实数 a 的取值范围；

③若 $A\cap B=\varnothing$，且 $A\cup B=\left\{x \mid x<-\frac{1}{2}\right\}$，求实数 a 的取值范围；

④若 $A\cap B=\{x\mid -4<x\leqslant a\}$，且 $A\cup B=\left\{x\mid x<-\frac{1}{2}\right\}$，求实数 a 的取值范围；

⑤若 $A\cap B=\{x\mid -4<x\leqslant a\}\neq\varnothing$，求实数 a 的取值范围；

⑥若 $A\cap B=A$，求实数 a 的取值范围；

⑦若 $A\cup B=\{x\mid x<a\}$，求实数 a 的取值范围。

变式 6：已知全集 $U=\mathbf{R}$，$A=\left\{x\mid -4<x<-\frac{1}{2}\right\}$，$B=\{x\mid x\geqslant a\}$，其中 a 是未知数。

①若 $A\cap B=\varnothing$，求实数 a 的取值范围；

②若 $A\cup B=\{x\mid x>-4\}$，求实数 a 的取值范围；

③若 $A\cap B=\varnothing$，且 $A\cup B=\{x\mid x>-4\}$，求实数 a 的取值范围；

④若 $A\cap B=\left\{x\mid a<x\leqslant-\frac{1}{2}\right\}$，且 $A\cup B=\{x\mid x>-4\}$，求实数 a 的取值范围；

⑤若 $A\cap B=\{x\mid -4<x\leqslant a\}\neq\varnothing$，求实数 a 的取值范围；

⑥若 $A\cap B=A$，求实数 a 的取值范围；

⑦若 $A\cup B=B$，求实数 a 的取值范围；

⑧若 $A\cap B=A$ 且 $A\cup B=\{x\mid x\geqslant -4\}$，求实数 a 的取值范围。

通过上述题目的变式求解，可以使学生深刻地理解集合的交和并运算的含义，强化学生“端点”意识，学会运用分类讨论的数学思想。上述题目变式路径属于代数问题的变式，通过这些变式，我们就能够体会到代数问题应该如何进行变式。

（2）结论变式。

结论变式就是抓住一个问题的结论，运用类比、联想等发散思维，将问题的结论拓展，以达到举一反三的效果。下面以例 4 为例来说明结论变式。

例 4 已知 $|Z|=1$，求证：$\overline{Z}=\frac{1}{Z}$。

变式 1：已知 $|Z|=1$，求证：$Z+\frac{1}{Z}$是实数。

变式 2：已知 $|Z|=1$，求证：$|Z-\omega|=|1-\overline{Z}\omega|$。

变式 3：已知 $|Z|=1$，求证：$\frac{Z-1}{Z+1}$的实部为零。

变式 4：已知 $|Z|=1$，求证：$\left|Z^n+\frac{1}{Z^m}\right|\leqslant 2$（$n$，$m\in\mathbf{Z}$）。

（3）逆向变式。

逆向变式主要是为了培养学生的逆向思维和创新能力。下面以例 5 为例来说明逆向变式。

例 5 求直线 $y=x+\frac{3}{2}$被抛物线 $y=\frac{1}{2}x^2$ 截得的线段的长。

变式 1：直线 $y=kx+\frac{3}{2}$被抛物线 $y=\frac{1}{2}x^2$ 截得的线段的长为 $4\sqrt{2}$，求直线的方程。

变式 2：直线 $y=x+b$ 被抛物线 $y=\frac{1}{2}x^2$ 截得的线段的长为 $4\sqrt{2}$，求直线的方程。

变式 3：直线 $y=x+\frac{3}{2}$被抛物线 $y=ax^2$ 截得的线段的长为 $4\sqrt{2}$，求抛物线的方程。

变式 4：直线 $y=x+\frac{3}{2}$被抛物线 $y=\frac{1}{2}x^2$ 截得的线段的长为 $4\sqrt{2}$，求直线与抛物线交点的坐标。

3. 一法多用变式。

一法多用从本质上讲，是指用一个方法解决多个问题，即解决多个问题的思路是相似的。一法多用是对解决某一问题的方法进行归纳总结，形成技巧，以解决其他问题。

例 6　已知函数 $y=a^{2x}+2a^{x}-1$（$a>0$ 且 $a\neq1$）在区间 $[-1, 1]$ 上的最大值为 14，求 a 的值。

分析：该题需要用到指数函数的性质来求参数，即需要用到换元法来解答，需要进行分类讨论。

解：令 $t=a^{x}$，则 $y=t^{2}+2t-1$，

$y=t^{2}+2t-1=(t+1)^{2}-2$，在$\left[\frac{1}{a}, a\right]$上是增函数。

①当 $t=a$ 时，$y_{\max}=(a+1)^{2}-2=14$。

解得 $a=3$ 或 $a=-5$（舍去）。

②当 $0<a<1$，$a\leqslant t\leqslant\frac{1}{a}$，$y=(t+1)^{2}-2$ 图象的对称轴为 $t=-1$
$<a$，

所以函数在$\left[\frac{1}{a}, a\right]$上是增函数。

所以 $y_{\max}=(a+1)^{2}-2=14$。

解得 $a=\frac{1}{3}$或 $a=-\frac{1}{5}$（舍去）。

综合①②得，$a=3$ 或 $a=\frac{1}{3}$。

从上面的解答我们能够看到，该题就是利用换元法来解答的，在遇到这类题型时，不妨多变几道题，让学生去巩固这类换元法，例如可以变换出以下习题。

变式 1：已知函数 $y=a^{2x}+2a^{x}-1(a>0$ 且 $a\neq1)$，当 $x\geqslant1$ 时，求函数 y 的值域。

变式 2：求函数 $y=9^{x}+2\cdot3^{x}-2$ 的值域。

变式 3：已知函数 $y=\log_{2}(a^{2x}+2a^{x}-2)$（$a>0$ 且 $a\neq1$），当 $x\geqslant1$ 时，求函数 y 的值域。

变式 4：求函数 $y=(\log_{2}2x)^{2}+\log_{2}x+2$ 的值域。

上面 4 道变式题都是利用换元法来解答的，通过解答这几道题，学生

可以进一步掌握换元法。上述题目变式路径属于函数问题的变式，通过这些变式，学生就能够体会函数问题应该如何进行变式。

4. 一题多用变式。

一题多用就是从一个例题或习题中得出一个结论，然后利用这个结论去解决其他问题。以下面例题为例来看看一题多用变式是怎样进行的。

例 7 若 a，b，$m\in\mathbf{R}^+$，且 $a<b$，求证：$\dfrac{a+m}{b+m}>\dfrac{a}{b}$。…………①

这道题是由北师大版高中数学必修 5 中的习题变式而得的。

由例 7 知，若 a，b，$m\in\mathbf{R}^+$，且 $a<b$，$m\geqslant 0$，则 $\dfrac{a+m}{b+m}\geqslant\dfrac{a}{b}$ 成立，当且仅当 $m=0$ 时等号成立。…………②

不等式①②具有多种应用，下面以两道题为例来说明。

例 8 求证：$\dfrac{|x+y|}{1+|x+y|}\leqslant\dfrac{|x|}{1+|x|}+\dfrac{|y|}{1+|y|}$。

证明：由于 $|x+y|\leqslant|x|+|y|$，

令 $m=|x|+|y|-|x+y|\geqslant 0$，$a=|x+y|\geqslant 0$，$b=1+|x+y|\geqslant 0$。

由例 7 中的②得 $\dfrac{|x+y|}{1+|x+y|}\leqslant\dfrac{|x+y|+(|x|+|y|-|x+y|)}{1+|x+y|+(|x|+|y|-|x+y|)}$

$$=\frac{|x|+|y|}{1+|x|+|y|}$$

$$=\frac{|x|}{1+|x|+|y|}+\frac{|y|}{1+|x|+|y|}$$

$$\leqslant\frac{|x|}{1+|x|}+\frac{|y|}{1+|y|}。$$

例 9 求证：$\dfrac{1}{2}\cdot\dfrac{3}{4}\cdot\dfrac{5}{6}\cdot\cdots\cdot\dfrac{2n-1}{2n}<\dfrac{1}{\sqrt{2n+1}}$。

证明：由例 7 中的①得，当 $n\in\mathbf{N}$ 时，有 $\dfrac{2n-1}{2n}<\dfrac{2n}{2n+1}$。

所以 $\left(\dfrac{1}{2}\cdot\dfrac{3}{4}\cdot\dfrac{5}{6}\cdot\cdots\cdot\dfrac{2n-1}{2n}\right)^2=\left(\dfrac{1}{2}\cdot\dfrac{1}{2}\right)\left(\dfrac{3}{4}\cdot\dfrac{3}{4}\right)\left(\dfrac{5}{6}\cdot\dfrac{5}{6}\right)\cdots$

$$\left(\frac{2n-1}{2n}\cdot\frac{2n-1}{2n}\right)<\left(\frac{1}{2}\cdot\frac{2}{3}\right)\left(\frac{3}{4}\cdot\frac{4}{5}\right)\left(\frac{5}{6}\cdot\frac{6}{7}\right)\cdots\left(\frac{2n-1}{2n}\cdot\frac{2n}{2n+1}\right)=\frac{1}{2n+1}。$$

所以，$\frac{1}{2}\cdot\frac{3}{4}\cdot\frac{5}{6}\cdot\cdots\cdot\frac{2n-1}{2n}<\frac{1}{\sqrt{2n+1}}$。

（四）数学课堂变式教学应注意的问题

在变式教学中，应明确问题的变式不是为了“变”，而是根据教学需要，遵循学生认知发展规律来设计变式题，使学生发现从“变”到“不变”的本质，探索从“不变”到“变”的规律。因此，在数学课堂中运用“变式教学”的时候，要注意以下几个问题。

1. 变式选择的差异性。

我们在设计数学变式题时，要注意“变”字，避免简单的重复，变式题之间要有一定的差异。从心理学角度看，新颖的题目可以给学生耳目一新的感觉，有助于刺激学生的大脑，使学生处于兴奋状态，从而在做题时能够全神贯注。因此，在设计数学变式问题时，应使题目变“活”，在变化中寻找“新”，在变化中寻找“异”，在变化中寻找“广”。

2. 变式设计的层次性。

学生的认知发展具有顺序性，学生的认知总是从简单到复杂，从具体到抽象，从混沌到分化，数学课堂应充分考虑到学生的这种发展规律。因此，变式教学应该采取逐步渗透、逐步深化、螺旋上升的方式。

3. 变式训练的灵活性。

根据教材和学生的认知发展规律，数学变式训练的方法应该是各式各样的。学生既可以独自完成变式题，也可以在教师指导下或与同学合作完成变式练习。同时，可以根据课堂教学内容的需要，采取分散集中相结合的方法进行变式训练。采取灵活多样的变式方式，既能够吸引学生的注意力，又能够提高学生的兴趣，达到更佳的训练效果。

4. 问题设计的实用性。

数学源于生活，又实践于生活，所以数学与生活密切相关。研究表明，当学生所学习的内容与其生活实际相关程度越高，学生理解知识的程度就越深刻。因而，在变式训练教学中，教师要关注变式题的实用性，将变式与生活紧密联系，不断挖掘教材中所能够呈现的生活情境，通过联系实际来提高学生的学习兴趣。

（五）数学变式训练题设计

1. 同类型的变式训练。

通过对同一类问题的反复训练，让学生巩固所学的基础知识、基本技能，提高学生的应用能力。

例 10 工程问题

整理一批数据，由一个人完成需要 40 小时，现在计划先由几个人做 2 小时，再增加 5 人做 4 小时，完成这项工作的$\frac{3}{4}$。应怎样安排参与整理数据的具体人数?（用方程解）

变式题组：

①学校有一批数据需要进行整理，李老师单独完成需 10 天，杜老师单独完成需 6 天。两人合作需要多少天?

②学校有一批数据需要进行整理，李老师单独完成需 10 天，杜老师单独完成需 6 天。现由李老师先做 1 天，再由两人合作完成这项工作，那么李老师共做了多少天?

③学校有一批数据需要进行整理，李老师单独完成需 10 天，杜老师单独完成需 6 天。最初两人合作，但中途李老师因身体不舒服离开几天，若工作 3 天就整理完了这批数据，则李老师中途离开了几天?

④学校有一批数据需要进行整理，李老师单独完成需 10 天，杜老师单独完成需 6 天。如果让两人一起工作 5 天，再由杜老师完成剩余部分，共需多少天完成?

⑤学校有一批数据需要进行整理，李老师单独完成需 10 天，杜老师单独完成需 6 天，罗老师单独完成需 12 天。如果李老师和罗老师先做 4 天后，李老师有事需离开，由杜老师接替李老师的工作，还需多少天完成这批数据的整理?

⑥学校有一批数据需要进行整理，李老师单独完成需 10 天，杜老师单独完成需 6 天，罗老师单独完成需 12 天。开始时三人合作，中途李老师另有任务，由杜老师和罗老师完成剩下的工作，从开始到整理结束共用了 3 天，问李老师实际工作了多少天?

设计说明：根据工作效率、工作时间、工作总量三者的关系，通过不同的问题变式，可以激发学生的问题意识，强化学生对公式的理解和运用，使学生体会数学与生活的密切联系。

例 11 勾股定理的运用

知识点：如果直角三角形的两条直角边长分别为 a，b，斜边长为 c，那么 $a^2+b^2=c^2$。

变式题组：

设直角三角形的两条直角边长分别为 a 和 b，斜边长为 c。

①若 $a=10$，$b=12$，则 $c=$__________；

②若 $a=7$，$c=15$，则 $b=$__________；

③若 $b=3$，$c=12$，则 $a=$__________；

④若 $a=b=4$，则 $c=$__________；

⑤若 $b:c=3:5$，$a=2$，则 $c=$__________。

设计说明：通过设计关于勾股定理的公式变形的变式题组，可以加强学生对公式的记忆以及强化公式的逆向使用的意识，从而提高运用公式的熟练程度。

2. 等价形式的变式训练。

等价形式的变式训练主要指的是条件、结论大体一致，题意不发生改变，形式相近的一种变式训练。通过这类变式训练，可以提高学生的观察能力和辨析能力。

例 12 二次函数与一元二次方程、一元二次不等式的关系

知识点：一元二次方程根的判别式。

变式题组：

①关于 t 的一元二次方程 $t^2-4t+3k=0$ 有两个不相等的实数根，求

k 的取值范围。

②关于 t 的一元二次函数 $s=t^2-4t+3k$ 与 t 轴有两个交点，求 k 的取值范围。

③关于 t 的一元二次不等式 $t^2-4t+3k>0$ 恒成立，求 k 的取值范围。

设计说明：这三小题都是围绕同一个二次多项式进行变形的，它们分别是一元二次方程、一元二次函数、一元二次不等式的问题，表面上它们是三类问题，实际上它们是互相联系的，都可以转化为求一元二次方程根的判别式的问题，所以这三小题在形式上是等价的。通过这样的变式训练可以帮助学生解决类似的问题，体会不同问题之间的转化思想。

3. 分层次的变式训练。

分层次的变式训练指的是将同一深度的题型组合在一起进行分层训练，由浅入深，分层推进，以提高做练习的效率和训练的针对性，更好地巩固所学的知识点。

例 13 因式分解

知识点：提公因式法、公式法（平方差公式和完全平方公式）、十字相乘法。

基础练习变式题组：

（1）用提公因式法分解因式：

①$2m+6n$ ②$2m-6m^2$ ③$2mx+6my$

④$2mn^2+6m^3n$ ⑤$9abc^2-3a^3b^2c$ ⑥$3a(b-c)-6a^2(b-c)$

⑦$3m(x-y)+5n^2(y-x)$ ⑧$2p(m^2+n^2)-q(m^2+n^2)$

（2）用公式法分解因式：

①$16a^2-4b^2$ ②mn^2-9m ③$-4x^2+25$

④$(x+3y)^2-x^2$ ⑤$x^2-2xy+y^2$ ⑥$4n^2+4n+1$

⑦$-4m^2-8mn-4n^2$ ⑧$5a(2x+y)^2-5ab^2$

（3）用十字相乘法分解因式：

①x^2+3x-4 ②x^2-5x+4 ③$x^2y^2+2xy-3$ ④$3a^2+5a+2$

综合练习变式题组：

（1）计算 20223－20222－2021×20222＝__________。

（2）利用因式分解计算：20212－20192＝__________。

（3）利用因式分解计算：20222＋10222－4044×10222＝__________。

（4）若 $x^2+x-1=0$，则 $x^{2023}+x^{2022}-x^{2021}=$__________。

（5）已知 $2x+y=3$，$2x-y=2$，则 $4x^2-y^2=$__________。

（6）若 $y=2x-1$，则 $4x^2-4xy+y^2=$__________。

素养练习变式题组：

（1）把多项式 $am-an+bm-bn$ 分解因式。

解：$am-an+bm-bn=(am-an)+(bm-bn)$

$=a(m-n)+b(m-n)$

$=(m-n)(a+b)$

观察上述因式分解的过程，回答下列问题：

①分解因式：$9-a^2+9ab-9b^2$；

②已知：a，b，c 是$\triangle ABC$ 的三边长，满足 $ab-ac-bc+b^2=0$，试判断$\triangle ABC$ 的形状。

（2）若 $x^2+2xy+2y^2-6y+9=0$，求 x 和 y 的值。

解：$\because x^2+2xy+2y^2-6y+9=0$，

$\therefore x^2+2xy+y^2+y^2-6y+9=0$，

$\therefore (x+y)^2+(y-3)^2=0$，

$\therefore x=-y$，$y=3$，

$\therefore x=-3$，$y=3$。

观察（2）题的解题过程，回答下列问题：

①若 $4a^2+4ab+2b^2-10b+25=0$，求 a 和 b 的值。

②已知：$\triangle ABC$ 三边为 a，b，c，满足 $b^2+9c^2=6b+18c-18$，且$\triangle ABC$ 中最长的边是 a，求 a 的取值范围。

设计说明：基础练习的变式题组主要是让学生灵活应用公式和熟记公式，由单个数到单个因式再到整体的式子进行分解因式，由简到繁，由浅入深，使得学生更大限度地掌握知识点，更好地促进不同水平学生得到不

同的发展。

综合练习的变式题通过运用提公因式法、平方差公式、完全平方公式分解因式来求代数式的值，巩固因式分解运算，它是在基础练习的基础上又有了进一步的知识升华，启发了学生的发散思维和整体代换的思想。

素养练习的变式题组通过运用平方差公式和完全平方公式进行计算，巩固提高学生的运算能力，培养类比数学思想。

第八章　中学数学课堂教学设计

"设计"在《辞海》中的解释是"定下计谋"。"根据一定的目的要求，预先制定方案、图样等。"教学设计也称教学系统设计，是面向教学系统，以解决教学问题、优化学习为目的的一种特殊的设计活动。它既具有设计的一般性质，又必须遵循教学的基本规律[①]。

教学设计包括课程设计和课堂教学设计，本章主要探究数学课堂教学设计。

第一节　中学数学课堂教学设计的含义

数学课堂教学设计是根据数学学习理念、数学教学论、数学课程论、数学教育心理学、数学教育教学评价理论等，并依据数学课程标准的教学目标要求，运用系统科学的方法对教材、教师、学生和教学环境等进行综合分析，从而确定数学教学目标，全面规划教学双边行为过程，提出教学策略方案和评价方法，并形成最终教学设计方案的过程。

数学课堂教学设计具有规划性、科学性、创造性和可持续性的特点，它是一项创造性的工作，需要经历教学方案的构思、制定、实施、总结、反思等主要阶段。

一、数学课堂教学设计的意义

（一）把握教学活动

一节好的课，主要由教学活动组成，它是课堂教学的核心。通过教学

① 皮连生. 教学设计：心理学的理论与技术［M］. 北京：高等教育出版社，2000：1.

设计对教学活动进行安排，教师可以初步掌握课堂主要教学活动，根据学情和教学内容安排时间、运用合适的教学方法和教学策略，创造出良好的教学情境，保证教学过程有序进行。现实的课堂教学，存在着许多的可变因素，在课堂上，学生难免会不受教师的控制，发挥主观想象力，这对于学习来说，是值得鼓励的。但是，课堂的时间有限，因此，教师需要通过教学设计把握课堂的主要教学活动，避免剑走偏锋。

（二）规范课堂教学

现代教育不同于传统教育，教育教学的工作关系到学生的成长成才，教师的教学工作需要有规律地进行，规范教学工作的每一个环节。撰写教学设计是教师进行备课的主要方式，因此，可以通过此方式规范教师的备课过程。尤其是新手教师，可以通过对教学设计的研究，更快地驾驭课堂。教学设计不同于传统的备课，美国学者加涅认为“教学设计是一个系统化规划教学系统的过程”，一份实用的教学设计，不仅让课堂教学环节设计精巧，达到环环相扣的效果，同时也提高了课堂教学的科学性。

（三）提高教学质量

做好教学设计，不仅是上好一节课的基础，也是提高教学质量的保证。教师在撰写教学设计时，需要系统编写教学目标，深入思考教学的各个环节，制定合适的教学方法，为课堂教学提供科学的行动指南。好的教学设计，可以使教师在课堂教学中获得事半功倍的效果。

（四）优化教学评价

教学评价是教学工作的重要环节，关系着下一步教学任务的开展和调节。青年教师往往在教学评价上有着许多疑惑，甚至不知从何评价，而一份详细的教学设计正是真实课堂的主要反映。教师可以通过对教学设计的分析和比较，认识自己的优缺点，以便在下一步实施教学计划时，根据之前的经验结果进行调整。

二、中学数学课堂教学设计的基本要求

（一）以课程标准为依据

中学数学课堂教学设计要充分体现数学课程标准的基本理念，努力体现学生是学习的主体。数学课堂教学设计要面向全体学生，着眼于使学生掌握最基本的数学知识和基本技能，提高学生的数学思维能力，使学生领会数学的价值，培养学生的数学核心素养，促进学生身心全面发展。

（二）以教学要素为准绳

中学数学课堂教学设计要有机地将学生、教师、教材、教学环境统一起来，通过教学目标把教师的教、学生的学、教材的组织以及教学环境的构建等有机地统一起来，使教学运行系统化，把课堂教学变成一个完整的、动态的、发展的过程。

（三）以中学生的心理发展特点为起点

中学数学课堂教学设计要符合学生学习心理和年龄特征，符合中学生的认知发展规律，要保证中学生的学习需要、知识活动经验、学习方式与教学内容得到很好的匹配。

（四）处理好课堂教学中的各种关系

中学数学课堂教学设计要处理好教学中的多种要素之间的关系，具体是指教师与学生、学生与学生、教与学、课本知识与生活经验、知识的结构与过程、教学目标与策略方法、预设与生成等多种关系。只有这样，才能在轻松和谐的教学环境中有效地实现数学教学目标。

（五）注重中学生探索能力和实践创新能力的培养

中学数学课堂教学设计要面向中国式现代化对人才在智慧和能力方面的发展要求，以数学知识和数学思想方法为载体，创设学生自主学习、探究发现、合作交流的教学平台，让学生理解数学知识的本质，提升获得新知识的能力、分析和解决问题的能力以及团队合作的能力。

三、中学数学课堂教学设计的准备工作

数学课堂教学设计是根据教学对象和教学任务，由教师对课堂教学过

程和行为进行系统和科学的规划，并形成教学方案的全过程。该方案包括“教什么”和“如何教”，以有效地优化教学结构，提高教学质量，并顺利实现教学目标。

（一）教材分析与处理

教材是教学内容的载体，分析研究教材是数学课堂教学设计最基本的工作。分析教材首先要整体地把握教材，从教材的系统性入手，把握好它的整体和高度，研究它的科学性、思想性和系统性，理解教材整体内容及其内在联系、深度和广度。其次，了解教材内容的重点、难点和关键点，分析知识系统结构，理解基本概念、基本原理之间的联系。最后，理解教材的功能，教材的功能包括智力价值、思想教育价值和应用价值三个方面。

教材分析的具体要求如下：

1. 依据数学课程标准的要求，理解教材编写意图、目的和要求，掌握教材内容的深度与广度。

2. 从整体和全局把握、理解教材的结构和联系，以及其地位和作用。

3. 了解数学知识的背景、发生、发展和形成过程，与其他学科、自然科学的联系，以及在生活中的实际应用。

4. 掌握教材内容的重点、难点和关键点。

5. 理解例题、习题的编排、功能和难易程度。

6. 理解教材中隐含的数学思想方法。

教材处理实质上是教师通过对教材进行教学法加工，把教材内容转化为教学内容的过程，包括调整教材内容。调整教材内容主要体现在取舍、增补、拓展、变道、调序等。教材内容加工主要体现在深化、提炼、概括和类比等方面。

（二）学情分析

学生是数学学习活动的主体，是制约数学教学过程的根本因素。教师在进行数学课堂教学设计的时候，关注学生情况既反映教师教学设计的基本出发点，也体现教师是否切实将学生发展为本的教育观念落到实处。准确了解学生的基本情况是课堂教学设计最为关键的环节，学情分析主要从以下几个方面进行。

1. 基本情况。

学生个体的自然情况，包括姓名、性别、年龄、身体状况、家庭教育环境、性格特征等；班级整体基础情况，包括学习风气等。

2. 学习起点。

学生学习目标技能的起点能力分析，包括数学知识的基础、学习态度、认知方式及特点等，这些都是进行课堂教学设计的基本前提。

3. 心理特点分析。

学习数学的心理特点是指对学生学习有关数学内容产生影响的思维特点、兴趣、意志和气质等因素，这些因素影响着教师对教学内容、教学方法和教学手段的选择与应用，直接影响教师的教学效果。

（三）数学教学目标的制定

数学教学目标是数学教学目的的系统化、具体化，是教师期望学生达到的学习效果和标准。数学教学目标在数学课堂教学设计和教学实施过程中起着导向作用，是数学教学活动的出发点和归宿。

1. 数学教学目标要体现“四维目标”。

“四维目标”包括知识技能、数学思考、问题解决和情感态度与价值观。

（1）知识技能。

经历数与代数的抽象、运算与建模等过程，掌握数与代数的基础知识和基本技能；经历图形的抽象、分类、性质探讨、运动、位置确定等过程，掌握图形与几何的基础知识和基本技能；经历在实际问题中收集和处理数据、利用数据分析问题、获取信息的过程，掌握统计与概率的基础知识和基本技能；参与综合实践活动，积累综合运用数学知识、技能和方法等解决简单问题的数学活动经验。

（2）数学思考。

建立数感、符号意识和空间观念，初步形成几何直观和运算能力，发展形象思维与抽象思维；体会统计方法的意义，发展数据分析观念，感受随机现象；在参与观察、实验、猜想、证明、综合实践等数学活动中，发展合情推理和演绎推理能力，清晰地表达自己的想法；学会独立思考，体会数学的基本思想和思维方式。

（3）问题解决。

初步学会从数学的角度发现问题和提出问题，综合运用数学知识解决简单的实际问题，增强应用意识，提高实践能力；获得分析问题和解决问题的一些基本方法，体验解决问题方法的多样性，发展创新意识；学会与他人合作交流；初步形成评价与反思的意识。

（4）情感态度与价值观。

积极参与数学活动，对数学有好奇心和求知欲；在数学学习过程中，体验获得成功的乐趣，锻炼克服困难的意志，建立自信心；体会数学的特点，了解数学的价值；养成认真勤奋、独立思考、合作交流、反思质疑等学习习惯，形成实事求是的科学态度。

2. 数学教学目标要体现核心素养的主要表现。

教学目标的确定要充分考虑核心素养在数学教学中的达成。每一个特定的学习内容都具有培养相关核心素养的作用，要注重建立具体内容与核心素养主要表现的关联，在制定教学目标时将核心素养的主要表现体现在教学要求中。例如：确定初中阶段“图形的性质”主题的教学目标时，关注学生空间观念、几何直观、推理能力等的形成。①

3. 数学教学目标的设定要体现整体性和阶段性。

核心素养是在长期的教学过程中逐渐形成的，核心素养在不同学段的主要表现体现了核心素养的阶段性和各阶段之间的一致性。要依据核心素养的内涵和不同学段的主要表现，结合具体的教学内容，全面分析主题、单元和课时的特征，基于主题、单元整体设计教学目标，围绕单元目标细化具体课时的教学目标。充分发挥核心素养导向的教学目标对教学过程的

① 中华人民共和国教育部. 义务教育数学课程标准（2022 年版）［M］. 北京：北京师范大学出版社，2022：84.

指导作用，在实现知识进阶的同时，体现核心素养的进阶。①

4. 数学教学目标要体现层次性。

以记忆为主的知识，要培养以记忆为主的基本能力，其教学目标为获得的知识量以及掌握的准确性；以理解为主的知识，要培养以理解为主的基本能力，其教学目标为运用知识的水平，如正确、敏捷、灵活、深刻等；以探究为主的知识，要培养以评判为主的基本能力，其教学目标为培养思维的深度性、批判性、全面性、独创性等。

5. 数学教学目标要具有可操作性。

数学教学要实现科学化，教学目标必须全面具体，要制定目标分类细目结构图，不能“重知轻思”“重知轻情”等，同时教学目标要具有可操作性。

（四）教学媒体的使用

教学媒体是在教学过程中传递和储存教学信息的载体和工具。教学媒体在教学过程中具有十分重要的作用，如提供感知材料，提高感知效果，启发学生思维，发展学生智力，增强学习兴趣，提高教学效率，调控教学过程，检测学习效果等。因此，教师要精心制作多媒体课件，创设教学情境，让学生经历知识的发生和发展过程，充分揭示数学知识的形成和发展，展示数学思维的形成过程，让学生体会到数学知识的价值和魅力。

（五）教学过程设计

数学教学过程是学生在教师的指导下有目的、有计划、有意识地掌握数学基础知识和基本技能，发展数学能力的认识活动和实践活动。数学教学过程通常经历以下过程：数学教学内容分析、学生情况分析、制定数学教学目标、设计数学教学方案、数学教学方案评价。

在数学教学过程中，学生、教师、数学教学内容、教学方法、教学媒体、教学环境、校园文化等都是影响教学效果的直接因素，其中学生、教

---

①　中华人民共和国教育部. 义务教育数学课程标准（2022 年版）［M］. 北京：北京师范大学出版社，2022：85.

师和教学中介是教学过程的三个基本要素。教学中介包括教学目标、教学内容、教学方法、教学手段、教学组织形式、反馈和教学环境等要素，其中的主体是教学内容。

在设计教学过程时，要把数学知识与学生生活实际联系起来，挖掘数学教学内容的知识背景，提炼蕴含其中的数学思想方法和文化因素。寻找新知识和生长点，把知识经验迁移到学习数学知识上来，学以致用，把所学的数学基础知识和基本技能运用到实际生活之中，培养学生的数学兴趣和信心，使他们能高效学习并获得最大限度的发展。同时，设计教学过程时要考虑教学的生成性、教师个人的创新、学生独特的见解和创意等，这些都应在教学过程设计中得到充分体现。

（六）教学反思

教学反思是教师专业发展和自我成长的核心因素，是具有高度创造性和艺术性的活动。教师的反思能力决定着他的教育教学实践能力和工作中开展研究的能力。因此，教师要在课后进行认真反思，总结经验，吸取教训，不断提高教学水平。

课后反思应根据课堂教学的具体情况进行，重点应反思以下几个方面：(1) 反思教学计划及其执行情况；(2) 反思教学成功、失败之处及原因；(3) 反思教学效果；(4) 反思如何改进教学不足之处。在教学反思实践中，可以使用“反思档案”，记录分析所发生的种种情况，对文本经验本身不断地加工和再创造，使经验得到升华，形成新的教育教学理论。

第二节　中学数学教学设计典型案例分析

“等比数列的前 n 项和”教学设计

一、教材分析

（一）从在教材中的地位与作用来看

“等比数列的前 n 项和”是大纲版高中数学第一册（上）数列这一章

中的一个重要内容，从教材的编写顺序上来看，“等比数列的前 n 项和”是第三章“数列”第五节的内容，一方面它是“等差数列的前 n 项和”与“等比数列”内容的延续，与前面所学的函数等知识也有着密切的联系，另一方面它又为进一步学习“数列的极限”等内容做准备。就知识的应用价值上来看，它不仅在现实生活中有着广泛的实际应用空间，如储蓄、分期付款的有关计算等，而且公式推导过程中所渗透的类比、化归、分类讨论、整体变换和方程等思想方法，都是学生今后学习和工作中必备的数学素养。就内容的人文价值来看，等比数列前 n 项和公式的探究与推导需要学生观察、分析、归纳、猜想，有助于培养学生的创新思维和探索精神，是培养学生应用意识和数学能力的良好载体。

（二）从学生认知角度来看

从学生的思维特点看，很容易把本节内容与“等差数列前 n 项和”从公式的形成、特点等方面进行类比，这是积极因素，应因势利导。不利因素是：本节公式的推导与等差数列前 n 项和公式的推导有着本质的不同，这对学生的思维是一个突破，另外，对于 $q=1$ 这一特殊情况，学生往往容易忽视，尤其是在后续使用过程中容易出错。

（三）学情分析

教学对象是刚进入高中的学生，虽然他们已经具有一定的分析问题和解决问题的能力，逻辑思维能力也初步形成，但由于年龄的原因，对问题的分析缺乏深刻性和严谨性。

（四）教学重点、难点

教学重点：公式的推导、公式的特点和公式的运用。

教学难点：公式的推导方法和公式的灵活运用。

（公式推导所使用的“错位相减法”是高中数学数列求和方法中最常用的方法之一，它蕴含了重要的数学思想，所以既是重点也是难点。）

二、教学目标与学科素养

“等比数列的前 n 项和”教学目标与学科素养见表 8 - 1。

表 8-1　教学目标与学科素养

教学目标	学科素养
1. 知识与技能目标：理解等比数列前 n 项和公式的推导方法；掌握等比数列前 n 项和公式并能运用公式解决一些简单问题。 2. 数学思考：让学生根据导入的问题去思考等比数列的求和公式及其推导过程，学会独立思考，体会数学基本思想和思维方式。 3. 问题解决：通过类比联想，引导学生推导出等比数列的求和公式。 4. 情感态度与价值观：通过经历对公式的探索，激发学生的求知欲，鼓励学生大胆尝试、勇于探索、敢于创新，磨炼思维品质，从中获得成功的体验，感受思维的奇特美、结构的对称美、形式的简洁美（如等比数列前 n 项和通项公式）、数学的严谨美。让学生了解到，用数学的观点看问题，一些看似不可理解的事可以给出合理的解释，从而帮助学生用科学的态度认识世界。	1. 数学抽象：理解等比数列的前 n 项和公式。 2. 逻辑推理：探索等比数列前 n 项和公式，并能解决一些简单问题。 3. 数学运算：运用等比数列的前 n 项和公式求解数学问题。

三、教学方法与教学手段

本节课属于新授课型，主要利用计算机和实物投影等辅助教学，采用启发探究、合作学习、自主学习等教学模式。

四、教学过程

（一）创设情境，导入新课

覃某在网上与贷款平台机构签订了一份合同，覃某从平台机构借款

5000 元，平均每天平台给覃某 120 元（其余为手续费），借期为一个月，一个月后按如下方式全部偿还本息。第一天偿还 1 分钱，第二天偿还 2 分钱，第三天偿还 4 分钱，以后每天偿还的金额是前一天的两倍，且需连续还一个月（30 天）方可还清。

设计意图：通过联系生活实际，激发学生的兴趣，加强对知识的记忆，培养学生的分析思辨能力。

（二）学生探究，分析情境

（1）每天所需还的钱：1，2，4，8，…构成什么数列？

（2）请计算第 30 天覃某需要还多少钱？

（3）请计算覃某一个月共还了多少钱？

由题意得 $S_n=1+2^1+2^2+\cdots+2^{29}$，

等式两边乘上公比 2 得，$2S_n=2^1+2^2+\cdots+2^{29}+2^{30}$，

则 $S_n=2S_n-S_n$，可得 $S_n=2^{30}-1=1073741823$（分）$=1073.741823$（万元）。

设计意图：设置问题链，从易到难、层层递进来激发学生兴趣，推动学生独立思考、发现问题、解决问题的过程，充分调动学生学习的积极性，增强学生学习的自信心。

（三）类比联想，解决问题

顺势引导学生将结论一般化，设等比数列为$\{a_n\}$，公比为 q，如何求它的前 n 项和？让学生自主完成，然后对个别学生进行指导。

一般等比数列前 n 项和：$S_n=a_1+a_2+a_3+\cdots+a_{n-1}+a_n$，

即 $S_n=a_1+a_1q+a_1q^2+\cdots+a_1q^{n-2}+a_1q^{n-1}$。

方法 1：错位相减法

$$\begin{cases}S_n=a_1+a_1q+a_1q^2+\cdots+a_1q^{n-2}+a_1q^{n-1}, \\ qS_n=a_1q+a_1q^2+a_1q^3+\cdots+a_1q^{n-1}+a_1q^n,\end{cases}$$

$\therefore\ (1-q)S_n=a_1-a_1q^n\Rightarrow S_n=\dfrac{a_1(1-q^n)}{1-q}$。

这里的 q 能不能等于 1？等比数列中的公比能不能为 1？$q=1$ 时是什

么数列？此时 $S_n=$？

$$S_n=\begin{cases}\dfrac{a_1(1-q^n)}{1-q}，q\neq 1；\\ na_1，q=1。\end{cases}$$

设计意图：在教师的指导下，学生从特殊到一般，从已知到未知，步步深入，自己探究公式，体验学习的快乐和成就感。

（四）讨论交流，延伸拓展

探究等比数列前 n 项和公式，还有其他方法吗？我们知道，

$$S_n=a_1+a_1q+a_1q^2+\cdots+a_1q^{n-1}=a_1+q(a_1+a_1q+\cdots+a_1q^{n-2})，$$

那么，我们能否利用这个关系来求出等比数列前 n 项和公式呢？

方法 2：提取公比

$$\begin{aligned}S_n&=a_1+a_1q+a_1q^2+\cdots+a_1q^{n-2}+a_1q^{n-1}\\&=a_1+q(a_1+a_1q+\cdots+a_1q^{n-2})\\&=a_1+q(S_n-a_1q^{n-1})，\end{aligned}$$

$\therefore (1-q)S_n=a_1-a_1q^n$。

根据等比数列的定义又有$\dfrac{a_2}{a_1}=\dfrac{a_3}{a_2}=\dfrac{a_4}{a_3}=\cdots=\dfrac{a_n}{a_{n-1}}=q$，能否由此联想到等比定理从而求出公式呢？

方法 3：利用等比定理

$$\frac{a_2}{a_1}=\frac{a_3}{a_2}=\frac{a_4}{a_3}=\cdots=\frac{a_n}{a_{n-1}}=q，$$

$$\frac{a_2+a_3+\cdots+a_n}{a_1+a_2+\cdots+a_{n-1}}=q=\frac{S_n-a_1}{S_n-a_n}，$$

$\therefore (1-q)S_n=a_1-a_nq$。

设计意图：以疑导思，激发学生的探索欲望，营造一个让学生主动观察、思考、讨论的氛围。以上两种方法都可以化归到 $S_n=a_1+qS_{n-1}$，这其实就是关于 S_n 的一个递推式。递推数列有非常重要的研究价值，是研究性学习和课外拓展的极佳资源，它源于课本，又高于课本，对学生的思维发展有促进作用，能帮助学生领悟数学应用价值，从特殊到一般，从模

仿到创新，有利于学生的知识迁移和能力提高。

（五）学以致用，拓展创新

例 1　（变式题）

（1）已知数列 a^1，a^2，a^3，…，a^n，求其前 n 项和 S_n。

（2）设等比数列 $\{a_n\}$ 的前 n 项和为 S_n，若 $S_3+S_6=2S_9$，求数列的公比 q。

设计意图：在数学教学中进行数学变式练习，能帮助学生多角度地理解数学方法、运用数学方法，使学生从“知识型”向“智力型”转换。变式训练遵循针对性原则、可行性原则、参与性原则；源于课本，高于课本，循序渐进，有的放矢，纵向联系，温故知新。

例 2　（应用题）

用分期付款的方式购买一件家电，价格为 1150 元，购买当天先付 150 元，以后每月这一天都交付 50 元，并加付欠款利息，月利率为 1%，若将第一次交付 50 元与欠款利息计为分期付款的第一个月，那么分期付款的第 10 个月该交付多少钱？全部贷款付清后，买这件家用电器实际花费多少钱？

设计意图：引入生活题材，根据生活情境，联系实际，发现问题，激发学生的解题兴趣，引导学生主动探究，使学生从自身的生活背景中感知数学，增强学习的积极性，也有助于培养学生将实际问题转化为数学问题并加以解决的能力，逐步形成良好的应用意识。

（六）巩固练习

练习 1　《九章算术》中的“两鼠穿墙题”是我国古典数学名题：“今有垣厚若干尺，两鼠对穿，大鼠日一尺，小鼠也日一尺，大鼠日自倍，小鼠日自半。问何日相逢，各穿几何?”题意是：“有两只老鼠从墙的两边打洞穿墙，大鼠第一天进一尺，以后每天加倍，小鼠第一天也进一尺，以后每天减半。”如果墙足够厚，S_n 为前 n 天两只老鼠打洞之和，则 $S_n=$__________。

练习 2　试用多种方法计算：$\frac{1}{2}+\frac{1}{4}+\frac{1}{8}+\frac{1}{16}+\frac{1}{32}+\cdots+\frac{1}{4096}$。

教师展示多种解题方法，其中一个为动态展示：从$\frac{1}{2}$开始演示，一直演示到$\frac{1}{2}+\frac{1}{4}+\frac{1}{8}+\frac{1}{16}+\frac{1}{32}$，见图 8－1。在课件演示的启发下，学生猜想求和结果为 1。

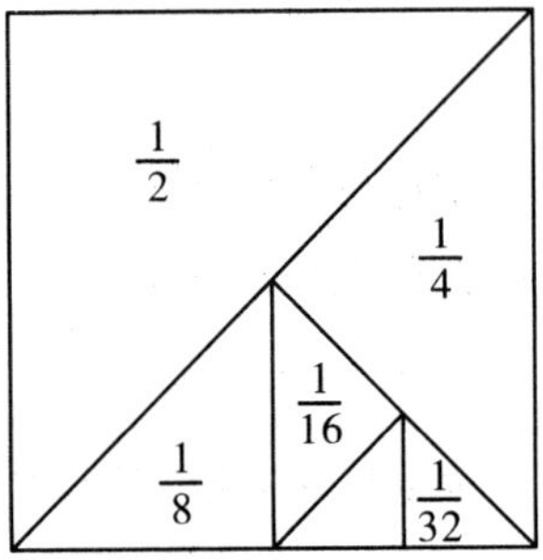

图 8－1

设计意图：学习了等比数列前 n 项求和公式后，学生可以利用等比数列前 n 项求和公式进行计算求解，通过作业再一次进行知识点的回忆和巩固，有利于加深学生对知识点的掌握与运用。学生还可以用不同的方法进行求解，如找规律、利用方程、数形结合等，这促使学生积极去探索新方法，培养数学发散思维。最后，通过动态展示环节在引导学生经历数学知识结构化的过程中，渗透极限思想。此题的设计可以关注到不同层次学生的掌握情况，让学生尽可能得到发展进步。

（七）课堂小结

（1）等比数列的前 n 项和公式：

$$S_n=\begin{cases}\dfrac{a_1(1-q^n)}{1-q}, & q\neq 1;\\ na_1, & q=1。\end{cases}$$

（2）等比数列的（主要）推导方法：错位相减法。

（3）思维过程：从特殊到一般的思维过程。

（4）数学思想：分类讨论、方程、数形结合的数学思想。

设计意图：课堂上由教师引导，学生回顾的方式进行总结，目的是充分发挥学生的主体作用，有助于学生在理解新知识的基础上，及时把知识系统化、条理化。

（八）课后作业，分层练习

必做题：

课本第 40 页习题 4.3 第 1、3、6 题。

选做题：

课本第 41 页习题 4.3 第 8、9、11 题。

课本第 42 页“阅读与思考”：中国古代数学家数列求和的方法。

设计意图：及时巩固所学知识，反馈学生学习的情况，分层布置作业，满足不同层次学生的需要。让学有余力的学生，有思考的空间，便于学生开展自主学习。

（九）板书设计

“等比数列的前 n 项和”板书设计见表 8－2。

表 8－2　“等比数列的前 n 项和”板书设计

等比数列的前 n 项和 一、等比数列通项公式 二、等比数列的前 n 项和公式 $S_n=\begin{cases}\dfrac{a_1(1-q^n)}{1-q}, & q\neq1;\\ na_1, & q=1。\end{cases}$	方法 1：错位相减法 $\begin{cases}S_n=a_1+a_1q+a_1q^2+\cdots+a_1q^{n-2}+a_1q^{n-1}\\ qS_n=a_1q+a_1q^2+a_1q^3+\cdots+a_1q^{n-1}+a_1q^n\end{cases}$ $\therefore\ (1-q)S_n=a_1-a_1q^n\Rightarrow$ $S_n=\dfrac{a_1(1-q^n)}{1-q}$ $S_n=\begin{cases}\dfrac{a_1(1-q^n)}{1-q}, & q\neq1;\\ na_1, & q=1。\end{cases}$	学生展示区

续表

	方法 2：提取公比 q $S_n=a_1+a_1q+a_1q^2+\cdots+a_1q^{n-2}+a_1q^{n-1}$ $=a_1+q(a_1+a_1q+\cdots+a_1q^{n-2})$ $=a_1+q(S_n-a_1q^{n-1})$ $\therefore (1-q)S_n=a_1-a_1q^n$ 方法 3：利用等比定理 $\frac{a_2}{a_1}=\frac{a_3}{a_2}=\frac{a_4}{a_3}=\cdots=\frac{a_n}{a_{n-1}}=q$ $\frac{a_2+a_3+\cdots+a_n}{a_1+a_2+\cdots+a_{n-1}}=q=\frac{S_n-a_1}{S_n-a_n}$ $\therefore (1-q)S_n=a_1-a_nq$	

“平行四边形的判定”教学设计

一、教材分析

本节课选自初中数学人教版八年级下册“平行四边形的判定”一课。平行四边形的判定是中学学习的重要内容，纵观整个初中平面几何教材，它是在学生掌握了平行线、三角形及简单图形的平移以及平行四边形的性质等平面几何知识，并且具备了初步的观察、操作等活动经验的基础上讲授的。这一节课既是前面所学知识的继续，又是后面学习菱形、矩形及正方形等知识的基础，起着承前启后的作用。

二、学情分析

八年级的学生已经具备了初步观察、操作等活动经验，具备合情推理的意识，并且在此之前，学生已经学习了平行线的性质与判定，可以通过类比迅速将学生的思维激活，助力本节课内容的学习。但是，学生的独立思考能力还不充分，需要教师的引导和学生间的合作交流。

三、教学目标

知识技能：理解平行四边形判定方法的证明，掌握用判定方法解决数学问题的方法。

数学思考：通过探究学习，感受数学思考的合理性、数学证明的严谨性，学会用辩证的观点分析事物。

问题解决：通过类比、观察、猜想、证明、交流等活动，进一步培养学生的动手能力、推理能力。

情感态度：在探究新知的过程中，体会数学的趣味性，进而养成善于思考、勤于钻研的好习惯。

四、教学重难点

教学重点：平行四边形判定方法的探究和运用。

教学难点：对平行四边形判定方法的证明及性质和判定的综合运用。

五、教法学法

教法：探究式教学、启发式教学。

学法：自主学习、观察猜想、合作交流。

六、教学过程

“平行四边形的判定”教学过程见表 8 - 3。

表 8-3 “平行四边形的判定”教学过程

<table>
<tr><th>教学环节</th><th>教学内容、师生互动</th><th>设计意图</th></tr>
<tr><td>（一）知识回顾（新课导入）</td><td>（1）什么叫平行四边形？
两组对边分别平行的四边形叫作平行四边形。（学生回答）
（2）平行四边形有什么性质？
边——平行四边形的两组对边分别平行
边——平行四边形的两组对边分别相等
角——平行四边形的两组对角分别相等
对角线——平行四边形的对角线互相平分</td><td>通过提问让学生回顾有关平行四边形的知识，为后面学习平行四边形的判定做准备。</td></tr>
<tr><td>（二）类比探究（类比平行线的性质与判定）</td><td>平行线——性质：
两直线平行，同位角相等
两直线平行，内错角相等
两直线平行，同旁内角互补
平行线——判定：
同位角相等，两直线平行
内错角相等，两直线平行
同旁内角互补，两直线平行
（可知平行线的性质和判定为互逆命题，条件和结论相反）猜一猜，平行四边形的判定是什么？</td><td>通过类比让学生更好地了解性质与判定的关系，同时培养学生的逻辑思维能力，为引导学生提出猜想做铺垫。</td></tr>
<tr><td>（三）猜想</td><td>类比平行线的性质和判定，小组讨论，提出猜想
<table><tr><td>平行四边形的性质</td><td>猜想：平行四边形的判定</td></tr><tr><td>平行四边形两组对边分别相等</td><td></td></tr><tr><td>平行四边形两组对角分别相等</td><td></td></tr><tr><td>平行四边形对角线互相平分</td><td></td></tr></table></td><td>通过小组讨论提出猜想，发挥学生的主体作用，让学生真正参与课堂学习与探究。同时，用表格的方式更加直接明了地看出性质与判定的区别。</td></tr>
</table>

续表

教学环节	教学内容、师生互动	设计意图
（四）证明猜想	内容：教师引导学生动手操作 引导学生证明猜想并写出演绎过程（此处分小组讨论分别证明几个猜想）	这个过程培养学生的动手操作能力，让学生更加深刻理解判定方法的证明。
（五）使用几何画板	内容：使用几何画板演示让学生更直观地理解猜想 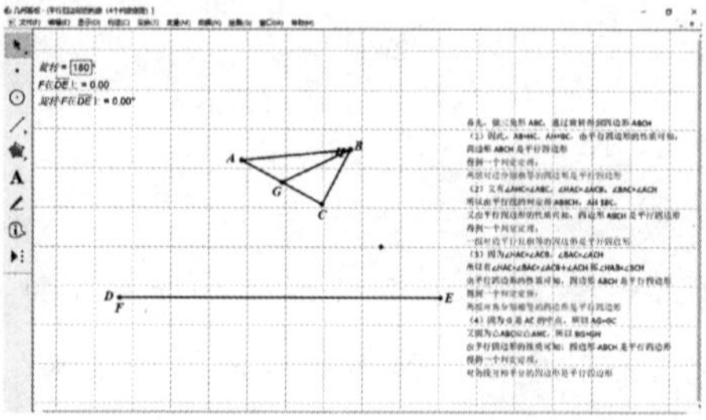	运用几何画板演示，使学生对平行四边形的判定有清晰的表象认识，加深对本节课内容的理解。
（六）总结平行四边形的判定定理	内容：结合学生之前的猜想和演绎过程以及几何画板的演示，得出下列平行四边形的判定定理。 平行四边形的判定定理小结 (1) 定义：两组对边分别平行的四边形是平行四边形； (2) 判定定理 1：两组对边分别相等的四边形是平行四边形； (3) 判定定理 2：两组对角分别相等的四边形是平行四边形； (4) 判定定理 3：对角线互相平分的四边形是平行四边形； (5) 判定定理 4：一组对边平行且相等的四边形是平行四边形。	通过归纳小结帮助学生梳理本节课的内容，有利于学生形成知识框架。

续表

教学环节	教学内容、师生互动	设计意图
（七）课堂练习	1. 选择题 如图，四边形 $ABCD$ 中，$\angle ADC=90^\circ$，$AE=BE$，$BF=CF$，连接 EF，$AD=3$，$CD=1$，则 EF 的长为（　　）。 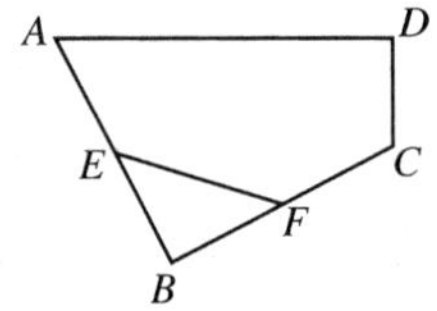 A. $\frac{\sqrt{10}}{4}$　　B. $\frac{\sqrt{10}}{2}$ C. $\sqrt{10}$　　D. $2\sqrt{10}$ 2. 填空题 小玲的爸爸在做平行四边形框架时，采用如下方法：如图所示，将两根木条 AC，BD 的中点重叠并用钉子固定，则四边形 $ABCD$ 就是平行四边形，这种做法的依据是__________。 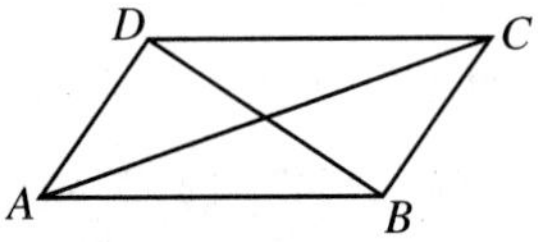 3. 变式题 例题：已知，如图，在平行四边形 $ABCD$ 中，点 E，F 分别是对角线 OA，OC 的中点，求证：四边形 $BFDE$ 是平行四边形（自主思考）。 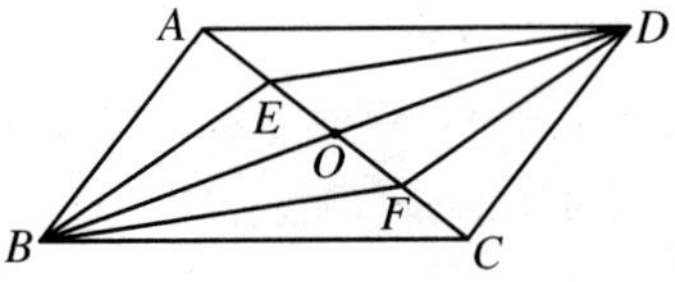	设计变式题、开放题、实际应用题有利于培养学生的数学运算和数学抽象核心素养，锻炼学生的思维能力。

续表

教学环节	教学内容、师生互动	设计意图
（七）课堂练习	变式1：若将例题中的已知条件 E，F 分别是 OA，OC 的中点改为点 E，F 三等分对角线 AC，其他条件不变，问上述结论成立吗？为什么？（小组互相交流讨论并写出过程） 变式2：请同学们依据例题的图和条件，自行改动条件编一道平行四边形判定的题目作为变式题。（小组互相交流讨论并写出题目的证明过程） （学生所编题目）如图，在平行四边形 $ABCD$ 中，点 E，F 在对角线 AC 上，并且 $AE=CF$，求证：四边形 $BFDE$ 是平行四边形。 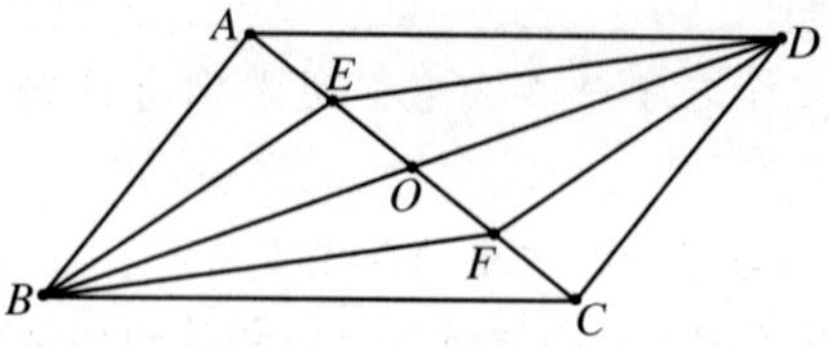 4. 开放题（添加条件证明平行四边形） （1）如图，在四边形 $ABCD$ 中，$\angle DAC=\angle ACB$，要使四边形 $ABCD$ 成为平行四边形，则应添加的条件不能是（　　）。 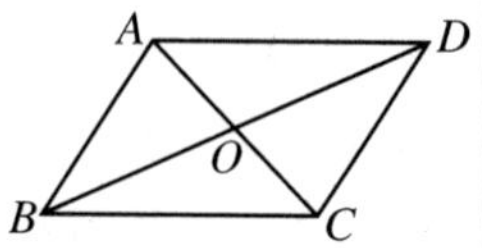 A. $AD=BC$ B. $OA=OC$ C. $AB=CD$ D. $\angle ABC+\angle BCD=180°$	

续表

教学环节	教学内容、师生互动	设计意图
（七）课堂练习	(2) A，B，C，D 在同一平面内，从①$AB /\!/ CD$；②$\angle BAD=\angle DCB$；③$BC /\!/ AD$；④$BC=AD$ 这四个条件中任选两个或三个，能使四边形 $ABCD$ 是平行四边形的选法有______种。 5. 实际应用题 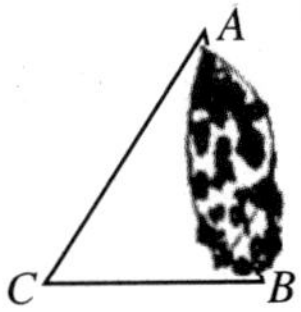 为了践行“绿水青山就是金山银山”的理念，保护村民财产安全，刘家村决定在林地修筑一条防火带。如图，A，B 两点被林地隔开，在 A，B 外选一点 C，连接 AC 和 BC，怎样测出 A，B 两点间的距离，使得村民能够准确修筑合适的防火带？根据是什么？	
（八）回顾所学	今天学习了什么内容？同学们有什么收获？ 1. 学习了四个重要的判定定理： 判定定理 1：两组对边分别相等的四边形是平行四边形； 判定定理 2：两组对角分别相等的四边形是平行四边形； 判定定理 3：对角线互相平分的四边形是平行四边形； 判定定理 4：一组对边平行且相等的四边形是平行四边形。 2. 经历了一个探究过程： 提出问题——得到猜想——验证猜想（演绎过程）——得到定理 3. 体现了三种数学思想： 类比思想、化归思想、建模思想	总结本节课的内容，回顾判定方法证明的探究过程，为今后学生的学习提供探究思路，开发学生的思维。

续表

教学环节	教学内容、师生互动	设计意图
（九）布置作业	1. 必做题 （1）如图，AB，CD 相交于点 O 且互相平分，E，F 是 CD 上两点，且 $DF=CE$。求证：四边形 $AFBE$ 是平行四边形。 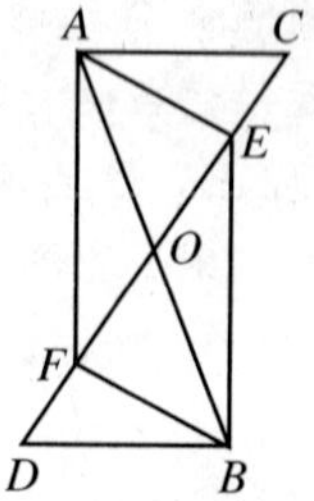 （2）如图，分别延长平行四边形 $ABCD$ 的边 AB，CD 至 E，F，连接 CE，AF，其中 $BE=DF$。求证：四边形 $AECF$ 为平行四边形。 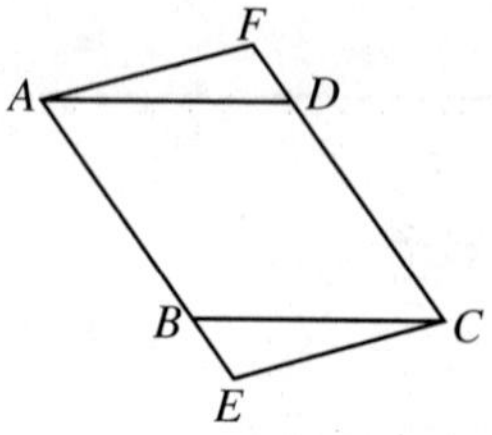 2. 选做题 （1）如图，平行四边形 $ABCD$ 的对角线 AC，BD 相交于点 O，且 E，F，G，H 分别是 OA，OB，OC，OD 的中点。求证：四边形 $EFGH$ 是平行四边形。 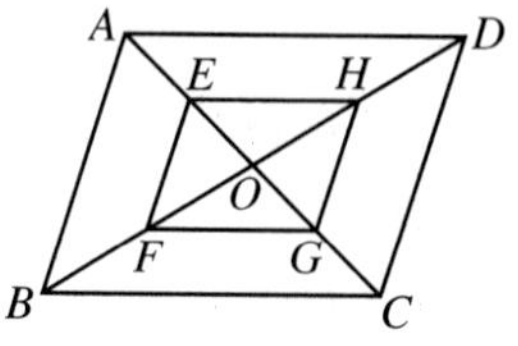 	巩固新知，及时反馈教学信息，采取分层作业的设计，让不同层次的学生能力得到发展，让“优等生吃得好，中等生吃得饱，学困生吃得了”，做到因材施教。

续表

<table>
<tr><th>教学环节</th><th>教学内容、师生互动</th><th>设计意图</th></tr>
<tr><td>（九）布置作业</td><td>（2）如图，在四边形 $ABCD$ 中，E 是 BC 的中点。点 P 以每秒 1 个单位长度的速度从点 A 出发，沿 AD 向点 D 运动；点 Q 同时以每秒 3 个单位长度的速度从点 C 出发，沿 CB 向点 B 运动。当点 P 停止运动时，点 Q 也随之停止运动，当运动时间为 t 秒时，以点 P，Q，E，D 为顶点的四边形是平行四边形，则 t 的值为________。
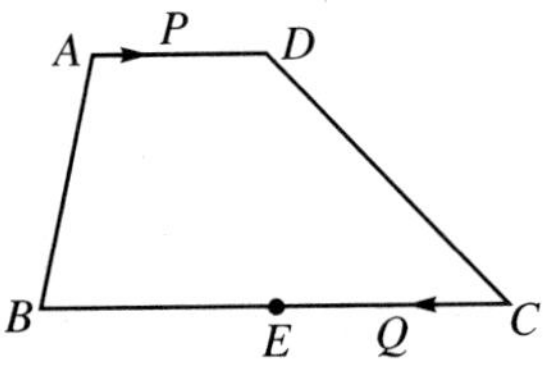
</td><td></td></tr>
</table>

七、板书设计

<table>
<tr><td>平行四边形的判定
定义：两组对边分别平行的四边形是平行四边形。
(1) 判定定理 1：两组对边分别相等的四边形是平行四边形；
(2) 判定定理 2：两组对角分别相等的四边形是平行四边形；
(3) 判定定理 3：对角线互相平分的四边形是平行四边形；
(4) 判定定理 4：一组对边平行且相等的四边形是平行四边形。</td><td>多媒体演示区</td><td><table><tr><td>平行四边形的性质</td><td>猜想：平行四边形的判定</td></tr><tr><td>平行四边形两组对边分别相等</td><td></td></tr><tr><td>平行四边形两组对角分别相等</td><td></td></tr><tr><td>平行四边形对角线互相平分</td><td></td></tr></table>例题
变式题
草稿演示区</td></tr>
</table>

此教学设计亮点：

1. 通过类比引入，让学生经历了一个完整的探究过程：提出问题——得到猜想——验证猜想（演绎过程）——得到定理，培养了学生的推理能力和动手能力。

2. 采用师生互动、小组合作交流等方式发挥了学生的主体作用，践行了坚持启发式、避免注入式的教学理念。

第九章　中学生数学核心素养的培养

第一节　数学核心素养概述

一、数学核心素养的含义

数学学科核心素养是数学课程目标的集中体现，是具有数学基本特征的思维品质、关键能力以及情感、态度与价值观的综合体现，是在数学学习和应用的过程中逐步形成和发展的。数学学科核心素养包括：数学抽象、逻辑推理、数学建模、直观想象、数学运算和数据分析。这些数学学科核心素养既相对独立，又相互交融，是一个有机的整体。

《义务教育数学课程标准（2022 年版）》指出，数学课程要培养的学生核心素养，主要包括以下三个方面：（1）会用数学的眼光观察现实世界；（2）会用数学的思维思考现实世界；（3）会用数学的语言表达现实世界。初中阶段，数学核心素养主要表现为：抽象能力、运算能力、几何直观、空间观念、推理能力、数据观念、模型观念、应用意识、创新意识。①

二、中学生数学核心素养培养的意义

（一）中学生数学核心素养培养顺应时代发展的潮流

21 世纪初期，经济合作与发展组织首先提出了“核心素养”的结构模式，多年来，很多国家和地区都对此进行了探索和研究。我国很早就有对“核心素养”的研究和探索，在《国家中长期教育改革和发展规划纲要

① 中华人民共和国教育部. 义务教育数学课程标准（2022 年版）[M]. 北京：北京师范大学出版社，2022：5-7.

（2010—2020 年）》中，首次提出“把促进人的全面发展、适应社会需要作为衡量教育质量的根本标准”，此后在 2016 年，我国首次向社会公布《中国学生发展核心素养（征求意见稿）》。中国学生发展核心素养以培养“全面发展的人”为核心，分为文化基础、自主发展、社会参与三个方面，综合表现为人文底蕴、科学精神、学会学习、健康生活、责任担当、实践创新等六大要素。

数学核心素养是国内外数学教育研究的关注热点，对学生数学核心素养培养的研究是顺应新时代的潮流，更是新时代学生自身发展的要求。

（二）数学核心素养是我国数学教育教学改革的需要

从数学课程到数学教学，从教书到立德树人，数学教育关系到我国国民素养的养成。数学核心素养统领数学课程改革的相关环节，成为修订数学课程方案和确定数学课程标准的依据，在宏观的数学课程体系中与其他学科互为补充，在微观的数学课堂教学中实现特有的教育价值。因此，研究和探索学生在数学学科的学习过程中获得的数学核心素养，已成为当今数学教育教学改革的一个重要趋势。

（三）数学核心素养是新时代社会公民的基本素养之一

数学核心素养的培养也是当今社会发展的一个客观需要。一个人如果不具备相应的数学能力，其未来也难以融入高新科技的社会领域，数学能力会对个人以后的发展和适应社会有很大的帮助，只有重视学生数学核心素养与相关能力的培养，才能使学生更好地适应快速发展的社会需求。因此，数学核心素养是新时代社会公民的基本素养之一。

第二节　中学生数学核心素养的培养策略

一、数学抽象

数学抽象是指通过对数量关系与空间形式的抽象，得到数学研究对象的素养。数学内容和数学方法都具有高度的抽象性。数学的抽象可以达到人们感知所不能达到的领域，如由数到式，由式到函数，又由函数到关系等。基于数学自身抽象性的特点，结合中学生的抽象思维能力普遍比较弱的实际情况，在培养学生核心素养时应该注意以下几个环节。

（一）通过现实材料引入和阐明数学概念

数学概念既是思维的基础，又是思维的结果，其中蕴含着数学抽象等数学核心素养，在教学中要通过生动、形象、具体直观的现实材料引入和阐明数学概念等内容，形象、直观地展示数学概念的形成过程。如通过收入、支出等具有相反意义的量引入正数、负数的概念；在立体几何抽象的三维空间教学中，引导学生观察活动的门板、粉笔盒等实物模型；在数学公式、性质、定理教学中，通过学生已有的数学现实经验，引导他们发现、归纳出数学原理。

（二）培养学生抓住数学本质的能力

数学学习只有抓住了数学知识的本质，才能提升数学解题能力。有些学生尽管记住了数学概念、公式和定理，但没有真正理解数学知识的本质，因此不能灵活运用所学的知识。例如，“方程”的概念本质是一种关系或对应，而定义“方程就是含有未知数的等式”并不是“方程”概念的本质。因此，在教学中要让学生理解概念、定理、公式等知识的来龙去脉，形成探究知识的基本活动经验和典型题目的解题经验。

（三）精心设计习题变式训练内化数学知识

变式是指通过改变题目的条件、结论，或同时改变题目的条件和结论，对命题进行不同维度、不同层次的变化，可以帮助学生归纳数学方法、抽象出问题的本质，完善学生的数学知识结构和数学方法体系。例如：已知$f(3x+1)=4x+3$，求函数的解析式。可以精心设计以下变式题：

变式 1：若 $f\left(\frac{1}{x}\right)=\frac{x}{1-x}$，求函数 $f(x)$ 的解析式。

变式 2：若 $f(\sqrt{x}+1)=x+2\sqrt{x}$，求函数 $f(x)$ 的解析式。

变式 3：若 $f(3x+1)=x^2-x$，求 $f(2)$。

变式 4：若 $f(x-1)=x^2-4x$，解方程 $f(x+1)=0$。

变式 5：已知 $f(x+1)=x^2+1$，求函数 $f(x)$ 的解析式。

（四）“做数学”提高学生数学抽象能力

数学概念、公式、定理、法则等的发现都需要经历一个漫长、曲折的思维推理过程，教师要精心创设让学生“做数学”的情境，让他们通过观察、猜想、动手操作、归纳概括，在“做数学”中获得数学知识的经验，不断提高数学抽象能力。例如，设计问题：用一个平面截一个正方体，截面的形状是什么？通过不同的分类假设，启发学生通过实际操作和证明来确定哪些形状截面存在或一定不存在，在经历探究的过程中，提高学生的数学抽象能力。

二、逻辑推理

逻辑推理要求对数学结论的叙述必须精确，结论的论证必须严格、周密，使整个数学内容被组织成一个严谨的逻辑系统。逻辑推理是衡量学生数学能力的重要标志，在数学教学中，必须以以下几个方面为抓手。

（一）教师要研究数学课程标准和教材

教师要认真研究数学课程标准和教材，把握教材的逻辑推理素养。课程标准既是教学的依据，又是衡量教学质量的工具。数学课程标准、教材对各个部分的数学内容都有明确的要求，虽然对逻辑推理的要求没有明确指出，但通过认真分析课程标准、教材对各个内容要求的深浅度，反思“经历”“体验”“探索”等表达过程性目标是否达成，就可以把握其逻辑推理要求水平的高低，实现创造性地处理和运用教材，让学生更好地掌握所学的数学内容。

（二）教师在教学中要逻辑严谨、思路清晰

中学数学内容是用逻辑论证来叙述的，数学概念、数学命题、数学解题等都包含逻辑推理过程，数学知识的形成与逻辑思维有着密切的关系，教师必须用逻辑思维形式，在数学逻辑体系中进行展示，培养学生的逻辑思维能力。在初中阶段，教师通过观察、猜想、实验、证明等数学活动，发展学生合情推理和演绎推理的能力，如通过探索数学规律、几何证明和

函数综合问题引导学生进行逻辑推理。在高中阶段，教师将逻辑推理贯穿整个学习过程，如通过含参的代数问题、几何证明问题、转化与化归问题等，培养学生的逻辑推理素养。

（三）以数学命题教学为载体培养学生逻辑推理素养

数学命题包括数学公理、定理、公式、性质、法则等，命题推导遍及整个数学教材，因此，教师要以数学命题教学为载体，培养学生的逻辑推理素养。

数学命题教学过程主要有命题导入、命题证明和命题应用三个环节，每个环节都要围绕培养逻辑推理素养目标进行教学设计。例如，在“等腰三角形判定”的导入时，创设问题情境：如何不用渡过河流就可以测量河流的宽度？使学生学习数学知识，领会数学方法，同时，使他们在自主分析命题的过程中培养逻辑推理素养；在“等腰三角形判定”的证明中，通过证明方法的多样性，学生体会丰富多样的数学思想方法和数学学习的严谨性，培养学生逻辑思维素养；在“等腰三角形判定”的应用中，将知识迁移到实践中，在应用的过程中不断加深理解，及时修正与反思，促进学生逻辑思维能力的发展。

（四）运用思维导图构建数学知识结构框架

思维导图是一种有效的思维工具，充分利用左脑和右脑的机能，根据知识的内在联系将其梳理成具有逻辑性的知识结构。思维导图有利于学生在明晰所学知识的同时，区别与联系相关知识，掌握知识结构的逻辑推理技巧。

三、数学建模

数学建模就是根据实际问题来建立数学模型，对数学模型进行求解，然后根据结果解决实际问题。数学建模具有两个基本特点：一是强调数学模型与现实世界、实际生活的联系；二是强调数学建模过程具有反复循环的特征。

（一）树立中学生能掌握好数学建模的信心

自信心是学生学习的动力来源之一，学生只有具备了自信心，才能够更好地去学习和思考问题。因此，教师在数学建模教学中，应根据学生的学习特点、已有的知识和经验，关注学生在不同的问题情境中所遇到的疑惑，并引导学生经历完整的数学建模过程，从而加深学生对数学建模的认识、增强数学建模意识，树立建模信心。同时，启发学生主动去思考问题，激发学生对数学建模的兴趣，树立学生掌握好数学建模的信心。

（二）引导学生建立“数学模型”思想

具备良好的活动经验是学生提高学习效率的有效途径，教师要引导学生善于积累基本活动经验，建立“数学模型”思想。教师在教学中要对基本图形、基本题型、常见条件、常见问题的处理方法运用自如，并指导学生把这些活动经验纳入认知结构中，找到情境之间的关联，帮助学生将问题转化为熟悉的“模型”，由简单问题的解决方法逐步发展到复杂问题的解决经验。

（三）将数学建模思想融入例题习题中

在中学数学课堂里，例题讲解和习题训练是教学活动非常重要的环节。学生在接触新知识或新概念时，往往会存在认识不够清晰明确，尚不能完全掌握和吸收等问题，这时教师往往采用例题教学的形式来进行课堂教学。所以例题一是起到了加深学生对新知识的理解，及时巩固的作用；二是向学生展示了如何运用新知识解决问题，促进学生学习方法科学化和解题规范化习惯的养成；三是有利于课堂知识的融会贯通与综合运用。例如，居民水电的计费方式是对“分段函数”的直接例证，教师以此为基础设置例题教学或者习题练习，不仅可以培养学生的数学建模素养，还能让学生体会到教材知识的应用性以及知识与生活的密切联系。

（四）通过应用数学问题的研究掌握应用数学建模

应用数学问题是指用数学工具来解决非数学领域中的问题，解决方法包括以下几个过程：将现实世界问题转化为现实模型，然后将现实模型用数学语言表达为数学模型，利用数学方法解决数学模型，再检验实际问题的解，最后修改、深化、发展回归到原来的现实问题。例如，要测量本校一座教学楼的高度，对每种初步测量的方案需从数学模型、测量原理、测量工具、计算过程和结果、创新点等方面展示结果。

四、直观想象

直观想象是直观感觉与空间想象的发展与融合，是指借助空间想象感知事物的形态与变化，建立数学问题直观模型的素养。直观想象有利于提升学生的逻辑思维能力和数学综合能力。

（一）创设问题情境培养学生观察能力

教师创设问题情境，把知识还原到问题情境中，为学生提供丰富的素材，促进学生进行思维联想和认知实践，从而富有意义地理解知识，在很大程度上提高学生的学习效果。例如，等腰三角形性质的证明方法，教师创设问题情境，引导学生自制研究性学具，实验猜想、动手操作，将形状各异的等腰三角形直观地展示，拓展出多种具有创造性的解题思路，为学生到高中学习立体几何、培养空间想象能力打下基础。又如，已知 a，b，$m\in\mathbf{R}^{+}$，并且 $a<b$，求证：$\frac{a+m}{b+m}>\frac{a}{b}$。这个数学命题，从建筑学的角度思考，窗户面积必须小于该住宅的地板面积。如果前者与后者的比值越大，那么住宅的采光条件就越好。如果同时增加相等的窗户和地板面积，住宅的光线就会更佳。这是为什么呢？从化学浓度的角度思考，b 克溶液里有 a 克溶质，若增加 m 克溶质，溶液的浓度将如何变化？

（二）从直观感知入手培养学生直观想象能力

人们认识事物遵循从具体到抽象，从感性到理性的规律，因此，教学中要培养学生的转化意识，注重一题多解、多题一解、多题归一的解题方法，培养学生解决数学问题的能力。例如，解决空间几何体外接球的有关问题，一般需要依据球与几何体的性质确定球心与几何体的特殊点的关系，把空间立体问题转化为平面问题。

（三）利用数形结合提高学生直观想象能力

在初中阶段，学生能够分析平面几何中图形与图形的关系，图形与数

量的关系；在高中阶段，学生已发展到能发现空间图形之间的关系，具备构建立体几何图形的能力，并能分析立体图形与平面图形的关系。在教学中要注意加强数形结合的数学思想方法的运用，让学生熟练掌握几何问题用代数方法解决的技巧；同时实现代数问题几何化，使学生达到心中有图，见题想图的效果。例如，已知$0<a<1$，则方程$a^{|x|}=|\log_a x|$的实根个数为几个？分析：在同一个坐标系中作出$y=a^{|x|}$和$y=|\log_a x|$的图象，可知两个图象有2个交点，即方程$a^{|x|}=|\log_a x|$有2个实根，故实根个数有2个。

（四）重视单元整体教学设计，打造主线知识结构体系

数学学习是一个逐渐建构起来的整体，中学数学学习要着眼于此整体结构的建构过程。如高中数学结构分为函数、几何与代数、概率与统计、数学建模与数学探究活动等四大主题，每个主题又可分为若干个单元，各个单元内容所要培养的直观想象素养具有一致性，因此，在每个单元的数学学习中，要有计划地提升学生的直观想象素养。

五、数学运算

数学运算是指根据法则运算律进行运算并明晰运算的对象和意义，理解算法与算法之间的关系，选择合理简洁的运算方法解决问题。数学运算能促进学生数学能力的发展，数学运算能力培养是数学教学的核心。

（一）帮助学生理解算理，培养数学运算能力

算理是学生能否正确计算的关键，学生只有理解算理和算法，才能选择合理简洁的方法进行运算，教师在教学中应讲清楚算理，让学生理解算理的本质，掌握各种计算的法则，如去括号和添括号法则。

（二）加强基本技能技巧运算训练，培养数学运算能力

让学生掌握一定的运算技巧对培养学生运算能力很有帮助，既能减轻计算量，又能保证计算的准确性和快速性。在初中阶段，有对代数变形构造的“基本模式”，如平方关系、倒数关系等。在高中阶段，解三角形的运算有消去运算、整体运算，函数运算有变量整理、解析式整理，数列运

算有构造模型、方程思想等。教师要让学生体会到数学运算是解题的重要工具，增强他们的运算意识。

例 已知 $\tan(\alpha-\beta)=\frac{1}{2}$，$\tan\beta=-\frac{1}{7}$，而 α，$\beta\in(0,\pi)$，求 $2\alpha-\beta$ 的值。

解析：$\because \alpha=(\alpha-\beta)+\beta$，

$\therefore \tan\alpha=\tan[(\alpha-\beta)+\beta]=\frac{\tan(\alpha-\beta)+\tan\beta}{1-\tan(\alpha-\beta)\tan\beta}=\frac{\frac{1}{2}+\left(-\frac{1}{7}\right)}{1+\frac{1}{2}\times\frac{1}{7}}=\frac{1}{3}<1=\tan\frac{\pi}{4}$，

又 $\because \alpha\in(0,\pi)$，$\therefore 0<\alpha<\frac{\pi}{4}$，

$\because \tan\beta=-\frac{1}{7}>-1=\tan\frac{3\pi}{4}$，且 $\beta\in(0,\pi)$，

$\therefore \frac{3\pi}{4}<\beta<\pi$，

$\therefore -\pi<2\alpha-\beta<-\frac{\pi}{4}$。

又 $\because \tan(2\alpha-\beta)=\tan[\alpha+(\alpha-\beta)]=\frac{\tan\alpha+\tan(\alpha-\beta)}{1-\tan\alpha\tan(\alpha-\beta)}=1$。

$\therefore 2\alpha-\beta=-\frac{3\pi}{4}$。

（三）养成良好运算习惯，提高数学运算能力

良好的习惯会使一个人终身受益，学生的计算能力差主要原因就是没有养成良好的计算习惯。在教学中，教师要以身示范，并注重培养学生的审题习惯、检查验算习惯，保证计算的正确性和快速性。教师要严格要求学生认真审题、书写整齐规范、细心演算、善于验算，培养他们良好的计算习惯，提高他们的运算能力。

六、数据分析

数据分析是指针对研究对象获得相关数据，运用统计方法对数据中的有用信息进行分析和推断，形成关于研究对象知识的素养。在教学中，要让学生理解大数据时代数据分析的重要性，养成重证据、讲道理的科学态度。

（一）创设生活问题情境，让学生理解数据分析的作用

数据分析是现代社会每一位公民应具备的基本素养，对培养学生的实践能力和理性精神具有重要意义。在数学教学中要突出统计量的特征和作用，而不是要求学生背公式，把数据分析当成单纯的统计量的计算。例如，国内生产总值（GDP）调研。调查 GDP，并对数据进行整理和分析，可以调查全国的，也可以调查一部分省份的；可以调查改革开放以来的，也可以调查其中一个阶段的。说明：调查 GDP 可作为统计与概率领域的项目学习活动，涉及经济、社会、金融等学科。这样的活动可体现学科的育人价值。学生将经历有目的地查询数据的过程，理解 GDP 等经济学概念的意义，体会收集与整理数据的必要性，学会用统计图表表达经济增长与时间的关系，感知我国改革开放以来经济的快速发展历程，并感受到数学语言的表达功能，从而提升学习数学的兴趣，提高民族自信心与自豪感。

（二）指导学生收集整理数据，发展数据分析观念

收集数据是数据分析的基础，整理数据一般有图表和统计量两种形式，在教学中要组织学生投入实践活动中，让他们感受、领悟和理解统计的概念，把握统计的内涵，形成统计分析的观念。例如，调研统计学校食堂中师生最喜欢吃的菜。

（三）让学生经历数据处理过程，培养数据分析素养

数据处理是数据分析的重点和难点，教师在教学中要从统计学的理论出发，正确处理与统计相关的教学内容，让学生经历真实问题的统计过程，体验不同的统计和处理数据方法，养成用数据说话的习惯，提高数据分析能力。例如，通过对中国淡水资源分布、可用水量以及人均淡水占有量、现实生活中人均用水量等信息的调查，引导学生经历从数学的角度研

究社会问题的过程，培养数学应用意识，提升数学学习兴趣。说明：我国是人口大国，淡水资源相对缺乏，节约用水应成为人们的共识，但生活中浪费水的现象却很常见。通过开展资料查找、实地走访、方案设计等实践活动，加强对水资源使用与保护等问题的关注，提高处理信息、发现并提出问题、设计方案解决问题的能力。

第三节　中学生数学核心素养的培养教学设计案例

“正弦定理”教学设计

一、教材分析

“正弦定理”选自人教版高中数学必修二的内容，是高中数学几何与代数的重要内容之一。本课时是在学习了平面向量的基础知识后进行的，具有丰富的现实背景，为后续学习正余弦定理的应用、立体几何、解析几何等知识奠定基础，起到承上启下的作用。

二、学情分析

高一的学生已经具备研究正弦定理的基础知识和基本技能，在初中阶段，就已经学习过勾股定理和锐角三角函数，从三角形全等和相似的角度研究过三角形的边角关系。根据皮亚杰的认知发展理论，他们的思维正处在具体形象思维向逻辑抽象思维过渡的阶段，对三角函数等有关概念有基本的知识构建之后才能顺利学习。本阶段学生动手能力强、思维灵活，教师可以通过讲练结合的方式和多媒体演示帮助其学习。

三、教学目标

1. 知识技能：理解正弦定理的推导，掌握运用正弦定理解决实际问题的方法。

2. 数学思考：通过正弦定理的学习，掌握数形结合、分类讨论、化归的数学思想方法，在课堂中落实逻辑推理、数学抽象、数学建模、数学运算、直观想象的核心素养。

3. 问题解决：正弦定理是对三角形进行定量研究的重要工具，是解决生活中三角形模型问题的重要突破口，通过本节课的学习，提高学生的问题解决能力。

4. 情感态度：通过对三角形图形的定量研究，培养学生严谨的数学思维，感受数学的逻辑美、图象美，培养学生的合作意识和创新意识。

四、教学重点、难点

正弦定理的推导过程，正弦定理在三角形问题中的应用。

五、教法学法

新课标明确指出要以学生发展为本，本节课根据对学生和课程内容的综合分析，确定教法为讲授法、启发式教学法，学法为讨论法和练习法。

六、教学过程

（一）情境导入

当遥望天空，看到皎洁的明月时，我们是否想过，月亮离我们有多远呢？法国天文学家拉卡伊（1713—1762）和他的学生拉朗德（1732—1807）利用三角测量法首次精确计算出地月距离。当时拉朗德和他的老师拉卡伊分别在柏林和好望角两地，测量出 A、B 两地的距离以及 $\angle A$、$\angle B$ 的大小（如图 9－1），天文学家仅根据这三个量，就测量出了地月距离，他们究竟是如何做到的呢？

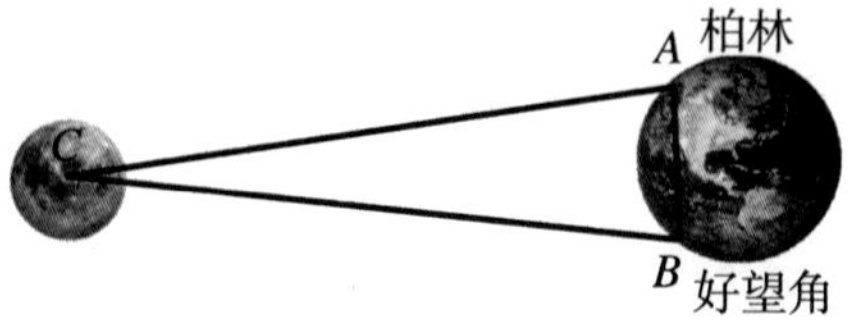

图 9－1

师生活动：教师创设情境，引发学生思考；学生听讲，思考。

设计意图：潜移默化地引导学生对熟知的文化知识加以思考，结合数学的学习，解决疑问，很好地调动学生学习数学的积极性。辅助以数学家的方法加以思考，渗透了数学文化，提升学生直观想象和数学建模的核心素养。

（二）讲授新知

活动1：用锐角三角函数研究直角三角形的边、角关系。

如图9－2，在Rt$\triangle ABC$中，

$\sin A=\frac{a}{c}$，$\sin B=\frac{b}{c}$，

$\therefore \frac{a}{\sin A}=\frac{b}{\sin B}=c$，

又$\because \sin C=\sin 90^\circ=1$，

$\therefore \frac{a}{\sin A}=\frac{b}{\sin B}=\frac{c}{\sin C}$。

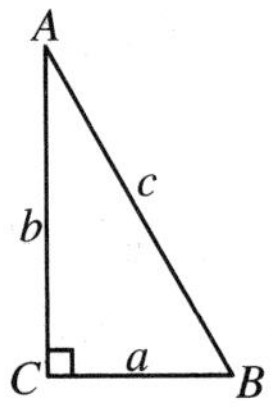

图9－2

师生活动：教师引导学生先从特殊的三角形出发，用学过的锐角三角函数知识解三角形，学生思考，小组讨论得出直角三角形的正弦关系式。

设计意图：学生在初中阶段已经研究过直角三角形的边、角关系，用锐角三角函数表示出来已经非常简单，教师只需适当加以引导，学生就可以轻松得出结果。通过这样以旧知引出新知的方式，课堂活动循序渐进，能更好地调动学生的学习积极性。

活动2：用向量法证明正弦定理。

如图9－3，BA在y轴上的投影为$|\overrightarrow{BA}|\cos(90^\circ-B)=|\overrightarrow{BA}|\sin B$，

CA在y轴上的投影为$|\overrightarrow{CA}|\cos(90^\circ-C)=|\overrightarrow{CA}|\sin C$，

$\because |\overrightarrow{BA}|\sin B=|\overrightarrow{CA}|\sin C$，

$\therefore \frac{|\overrightarrow{BA}|}{\sin C}=\frac{|\overrightarrow{CA}|}{\sin B}$。

同理可得$\frac{a}{\sin A}=\frac{b}{\sin B}=\frac{c}{\sin C}$。

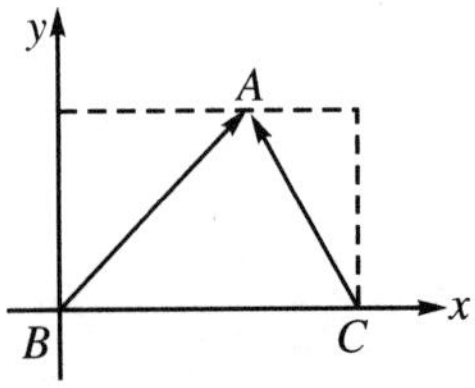

图9－3

师生活动：引导学生从向量的数量积角度思考三角形，向量的数量积与长度和角度有关，可以建立平面直角坐标系，将投影长度表示出来，得出正弦定理。学生思考，动手操作。

设计意图：用向量法证明正弦定理是教材中所展示的主要方法，在上课时，将课本中的向量法进行简化，直接建立平面直角坐标系来辅助证明，加强平面向量坐标表示的应用，既巩固了知识，又为新内容开辟了新方法。在定理证明过程中，加强了学生的逻辑推理、数学运算的数学核心素养。

活动3：运用作高法证明正弦定理。

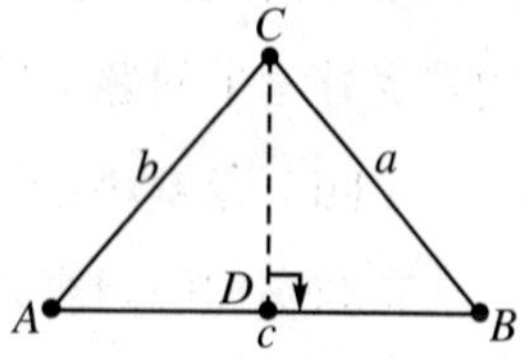

图 9－4

当$\triangle ABC$是锐角三角形时，设边AB上的高是CD（如图 9－4），根据锐角三角函数的定义，有$CD=a\sin B$，$CD=b\sin A$。由此，得$\frac{a}{\sin A}=\frac{b}{\sin B}$，同理可得$\frac{c}{\sin C}=\frac{b}{\sin B}$，故有$\frac{a}{\sin A}=\frac{b}{\sin B}=\frac{c}{\sin C}$。所以这个结论在锐角三角形中始终成立。

师生活动：教师提问，将锐角三角形转化为钝角三角形再加以证明；学生分类讨论，展示证明方法。

设计意图：引导学生通过自主探究、合作交流，培养学生解决问题的能力，发散思维，体会分类讨论思想、化归思想，培养学生逻辑推理、数学抽象、数学运算的核心素养。

（三）课堂练习

1. 运用正弦定理解三角形。

例　已知在$\triangle ABC$中，$c=10$，$\angle A=45°$，$\angle C=30°$，解三角形。

分析：在示意图上表示出已知条件，先用正弦定理求出边a，然后用三角形内角和求出角B，最后用正弦定理求出边b。

$\frac{a}{\sin A}=\frac{c}{\sin C}$，

$\therefore a=\frac{c\sin A}{\sin C}=\frac{10\times\sin 45°}{\sin 30°}=10\sqrt{2}$，

$\because B=180^\circ-(\angle A+\angle C)=105^\circ$,

又$\dfrac{b}{\sin B}=\dfrac{c}{\sin C}$,

$\therefore b=\dfrac{c\sin B}{\sin C}=\dfrac{10\times\sin105^\circ}{\sin30^\circ}=20\times\dfrac{\sqrt{6}+\sqrt{2}}{4}=5\sqrt{6}+5\sqrt{2}$。

2. 与同桌探讨如何用正弦定理解决引入中的问题。

师生活动：学生做题，交流分享，教师评讲。

设计意图：通过巩固训练，帮助学生巩固新知，教师得以及时了解学生的掌握情况。巩固本节课所学内容，将本节课的重点知识运用于解决问题，提升学生问题解决能力。

（四）课堂小结

正弦定理的内容是什么？这节课用了什么方法证明正弦定理？正弦定理可以用来解决什么问题？这节课学习到哪些数学思想方法？

师生活动：学生思考，交流，小组派代表发言，分享收获。

设计意图：用问题串的方式概括本节课学习的主要内容，从数学知识本身、数学知识应用、数学思想方法三个方面总结本节课的主要内容，学生从以上几个问题中不仅回顾了重要内容，还知道了数学学习不仅是学习知识本身，更重要的是要学会运用数学知识解决问题，从而提升学生问题解决的能力。

（五）布置作业

必做题：教材第 48 页第 1、2、3 题。

选做题：教材第 51 页第 1 题。

思考题：想一想，还能运用什么方法证明正弦定理，课后找资料补充证明正弦定理的方法。

设计意图：设置必做题和选做题，根据新课标的要求，人人都能获得良好的数学教育，不同的人在数学上得到不同的发展。[①]

---

① 中华人民共和国教育部. 义务教育数学课程标准（2011 年版）[M]. 北京：北京师范大学出版社，2012：2.

第十章　思政教育融入数学课堂教学的探究

第一节　思政教育的含义

2006年修订的《中华人民共和国义务教育法》首次明确提出实施素质教育。“百年教育，德育为先”，2019年习近平总书记在学校思想政治理论课教师座谈会上指出：“青少年阶段是人生的‘拔节孕穗期’，最需要精心引导和栽培。我们办中国特色社会主义教育，就是要理直气壮开好思政课，用新时代中国特色社会主义思想铸魂育人。”① 习近平总书记在座谈会上的讲话，明确了新时代教育发展的方向，讲话内容里着重重申了要用中国特色社会主义思想育人。《义务教育数学课程标准（2022年版）》指出：数学素养是现代社会每一个公民应具备的基本素养，强调学生的品德生活和人格养成。这表明我国正在积极探索如何将思政教育融入课堂教学。

思想政治教育是统一指导人们思想品德的形成与发展、价值观念的建构，服务于统治阶级的社会实践活动，具有国家性、阶级性和意识形态性②。而社会主义思想政治教育是以社会主义、共产主义思想体系教育人们，启发人们的社会主义、共产主义觉悟，提高人们认识世界和改造世界的能力，动员人们为实现当前和长远的革命目标而奋斗的实践活动。③ 思想政治教育主要包括以下方面内容：爱国主义教育、集体主义教育、社会主义教育、理想教育、道德教育、纪律与法制教育、国防教育、民族团结

---

① 习近平主持召开学校思想政治理论课教师座谈会［EB/OL］.（2019-03-18）［2023-07-11］. https://www.gov.cn/xinwen/2019—03/18/content_5374831.htm.

② 肖庆顺. 中小学思政教育的内涵及其实践策略［J］. 天津教育，2021（16）：12-15.

③ 王平. 思想政治教育概论［M］. 长春：东北师范大学出版社，1998：5.

教育等。

思政教育的主要任务是：首先是要求提高思想觉悟，培养人们正确的“三观”，树立社会主义理想，并不断地为这个目标进行奋斗；其次是要求人们提高道德品质，培养正确处理集体、个人各方面的社会能力；最后要求人们在思想上能够抵制不良风气。①

第二节　思政教育融入中学数学课堂教学的意义

要提高学生的数学素养，提高学生的思想水平，实现教育改革的目标，将思想政治因素融入数学教育中非常重要。在全面实施德育和人才培养的背景下，将数学教育与思想政治教育相结合，可以从根本上促进教育成果的实现，为学生的未来发展提供持续动力。

一、丰富数学教学方式

思想政治教育融入数学教学可以带来很多积极的效果，可以增强学生课堂学习的积极性，也可以改善学生的思维状态。此外，将思想政治教育要素融入数学课堂教学，为课堂增添新的知识，营造更好的课堂氛围，丰富教学形式，能促进学生更好地学习和成长，促进数学教学与思想政治教育的融合发展。

二、有助于提升学生的思想品德

数学作为一门基础学科，与思想政治教育融合，对学生分析、计算和辩证思维等能力提出了更高的要求，但也伴随着学生多种能力的全面提升。例如，教师可以在教学过程中通过实例将思想政治教育的内容与教学结合起来，既可以活跃课堂气氛，提高学生的学习积极性，又可以引导学生对实例中的思想政治内容进行思考，从而提高学生的思维能力和分析

① 朱江．建党百年来我国思想政治工作任务的历史演进及经验探析［J］．吉林师范大学学报（人文社会科学版），2021（3）：9-16.

能力。

例如，在讲解问题的不同解决方法时，教师可以运用诗句“横看成岭侧成峰，远近高低各不同”巧妙地进行教学，帮助学生理解，引导学生从不同的角度、切入点，以不同的方式解决同一个问题。①这不仅能够介绍思想政治教育的内容，还能令这首古诗的解释更加精彩，从而拓宽学生的知识视野，加深学生对不同思维方式的理解，促进学生解决问题方法多样化和学生思维的发展，使他们能够在未来的实际生活中更加灵活地应用所学知识。

三、有助于充分达成教育改革目标

随着国家不断对素质教育进行改革，数学教学的最终目标发生了深刻的改变，从只重视学生的考试成绩和分数，转变为更加关注学生思想道德、心理健康和社会主义核心价值观的培养。为了达成数学教学最终目标，思想政治教育与数学教学融合便成为重要的途径，通过该途径，学生可以在课堂上塑造良好的道德品质和思想，循序渐进地让学生从心里树立正确的人生观、世界观和价值观，使学生养成正确的价值态度和思维品质，这对于其今后的发展和成长具有无比重要的促进作用。②

因此，真正的数学教育中心目标不只是书本所固有的知识，还包括通过数学教学培养学生健全的人格和正确的社会主义核心价值观，使学生向更好方向迈进。

四、有助于提高学生的数学素养

将思政教育引入中学数学教育，能够很好地培养学生的数学素养和提高学生的学习水平。中学数学教育的教学目标应该主要发展学生的数学素养，而不仅是培养学生发现问题、分析问题、解决问题的能力。新时代的

---

① 赵丁红. 数学教学融入思想政治教育的思考［J］. 中学课程辅导，2022（27）：57-59.

② 门立丽. 关于初中数学教学融入思想政治元素育人的新思考［J］. 读写算（上），2021（31）：28-29.

数学教育目标更重视培养学生对数学学科的学习兴趣，特别体现在对数学有强烈的学习欲望和拥有数学应该解决什么样的问题的社会意识。

五、促进课堂教学目标高效完成

教师在课堂上树立有效的目标，在教学中引入思想政治元素，为实现教学目标和培养更多高素质人才起到了促进作用。教师依托课堂教学，根据数学教学的要求和素质教育的发展方向，深挖思想政治元素，整合资源，有针对性地将思想政治元素融入数学教学，在教学实践上进行创新，为课堂学习目标的有效实现做出了贡献。

总之，将思政元素融入数学课堂教学过程中，不仅能够使学生更全面地理解数学知识，激活学生的知识储备和思维，提高学生解决数学问题的能力，还能够有效地提高其思想素质，对认识人生真理、实现道德提升具有极其重要的作用。

第三节　思政教育融入中学数学课堂教学的策略与方法

一、强化教师“课程思政”理念

在思政育人中，起主导作用的是教师，因此教师要有挖掘思政元素融入学科教学的意识，并在教学中实施，这是确保课程思政建设落地落实、见功见效的关键所在。[①] 因此，教师在教学实践中要做好以下三个方面工作：首先，教师要明确思想政治教育与数学课程的关系，充分认识到教育必须突出立德树人，必须把社会主义建设者和接班人的培养作为根本任务来抓。其次，教师要深刻理解“课程思想政治教育”在促进数学教学中知识、能力、价值观教育有机融合的作用，认识到它对学生逻辑思维、职业素养、价值观塑造的重要性。最后，教师要不断提高自己的思想政治素养和教育能力，认真钻研教材，开阔视野，大力发展数学课程的思想政治教

① 邓翰香，吴立宝. 课程思政融入数学教育的路径探索［J］. 教育科学论坛，2020（12）：50-53.

育内涵，推动课程教学与思想政治教育的有机结合①。

教师教学是思想政治教育工作的重头戏。要落实好“课程思想政治教育”，教师要不断提高自己的思想政治水平，不断加强自己的道德修养，热爱祖国，热爱学校，关心学生，善于用辩证唯物主义的观点对待教材，对待知识。同时，要求教师熟悉数学发展史，准确掌握数学知识框架体系，在课前认真准备好每一节课，精心设计教学，语言表达流畅，富有感染力，使学生充分感受到教师的人格魅力，领悟到数学知识的严谨与和谐之美②。

二、深入挖掘思政教育素材

教师在教学中要充分挖掘课程内在的各种要素和应用价值，并运用到课堂教学中，使思想政治教育达到有的放矢。对于相应知识点的内容，在数学教学过程中，既可以适当介绍我国数学家在数学领域艰苦学习、刻苦攻关的事迹，穿插我国各学科前沿密切相关的科研信息，也可以列举我国科学家几十年来在这些理论领域所取得的巨大成就，以及我国数学家和海外华人在数学领域所作出的突出贡献，来激发学生的民族自豪感，培养学生的科学精神、不懈钻研的品格和正确的价值观念。

教师要紧紧围绕数学课程的知识、能力、素质目标要求，从数学理念、逻辑思维、名人轶事、数学建模、数学为现实生活服务等多角度，不断探索思想政治要素，明确课程标准中的教学要求，突出对学生细致入微、坚持真理、务实求实的学习作风的培养，从而帮助学生树立正确的世界观、人生观、价值观。

三、通过数学美培养学生美育

美是人类创造性实践的产物，是一种感性的人的本质力量的显现。一

① 胡水玲，张团结. “课程思政”背景下高职高等数学教学设计与教学方法研究 [J]. 河南教育（职成教），2020（3）：23-24.

② 同①.

般我们所说的美，主要包含自然美、社会美、艺术美、科学美。数学美是自然美的客观反映，是科学美的核心。学生受基础知识、审美能力的限制，并不是每个人都有理想的欣赏能力。教师应在教学中充分挖掘数学中隐藏的美，让学生把学数学的过程变成发现美的过程，领略和体会美的过程、从而得到数学美的熏陶。

例 截至 2022 年 10 月，杭州地铁运营线路共 12 条。杭州地铁经历了从无到有，从单线到多线，从点到面，从面到网，形成网格化运营，分担了公交客流，缓解了城市交通压力，激发出城市新活力。已知某条线路通车后，列车的发车时间间隔 t（单位：分钟）满足 $2\leqslant t\leqslant 20$。经市场调研测算，列车的载客量与发车时间间隔 t 相关，当 $10\leqslant t\leqslant 20$ 时，列车为满载状态，载客量为 600 人，当 $2\leqslant t<10$ 时，载客量会减少，减少的人数与 $10-t$ 的平方成正比，且发车时间间隔为 3 分钟时的载客量为 502 人，记列车载客量为 $p(t)$。

（1）求 $p(t)$ 的表达式，并求当发车时间间隔为 5 分钟时的载客量。

（2）线路每分钟净收益为 $Q(t)=\dfrac{8p(t)\ -3524}{t}-60$（单位：元），发车间隔为多少时，线路每分钟净收益最多？求最大值。

分析：（1）由已知函数模型求出解析式，然后求出当时的载客量；（2）由（1）函数式求出线路每分钟净收益，然后分段求最大值，一段采用基本不等式，一段采用函数单调性求解后相对比可得。

通过这个实例将现实问题抽象成数学模型，让学生在感受数学抽象美和简练美的同时，了解数学来源于生活，应用于生活，又把学习数学的过程变成发现美、感受美、体会美的过程，从而激发学生的求知欲，激发学生的学习热情，激发学生的探究精神。

四、通过数学史培养学生的爱国主义精神

从古老的结绳计数到现代高速电子计算机计数，从丈量天地到抽象严谨的公理系统，在五千多年的历史长河中，各大数学思想方法的诞生与发

展，构成了科学史上最理性、最引人入胜的话题，还有比科学思想发展故事更引人入胜的故事吗？在数学教学中，教师要寻找合适的材料，创设情境，适当地介绍一些数学史的内容，使学生在学习新的概念和定理之前，先了解概念和定理的产生和发展历程，既能激发学生的学习兴趣，又能使学生更进一步地接触到数学的本源，对更好地理解数学有一定的帮助，还能培养学生的爱国主义精神。

例如，刘徽所创作的《九章算术注》中的数理理论，论述了无理方根的存在，引入了新的数字，创造了用十进分数无限逼近无理根的方法。此外，在面积与体积理论方面，该书运用出入相补、以盈补虚原则和“割圆术”的极限方法提出了刘徽原理，通过选择具有现实意义的数学问题解决了多种几何形状的面积和体积计算问题。该书激发了学生强烈的民族自豪感，培养了他们的爱国情感，并将其转化为学习的动力。

五、改进数学教学方法，促进学生个性化发展

个性教育是推动思想政治教育发展的原动力，健全的人格本身具有良好的思想政治素质，能够正确地判断事物。在教学过程中，教师也要多联系实际案例，贴近生活，帮助学生深入浅出地了解数学学习中的思政教育元素，促进学生个性化发展，提高学生的数学水平和思想境界。比如教师给学生设计了这样的问题情境：如果小明每次因违反交通规则而发生交通事故的概率是 $P=0.01$，那么小明在违反了 N 次之后，发生交通事故的概率又是怎样的呢？违反交通规则的次数太多，很容易发生交通事故。通过这个案例的讲述，同学们认识到遵守规则的重要性，意识到不管是在学习中还是生活中，对于一些细小的问题都要及时纠正，养成良好的行为习惯。

六、培养学生数学建模的能力，树立报效祖国的情怀

数学建模是一种创造性的思维过程，是培养应用型人才的载体，在进行数学建模的过程中，可以培养学生的创新意识和实践能力。《普通高中

数学课程标准（2017 年版）》中提出数学建模素养，学生在体验数学建模过程中，能感受认识数学模型在科学技术、社会生活等领域的关键作用。《义务教育数学课程标准（2022 年版）》中将能够在现实生活与其他学科中构建普适的数学模型，表达和解决问题概括为数学素养内涵。

数学建模可以促使学生运用所学习的数学知识分析解决实际问题，体会数学的实用价值，提高他们学习数学的热情，发展他们的创造力与想象力，增强他们的思维灵活性，从而形成良好的问题意识和创新理念，提高他们发现问题与解决问题的能力。学生在主动建构的过程中，不但发挥了自身学习的主动性，激发了学习动力，而且能够从中获得满足感与成就感，同时激励学生为建设中国式现代化贡献自己的青春力量。

第十一章　数学文化融入数学课堂教学艺术

第一节　数学文化的概念和教育价值

一、数学文化的概念

数学文化由数学与文化两个词共同组成，但绝不是简单地把两个词的意思相加所得。对于文化而言，广义上指人类在社会实践过程中所获得的物质、精神的生产能力和创造的物质、精神财富的总和。狭义上，文化是一种社会现象，它是人类长期创造形成的产物。文化是凝结在物质之中又游离于物质之外，能被传承和传播的国家或民族的思维方式、价值观念、生活方式、行为规范、艺术文化、科学技术等，它是人类相互之间进行交流的一种能够传承的意识形态，是对客观世界感性上的知识与经验的升华。[①]

数学文化几乎可以说是存在于生活中的方方面面，但对于什么是数学文化，大多数人可能还不是非常了解。《普通高中数学课程标准（2017 年版）》指出："数学文化是指数学的思想、精神、语言、方法、观点，以及它们的形成和发展；还包括数学在人类生活、科学技术、社会发展中的贡献和意义，以及与数学相关的人文活动。"[②] 这些"数学文化"并不是一成不变的，它随着人们的认识发展而不断发展，是一种不断更新创造的文化，值得大家去学习。

---

① 夏征农，陈至立. 辞海（第六版普及本）[M]. 上海：上海辞书出版社，2010.

② 中华人民共和国教育部. 普通高中数学课程标准（2017 年版）[M]. 北京：人民教育出版社，2018：10.

二、数学文化的作用和价值

（一）数学文化的作用

数学文化早已在生活中被广泛应用，但是许多人可能还没有意识到，可以说我们在生活中不知不觉就接触了许多数学文化。从古代建筑到现代建筑的建设都离不开数学文化，它们之中蕴含着许多数学思想和数学思维。在数学史中，许多数学家可以给广大青年提供前进的目标动力，让他们能够更加积极地奋斗，为祖国再添绚丽篇章。在面对困难时，已经充分学习数学文化和没有系统学习数学文化的人，他们的反应可能会截然不同，充分学习了数学文化的人能够用数学逻辑思维冷静思考，寻找解决困境的出路，而没有系统学习的人则很有可能会惊慌失措，不能够完善地解决问题。

受过数学文化熏陶的学生，不仅数学基础知识得到巩固，数学核心素养也得到了提升。并且，数学文化在人的理性思维能力培养上和理性思维发展上同样有着重要意义。总而言之，通过数学文化的学习和熏陶，学生能够理性地思考问题，提升创新能力，并将其游刃有余地迁移到其他学科的学习中，从而实现人生价值。

（二）数学文化的教育价值

1. 数学文化融入课堂教学体现课程标准理念。

具体看 2022 年版课标的修订，理念上的变化强调了“五个意识”：一是立德树人意识，二是核心素养意识，三是整体关联意识，四是跨界融合意识，五是教学评一体化意识。[①] 数学文化融入课堂教学，可以通过展示我国的辉煌成就，分享名人事迹，让学生体会我国国力的强盛，增添爱国之情，从而达到立德树人的目标。数学文化其本身就蕴含着核心素养，又能丰富数学课堂的学习内容，让学生在课堂学习的同时能够发展核心素养。数学文化具有关联性，它能够用生活例子将一些书面知识鲜活地展现在学生面前。数学的众多定理与性质能够较好地在数学文化的例子中展

① 储冬生. 从学理逻辑出发学习领会课程理念：关于《义务教育数学课程标准（2022 年版）》的思考与教学建议 [J]. 福建教育，2022（49）：22-24.

现，让学生能够体会生活处处有数学，学会关联意识。

2. 数学文化融入课堂教学培养学生数学学习兴趣。

数学文化的作用在上述中已经显而易见，对于当代青年，尤其是对于学生而言，若能够更加系统地在课堂中学习数学文化，经受数学文化的熏陶，不仅能够帮助学生提高对课堂的兴趣，还能够让学生在这些数学文化中获得提升，并有效巩固数学知识。数学的公式、定义、性质等都较为枯燥无味，这就需要在课堂中充分融入数学文化，用数学文化的魅力让数学课堂充满学习乐趣。

3. 数学文化融入课堂教学使学生加深对数学知识的本质性理解。

数学思想是数学的精髓内容，其可以展现出数学的本质，即现实世界的空间形式和数量关系反映到人们的意识之中，经过思维活动而产生的结果。[①] 数学文化在课堂中的融入，能够促进学生发展数学思维，让学生能够更好地理解数学的本质思想从而能够更好地学习数学知识、掌握数学知识、应用数学知识。

4. 数学文化融入课堂教学培养创新思维。

数学文化融入课堂教学能够促进培养学生的创新思维。数学文化的多方面结合，正是创新思维的体现，将一些看似没有联系的知识联系在一起，实际上正是依靠创新思维来实现。在一些数学文化中，分类讨论的思想能够促进学生发展发散思维，再从发散思维进一步慢慢演变成创新思维。

数学文化融入课堂教学不仅能够培养学生的创新思维，同时也能培养教师的创新思维。教师如果没有真正认同数学文化的作用与意义，那么这项任务进行起来将困难重重。因此对于教师而言，这是一条不同的道路，这里充满未知与挑战，但是这也是能够锻炼教师能力和创造力的一种途径，能够帮助教师提升创新思维，将课堂展现得更加生动和精彩。让更多教师研究或者讨论如何更加完美地将数学文化融入课堂教学，能够形成一

---

① 陈丽. 透析数学知识本质，渗透数学思想方法 [J]. 文理导航，2022 (5)：61-63.

种良好的学术环境，有利于教师之间交流沟通。

第二节　数学文化融入数学课堂教学的原则与策略

一、数学文化融入中学数学教学的原则

（一）逻辑性原则

指向数学文化的数学问题链教学除了需要关注数学的表层信息、思考方法、思考视角的关联，以体现数学内在整体结构与脉络，还需要建立起数学与文化、数学与社会、数学与人之间的广泛联系，使问题链中问题的产生、分析与解决具有文化之源、社会之根及人的心理经验之基。① 数学文化中蕴含着许多外在联系及内在联系，能够把数学的许多知识联系在一起。教师在将数学文化融入课堂时，要遵循逻辑规律，要比较完善地将其融入课堂教学中，让学生体会到数学文化与数学知识之间的逻辑性，帮助学生培养逻辑思维，促进学生发展。

（二）渗透性原则

在高中数学教学中，要想实现学生良好的学习目标，需要教师将数学文化渗透至学生的学习中，给学生营造良好的学习数学文化的氛围。② 其实不仅高中数学的教学中要营造良好的氛围，初中以及小学也应如此。中小学是学生接受力较弱、知识面较窄的一个阶段，根据中小学生身心发展的阶段性以及顺序性特征，教师如果想要将数学文化大量融入课堂，学生很难一下子就接受，因此教师需要在学生生活环境中慢慢渗透。例如给学生们营造一个良好的数学环境氛围，在教室中或者走廊上空置的地方放置一些有关数学文化知识的书本，根据不同阶段放置不同类型以及难度的书本。例如小学，就多放置图片漫画类型的书本，对于初中以及高中就根据

---

① 唐恒钧，李佳薇．指向数学文化的问题链教学设计与实施原则［J］．中小学课堂教学研究，2022（8）：5-8．

② 葛永．数学文化在高中数学教学中的有效渗透和实施策略［J］．数理化解题研究，2022（36）：11-13．

学生情况进行相应调整。这样营造一个良好的数学文化学习氛围，能够帮助学生更好地了解数学知识，更好地掌握以及应用数学知识，有利于学生产生对数学的兴趣。

（三）趣味性原则

数学在学生心中的形象一直是高高在上的，这不利于学生学习数学，应该将数学“拉下神坛”，贴近学生。[①] 一些中小学生数学非常“恐惧”，甚至对于很多大学生，一听到高数就非常害怕。这其实只是因为很多人的内心放大了数学的难度，认为数学是一门高高在上的学科，从而让他们产生了一种望而生畏的心理。因此教师需要让课堂教学变得更加生动有趣，学生才不会容易产生这种心理，从而能够更好地帮助他们学习数学知识。在课堂教学中，适当引入数学文化，能够引起学生注意，让他们对教师提出的数学文化内容感兴趣，从而能够更加愉悦地在课堂中接受数学知识的洗礼。对于积极主动学习到的数学知识，学生也能更好识记以及掌握。

（四）实用性原则

数学文化在课堂教学中的渗透并非随意的，而是根据教学内容和学生的实际情况安排的。在初中数学教学中，教师要坚持文化渗透服务数学知识的原则，深挖生活中的数学文化素材，选择具有思考价值的内容，助力学生理解和内化数学知识。[②] 在小学教学以及中学教学中也需要根据不同阶段适当地融入数学文化知识，讲授他们能够接受的知识，不能够脱离实际。例如勾股定理中，可以让学生自己动手实践，将勾股定理中蕴含的数学知识，实践到自己的生活中，从而能够更好地理解勾股定理，巩固课堂所学知识内容。教师也可以让学生在课后做一些与数学文化知识相关的练习。例如我国古人能够用杆子的影子来测量杆子的长度，教师可以鼓励学生课后自己动手实践，进行尝试。这一实践行为，不仅能够让学生体会我国古人的智慧，为我国古人感到自豪，同时也能够更好地体会知识在生活

---

① 林伟城. 基于数学文化探讨数学核心素养培养的原则和策略［J］. 当代教研论丛，2019（6）：51，65.

② 张人和. 融入数学文化，建构魅力数学课堂［J］. 江西教育，2022（39）：25-26.

实践中的运用。因此，数学文化不仅需要从理论上来讲述，更需要通过实践来证明，实践是检验真理的唯一标准。

二、数学文化融入中学数学的策略

（一）注重数学思想方法在数学教学中的应用

数学思维能力的培养是一个长期且复杂的过程，应贯穿数学教学始终，渗透数学教学的每个角落。教师可以通过具有丰富数学思维的教学活动，提高学生的数学思维能力，引导学生用数学思维理性地思考问题，从而学会学习。值得注意的是，数学思维能力的培养是难以靠“灌输”来实现的，其更多的是一种感悟、经验、能力，是一个长期积累、不断提升的过程。①

对于学生来说，数学思维不仅仅是用在数学的应试考试中，与生活也是息息相关的。数学文化可以起到慢慢渗透的作用，让学生能够更加高效地学习。在数学课堂中，要帮助学生将数学思维与所学知识联系起来。因此，数学文化融入课堂教学的同时也需要把数学思维结合起来，让学生能够提升数学思维能力，更有效地学习数学知识。

例 1 数形结合下的平方差公式

如图 11-1，在边长为 a 的正方形中，剪去一个边长为 b 的小正方形，然后把图 11-1 的正方形拼接成图 11-2 的长方形，能证明平方差公式吗？

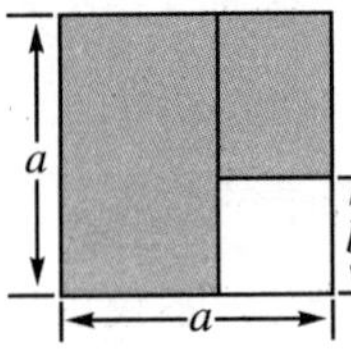

图 11-1

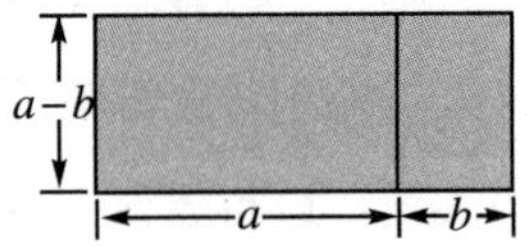

图 11-2

① 李慧丽. 浅析如何在高中数学教学实践中培养学生的数学思维 [J]. 数学教学通讯，2022 (30)：66-68.

教师组织学生观察、思考、小组交流，学生在教师的点拨下明确：

图 11－1 中阴影部分面积为 a^2-b^2；

图 11－2 中阴影部分面积为 $(a+b)(a-b)$。

由题意得，两部分面积相等，故有 $(a-b)(a+b)=a^2-b^2$。

（二）加强培养学生运用数学知识解决现实问题的能力

数学自身带有的严谨性对学生学习数学知识的严谨态度具有一定的督促和榜样作用，同时也引导着数学教师在工作中秉承一丝不苟的工作作风，认真仔细地对待数学中的每一个问题，同时还要在数学文化中启发学生创新思维的发展。[①]

在数学课堂中融入数学文化是数学课堂教学的一种创新手段，这是从教师层面出发的。对于学生而言则是在课堂中增添了一些新知识。在增添这些知识的同时教师也要给学生融入创新的思维，让学生不断地创新创造。就像安徽绩溪博物馆的设计，是将古代建筑与现代建筑相结合而成的，这其中也蕴含着许多数学文化，若对古代建筑以及现代建筑的结构、尺寸、材料等方面没有足够的了解，就无法做出这一古今结合得如此完美的建筑。因此，在数学课堂教学中，融入数学文化时，可以给予学生一定的思考时间，让他们尝试发散思维，培养创新创造能力。

（三）注重数学史的渗透在数学教学中的应用

每一个数学概念的背后，都包含了许多人的研究与钻研，因而每一个数学概念的背后也都包含着属于它独一无二的故事。[②] 在这些故事中，学生会发现数学其实也不是那么无聊枯燥，他们能够在这里体会到数学的趣味性，体悟数学家是如何发现那些伟大定理、如何证明得出那些公式的，学生也可以动手操作，加深对数学知识的理解及掌握。

在一些例题习题中适当融入数学史，不仅能够帮助学生了解历史，丰富课堂的活跃性，而且能够培养他们的爱国情怀，帮助他们形成正确的三观，让他们更好地发展。

---

① 师进桃. 数学文化培养学生创新思维［J］. 好家长，2021（A1）：23-24.

② 周国东. 初中数学教学中融入数学文化的教学策略研究［J］. 读写算，2020（6）：127.

例如，渗透数学史的勾股定理。远在公元前 3000 年，人们已经在实际测量中发现三边比例为 3∶4∶5 的三角形一定是直角三角形，后来发展为现在所熟知的毕达哥拉斯定理或称勾股定理。勾股定理可以看作是余弦定理的特殊情况，但两个定理的发现完全在不同的历史时代。欧几里得最早给出了正弦与余弦的定义，阐明了边与角的关系。而历法和航海的发展要求人们对球面进行研究，所以从历史发展顺序看，球面三角的发展先于平面三角。直到 1450 年后，由于平面三角在测量中的重要性，它才被突显出来受到重视。韦达在 1593 年给出了普遍采用的平面三角形余弦定理公式：$\frac{2ab}{a^2+b^2-c^2}=\frac{1}{\sin(90^\circ-\angle C)}$。①

（四）加强数学美育渗透在数学教学中的应用

数学的和谐美体现在结构严谨、语句雅致、排列整齐等方面。塞尔伯格曾说，他喜欢数学的动机在于它有如风景图一样美的公式与结构，如奇数 1，3，5，7，…，偶数 2，4，6，8，…，这些都是和谐美的表现，它带给我们结构均衡的视觉感，学生可从事物的对称性中感受到数学的节律性或周期性变化。因此，数学教师可以在数学课堂中展示一些具有数学美的数学知识文化，增加学生的兴趣，让学生能够体会到数学的美感。对称美便是数学的一种美，许多函数图象具有对称性，例如奇偶函数图象具有对称性，正弦函数、余弦函数等三角函数也具有对称性，还有很多数学结论、公式、定理都具有结构对称。

例如，渗透数学美育的函数教学。基于一些较为复杂函数所构造出来的具有美学价值的图形，可以激发学生对函数以及一些数学软件的兴趣，从而培养学生的数学美学能力以及增进数学文化知识。就像 $x^2+[y-(x^2)^{\frac{1}{3}}]^2=9$ 这个函数所构造出来的图形是一个心形（如图 11－3）。

① 王海青. 数学史视角下“正弦定理”和“余弦定理”的教学设想 [J]. 教学与管理，2017（28）：67-69.

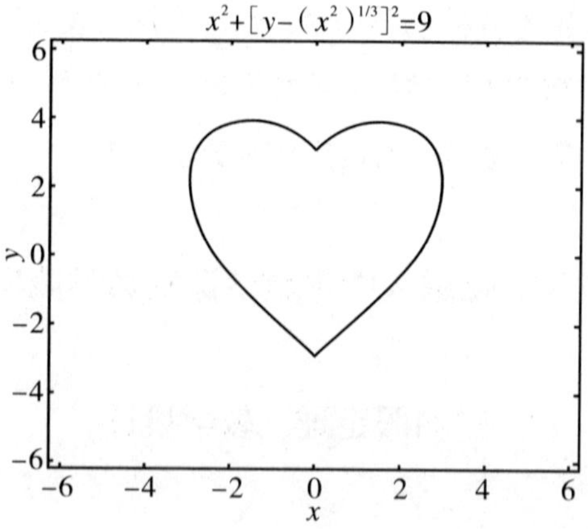

图 11－3

（五）强化民族文化渗透在数学教学中的应用

民族文化是国家在社会和自然环境中积累形成的一种生活方式。这些在生产活动和日常生活中诞生的文化中包含许多数学文化，它们无意识地或间接地存在于与应用数学有关的活动中。数学文化是民族文化的一种表现形式，在富含民族文化的地区，每个人都能巧妙地参与到数学文化渗透的各种社会活动中。这种活动学生易于接受，又能使学生充分感受和体验数学文化，体会数学文化所包含的数学深度。

例 2　渗透民族文化的彝族服饰（见图 11－4）

图 11－4

在彝族服饰中，女性的衣服是接近于圆柱形的，展开后会变成矩形，同时衣服上有许多等距的平行线，每条平行线都装饰有许多规则的形状和图案，帽子上面装饰着各种色彩华丽的球。男性的衣服则是由许多褶皱和直线构成，顶部装饰有不同颜色的毛绒小球，展开时，每行填充的毛绒小球的数量组成一个等比数列，看起来特别整洁美观。

第三节　数学文化融入中学数学课堂教学典型案例

“勾股定理”教学设计

一、教学目标

1. 知识与技能。

通过对勾股定理的探究，理解并掌握勾股定理所阐述的直角三角形三边关系，并会运用于一般问题。

2. 数学思考。

通过拼图拼接、旋转实验、动态数学实验、数形结合及其变换实验，让学生经历自主探索知识的构建过程，体会数形结合、数学建模、转化的数学思想方法，提高学生对事物之间是普遍联系又是变化发展的辩证观点的再认识。

3. 问题解决。

运用动态的数学知识，把抽象数学问题平面化、直观化，增强学生空间意识和提高逻辑运算能力，使学生能综合运用数学知识解决实际问题，提升实践能力。

4. 情感、态度与价值观。

通过阐述数学史上勾股定理的探索过程，让学生了解我国悠久而恢宏的数学文化，激发学生对我国古代文化的探索欲，培养学生爱国情怀和文化自信。同时，在勾股定理探索过程中，让学生感受数学之美、探究之趣，培养合作意识和探索精神。

二、重点、难点

重点：探索发现并证明勾股定理，理解勾股定理的内涵。

难点：1. 理解勾股定理的本质及其证明方法。

2. 体会数形结合、转化等思想在数学中的重要意义。

三、教法

讲授法、讨论法、演示法等。

四、教学过程

“勾股定理”教学过程见表 11-1。

表 11-1　“勾股定理”教学过程

教学环节	教学内容	教师活动	学生活动	设计意图
(一)故事引入激发探究	【讲授】相传 2500 年前，古希腊著名哲学家、数学家毕达哥拉斯有一次在朋友家做客时，发现朋友家地砖存在某种数量关系。(展示图片) 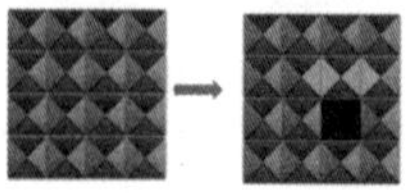	1. 讲解毕达哥拉斯的故事。 2. 提出问题，引发学生思考图形关系。	1. 听教师讲故事。 2. 思考已经学习过的知识中有什么内容与这些图形相关。	问题是思维的起点，以实际问题导入新课，能激发学生学习思考与探索的兴趣。通过生活中的实际问题，不仅能帮助学生养成观察、思考的习惯，更能提升他们发现问题和提出问题的能力。

续表

教学环节	教学内容	教师活动	学生活动	设计意图
（二）观察分析寻找规律	1. 猜想观察 【猜想】引导学生展开猜想，猜想两个小正方形面积和大正方形面积的关系，以及两个小正方形形成的三角形边长之间的关系。询问学生自己猜想的与我们现在展示的是否一致。 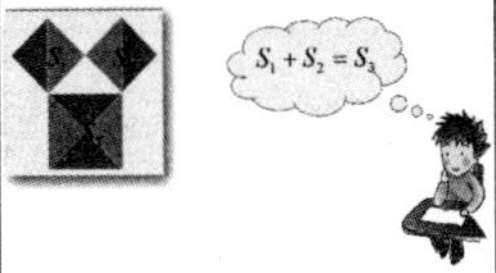 演示1：将地砖的图形截取出来，通过内部拆分图形进行旋转、平移。 结论：图中正方形 S_1 的面积，加上正方形 S_2 的面积等于大正方形 S_3 的面积。从而得出三个正方形中间的直角三角形满足了两直角边的平方和等于斜边的平方，即毕达哥拉斯定理的雏形。	1. 引导学生展开猜想，让学生开始思考。 2. 用PPT演示图形的旋转与平移，引导学生得出进一步具体的结论。 3. 直接展示刚才的一些猜想，在PPT中给出几个关于边与面积的猜想结论——三个正方形中间的直角三角形满足了两直角边的平方和等于斜边的平方这一规律。 4. 继续提问引导学生思考：一般直角三角形是否也满足这样的关系。	1. 按照提示开始猜想。 2. 观察演示进一步确定猜想。 3. 从特殊到一般开展猜想。 4. 合作观察演示确认所得的猜想并等待验证。	渗透从特殊到一般的数学思想方法，为学生提供参与教学活动的时间和空间，发挥学生的主体作用，同时培养学生的合情推理能力。通过计算以及动态数学软件的演示，让学生更清晰地发现直角三角形三边平方和之间的关系。

续表

教学环节	教学内容	教师活动	学生活动	设计意图
（二）观察分析寻找规律	 $S_1=a^2$ $S_2=a^2$ $S_3=c^2$ $S_1+S_2=S_3$ $\Rightarrow a^2+a^2=c^2$ 2. 探索部分 【过渡】提出问题："对于一般的直角三角形是否也满足这样的关系呢?" 演示2：为避免偶然性，用动态数学软件展示，引导学生发现不论如何改变直角三角形三边的长，"两直角边的平方和等于斜边的平方"这一规律始终成立，并引发猜想——在一般的直角三角形中，两直角边的平方和等于斜边的平方。	5. 为了避免偶然性，用动态数学软件展示，引导学生发现不论如何改变直角三角形三边的长，"两直角边的平方和等于斜边的平方"这一规律始终成立。 6. 提出猜想：在一般的直角三角形中，两直角边的平方和等于斜边的平方。		

续表

教学环节	教学内容	教师活动	学生活动	设计意图
(三)验证猜想	【介绍数学文化】 介绍三国时期著名数学家赵爽创制的“赵爽弦图”，其给出了勾股定理的详细证明，这一数形结合的方法使得中国对勾股定理的证明领先世界500年。 接着，让学生观察图形，图形可以进行切割得到四个全等的直角三角形和一个小正方形。然后，教师在动态数学软件上演示，令两个直角三角形分别绕其顶点进行旋转，利用旋转前后面积不变的等量关系，清晰地得出直角三角形两直角边的平方和等于斜边的平方这一关系，让学生一目了然。	1. 教师开始介绍“赵爽弦图”中给出的详细证明。 2. 引导学生观察图形，小组合作讨论。 3. 组织学生观察数学软件的动态演示。 4. 引导学生共同得出结论。	1. 聆听教师介绍“赵爽弦图”。 2. 小组合作讨论图形。 3. 共同观察数学软件的动态演示。 4. 自我总结出直角三角形两直角边的平方和等于斜边的平方这一结论。	通过动态数学软件，动态演示旋转过程，直观地证明了勾股定理，帮助学生提高图形观察能力，体会数形结合的思想，同时打破课堂单一教学工具的枯燥，增添课堂趣味。介绍“赵爽弦图”的重要地位，有利于激发学生的民族自豪感和爱国情怀，提升文化自信。

续表

教学环节	教学内容	教师活动	学生活动	设计意图
（四）概括定理巩固加深	【概括定理】介绍直角三角形勾股定理，并用数学符号语言和文字语言进行表示。 命题：在直角三角形中，两直角边的平方和等于斜边的平方。 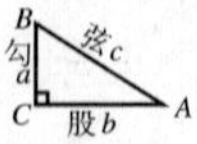 在 Rt△ABC 中 $\because \angle C=90^\circ$ $\therefore a^2+b^2=c^2$	教师讲解直角三角形的勾股定理，让学生识记。	1. 听教师讲解。 2. 与之前学习的知识相结合。	通过介绍，学生能够理解勾股定理的内涵，并且掌握勾股定理的两种表达方式。
（五）实践运用解决问题	【例题】出示一道较为简单的练习题，加深学生印象。接着出示一道生活例子，再次加深印象。 应用一：若 a，b，c 分别是 Rt△ABC 的三边，$a=3$，$b=4$，则 $c=$？  应用二：如图，大风将一棵树吹裂，随时有可能倒下，十分危急。消防队为了树立“人民至上，生命至上”理念，保证安全情况下从断裂处折断（现测树高 9 米，断裂处距地面 4 米）。现在需要划出一个安全警戒区域，那么你能确定这个安全区域的半径至少是多少米吗？	教师展示两道例题让学生自己思考及完成练习。	做例题巩固本节课所学知识。	应用一，加深理解公式的运用，突出分类讨论等数学思想方法；应用二，突出数学运用意识，让学生体会数学来源于实践，又服务于实践，培养学生数学建模思想。

续表

教学环节	教学内容	教师活动	学生活动	设计意图
（六）巩固练习掌握命题	首先，出示一道填空题加深学生对本节课知识的印象。 1. 在直角三角形中，满足条件的三边长可以是________。（写出一组即可） 接下来用乡村的一块等腰三角形花圃，求其面积的例题引导学生思考。 2. 光明村的文化广场有一个等腰三角形花圃，腰长为 10m，底边长为 12m。为了美化乡村建设，要在该花圃上种玫瑰、牡丹等花卉，为了方便计算预算，现需要求出该花圃的面积。	教师展示两道例题后公布答案。	学生思考，完成例题。	利用一道填空题，先加深学生对本节课知识的印象。接下来用乡村的花圃，拉近数学与学生之间的距离，同时让学生进一步巩固课堂所学内容，学会利用勾股定理解决实际问题，并让学生体悟到：数学来源于生活，又应用于生活。

续表

教学环节	教学内容	教师活动	学生活动	设计意图
（七）课堂小结交流收获	进行本节课内容总结回顾。	教师引导学生回顾本节课知识内容。	回顾本节课所学知识。	通过回顾对定理的探究过程，帮助学生掌握探究定理的一般步骤和基本方法，培养科学探究的思维，提升发现问题、提出问题、分析问题与解决问题的能力。
（八）课后作业	【必做题】习题17.1 P29：1. 设直角三角形的两条直角边长分别为 a 和 b，斜边为 c。 (1) 已知 $a=12$，$b=5$，求 c； (2) 已知 $a=3$，$c=4$，求 b； (3) 已知 $c=10$，$b=9$，求 a。 【选做题】P30：3. 美国第20任总统詹姆斯·加菲尔德的证法 （提示：3个三角形的面积之和＝梯形的面积）	布置作业。	记录本节课教师布置的作业。	不同层次的问题满足了不同学生的需要，既能巩固教学内容，提高学生对知识的综合应用能力，又能及时查漏补缺。运用与生活相联系的问题，让学生体会数学与生活息息相关，通过选做题帮助学生提高发散思维能力。

第十二章　基于师范认证的数学专业师范生教学能力培养

第一节　产出导向理念下高师数学教学能力的主要要求

当前，全世界各个国家的师范教育正向职前教师教育转型，中国高等教育已顺利完成从精英教育到大众教育的转型，呈现出开放、专业化和实践性的全新发展趋势。2017 年 10 月 26 日，教育部印发了《普通高等学校师范类专业认证实施办法（暂行）》（以下简称《认证办法》），对师范专业实行三级监测认证。师范专业认证强调实践导向，《认证办法》中的《中学教育专业认证标准（第二级）》中的“合作与实践”对师范生的教育实践提出了明确要求，指出师范生的实践教学体系要完整，要把专业实践和教育实践有机结合在一起，这既是培养师范生的基本要求，又是高师院校的应有使命。教学能力是职前阶段教师专业化发展的重要维度，在过去相当长的一段时间里，师范类数学与应用数学专业在培养中小学数学教师中，缺乏针对性人才培养体系顶层设计，缺少突出专业的特色性。在教师教育中，教学理论与教育实践的“脱节”是教育界不争的事实[①]。基于高师数学与应用数学专业人才培养的现状，玉林师范学院数学与统计学院结合社会发展对师范生教学能力培养要求进行实践与研究。

产出导向教育理念的基本想法是依据培养目标反向设计培养过程[②]。

---

① 吴黛舒. 中国教育学学科危机探析［J］. 教育研究，2006（6）：47-51.

② 臧志军. 产出导向+能力本位：本科层次职业教育评价体系设计的基本原则探析［J］. 中国职业技术教育，2020（25）：20-23.

其执行思路是先确定人才培养的理想状态，对其做出原则性概括和操作性描述，并据此通过评价体系建设对其发展方向与路径进行规约，以使人才培养摆脱自由生长的状态，使其在设定的轨道中发展，而不会产生大的偏离。遵循产出导向理念下的数学师范生培养体系建设，以厚知识素养、高教学能力、优师德品质作为培养目标，人才和知识是专业建设的最终产出产品，其中，以高素质数学教学人才产出为核心目标。

《中学教育专业认证标准（第二级）》的实施对高师师范生技能的培养提出了全新的要求，成为高师数学师范生教学能力培养的行动指南，在标准“毕业要求”中的“学科素养”“教学能力”“班级指导”“综合育人”，“课程与教学”中的“课程实施”以及“合作与实践”中的“实践教学”，都指出了师范生基本技能的合格要求。基于国家、地区基础教育改革发展和教师队伍建设重大战略需求，综合师范专业认证中关于教学能力的实施办法，结合高师数学与应用数学的专业特点，确定将教学设计、课件和微课制作、试讲、说课、听评课、板书板画、教学反思作为数学师范生教学能力的主要组成部分。要求高师院校在培养师范生的过程中，完成通识课程、学科基础课程、专业课程的教学，加大对数学师范生教学能力的培养，完善数学师范生的教师教育培养体系，不断提高师范生的教学能力水平，具体要求如下：

（1）通过系统学习数学学科专业课程，扎实地掌握系统数学学科知识，具备严谨的数学思维能力，能结合现代教育理念和教育技术，合理开展教学设计。

（2）利用教师教育实验实训教学中心的资源和平台，主动了解国内外基础教育改革与发展前沿动态；通过师范生教学能力训练与竞赛，实现课内学习与课外提高相结合；对照专业核心能力素质要求，加强师范技能训练，将教育教学知识学习、技能训练与反思研究有机结合，提升师范生教育教学核心能力。

（3）利用校、院两级校外实践基地，每学期进行教育教学综合实习实践，提高将理论知识综合运用于教育教学实践的能力；掌握数学教学、管理以及调研的基本技能和素养，进一步提升师范生核心能力素养和中学数学学科教学能力。

（4）通过研习类中的第二课堂和毕业论文训练，提高问题意识和研究意识，掌握开展科学研究和数学教育教学研究的基本方法，具有较强的分析问题和解决问题的能力，具备严谨的科学思维和创新精神。

第二节　数学师范生教学能力培养策略与方法

一、基于产出导向修订课程体系

在对行业专家、用人单位、任课教师、毕业生和学生家长等利益相关方进行广泛调研后，按《普通高等学校本科专业类教学质量国家标准（数学类）》、《中学教育专业认证标准（第二级）》等标准要求确立教学设计、课件和微课制作、试讲、说课、听评课、板书板画、教学反思作为培养数学师范生教学能力的主要组成部分。在教师教育课程模块设置《数学教学论》《三笔字与简笔画》《现代教育技术》《教师语言艺术》等必修课程，增加《听评课与面试技巧》《数学说课理论与实践》《中学数学课件制作》《中学数学微课制作》等教师教育知识拓展课程和教师职业能力拓展课程，使教师教育课程修读达 26 学分，占总学分 16.5%，并于 2018 级开始实施。

二、建构数学师范生教学能力培养新模式

玉林师范学院聚焦师范生“培养什么教学能力更适切?”“怎样培养更有效?”“如何评价更准确?”等基本问题，开展了培养数学师范生教学能力的实践研究。围绕教学设计、课件和微课制作、试讲、说课、听评课、板书板画、教学反思等数学师范生教学能力的主要组成部分，开展数学与应用数学专业教师技能一体化训练，贯穿大学四年，覆盖全体师范生，逐级递升，具体训练内容见表 12－1。

表 12-1　玉林师范学院数学与应用数学专业师范生教师技能一体化训练内容

项目	大一	大二	大三	大四
教学设计	了解教学设计各个环节的意图。	会设计一个数学教学片段，如课程导入、例题讲解等。每人每学期完成4个数学教学片段的教学设计。	能完整规范地设计一节数学课。会设计基本的数学新授课型（概念课、命题课、解题课），每人每学期完成4节课的教学设计。	能根据学情、课程内容合理地设计好每一节课。掌握数学新授课、数学复习课、数学习题课、测验讲评课等常见课型的教学设计方法。
课件和微课制作	掌握计算机应用基础，初步掌握微课制作技术。	学会运用几何画板制作数学课件和数学微课，每个人每学期完成4节数学课的课件制作。每个人每学期完成一个数学教学片段的微课制作。	能熟练运用Powerpoint、希沃白板、几何画板等工具制作数学课件。每人每学期完成4节课的课件制作。根据课程内容能熟练运用录屏软件、手机、摄像机等工具制作数学微课。每人完成一个教学片段的微课制作。	能熟练运用Powerpoint、皓骏动态数学软件、希沃白板、几何画板等工具制作数学课件。每人每学期完成4节课的课件制作。根据课程内容合理使用动画、图片、视频、音频、数学软件等进行微课制作，要求教学目标清晰，主题突出，内容完整，图象清晰稳定，构图合理，声画质量好。每人完成8节课的课件制作，完成4个教学片段的微课制作。

续表

项目	大一	大二	大三	大四
试讲	了解数学课程标准理念；了解数学教学方法和数学教学模式。	理解数学课程标准理念，能进行一个数学教学片段的讲授。每人每学期完成4个数学教学片段的讲授视频。	能完整地上一节数学新授课（模拟）。每人每学期完成4节课的模拟授课视频，进行教学反思。	能根据学情、课程内容灵活运用教学方法、教学手段上一节数学课。每人完成8节新授课的数学课堂教学，上交1节完整的课堂实录视频。
说课	加强演讲训练；了解说课的基本环节。	能熟练地进行演讲，掌握说课的基本流程、基本理论。	能进行一节数学新授课的说课。每人每学期完成4节课的说课课件和说课视频。	强化面试技能和技巧（主要针对教师职业技能）；能熟练运用数学教学理论进行说课。每人完成4节课的说课课件和说课视频。
听评课	掌握听课和评课的基本要素。	理解上课教师的意图，知道所听课程的教学目的、重点和难点；掌握评价导入、新知教学、巩固环节、小结、布置作业和板书等教学过程。	理解上课教师的意图，熟悉所听课程的教学目的、重点和难点，理解教师的教学方法和教学模式；掌握从导入、新知教学、巩固环节、小结、布置作业及板书等教学环节的合理性进行评价的方法，并具有自己一定的独特见解。每人每学期完成4节课的听课和评课记录。	理解上课教师的意图，熟悉所听课程的教学目的、重点和难点，理解教师的教学方法和教学模式；掌握从教学目标、教材处理、教学程序、教学方法和手段、教学基本功、教学效果等方面评课的方法，并具有自己一定的独特见解。每人完成8节课的听课和评课记录。

续表

项目	大一	大二	大三	大四
板书板画	能写端正的钢笔字、粉笔字和毛笔字，了解板书的设计意图。	能合理设计板书板画。	熟练使用数学教具，能规范设计数学板书板画。	掌握板书板画的设计艺术。
教学反思	了解教学反思的内容。	会撰写教学反思。	会结合教学案例进行教学反思。	能根据学生的实际情况、教师个人特色进行教学反思。

三、实行“双导师”制度，加大教学能力培训投入

师范专业认证要求，要实行高校与优秀中学教师共同指导教育实践的“双导师”制度，玉林师范学院数学与统计学院积极联合实践基地，共同打造一支学历高、职称结构合理、教学能力好、科研能力强、综合素质高和实践经验丰富的“双导师”教师队伍。近年来，聘任了86名优秀中学数学教师为数学师范生的指导老师，做到每名师范生都有“双导师”指导教学能力，并且跟踪指导到师范生参加工作以后。校内外指导老师共同做好教学能力培训计划，让师范生充分了解教学能力训练的意义，明确教学能力训练的主要内容和基本要求，优化教学能力培训的途径和方法，利用数学软件实验室、智慧教室、微格教室等对师范生的教学设计、试讲、说课、课件制作、微课制作、听课与评课等进行全方位的指导。其中校外导师的主要任务是给师范生上示范课、指导师范生试讲、介绍教学经验等，同时借助网络交流平台为师范生答疑解惑，做好实践教学指导。在每项教学能力训练结束后，“双导师”共同组织师范生进行教学能力成果汇报和经验分享交流活动，并评出优秀成果一等奖、二等奖、三等奖、优秀奖和鼓励奖，不断提高教学能力训练的质量。

四、坚持举办各类教学能力比赛提升师范生教学能力

为进一步加强师范生数学教学能力的培养和训练，有效促进数学教师专业化发展，高师院校应定期举办各类教学能力比赛，比赛内容可以包括三笔字、普通话、演讲、教学设计、说课、讲课、微课制作、课件制作等。玉林师范学院积极组织师范生参加全国、自治区、学会组织的各项教学能力比赛项目，先从班级选拔人员参加学院比赛，再由学院选拔参加校级比赛人员，进而学校选拔参加自治区级比赛、国家级比赛选手，实现小组团队合作精神，以赛促教，以赛促学，在比赛交流学习中发现自己教学能力的问题与缺点，取长补短，在比赛中强化自己的教学能力。

五、建立科学的教学能力训练评价体系

师范生教学能力评价，需要建立科学的评价机制。评价主体多元化，同学、校内导师以及校外导师共同考核；评价内容包括训练任务、作业、论文、试讲、说课、微课制作、课件制作的测评与实践操作有机结合；评价方式以过程性描述评价和等级评价相结合，侧重对实践教学的反思和总结进行评价。同时，在建构高师数学与应用数学专业教学能力评价指标体系时，将教学能力作为一级指标并在此基础上建构二级指标、三级指标，形成可教、可学、可评、可达成的指标体系，具体见表 12－2。

表 12-2　数学与应用数学专业教学能力评价指标体系

一级指标	二级指标	三级指标
教学能力	教学理论	1. 掌握教育学、心理学和数学学科教学论等理论与方法。 2. 能够根据教育教学理论、中学数学课程标准，结合中学生身心发展和数学学科认知特点，形成相对完善的中学数学学科教学知识体系。
	课堂教学	1. 具备教师语言表达能力、书写能力。 2. 具备数学学科教学能力、组织管理能力。 3. 具备使用现代化信息技术辅助教学等教师职业基本能力。
	教学实践	1. 能够在教学实践中，独立完成中学数学教学设计。 2. 掌握教学实施的方法。 3. 熟悉教学评价，获得教学经验。
	教学研究	1. 具有教学反思的习惯。 2. 能够在数学教学实践中针对教学重难点问题，开展教学研究。

第三节　数学师范生教学能力培养的成效

一、为促进数学教师专业化发展起到了启示作用

玉林师范学院通过实践研究优化了师范生培养过程，完善了教师教育培养体系，建构了“厚基础＋重素养＋扬个性”师范生教学能力培养新模式，实践具有较强的理论支撑，可操作性强。同时，得到了其他高校同行的好评，北部湾大学、百色学院、梧州学院等多所高校前来我院参观学习和借鉴，并逐步推广应用于高师专业的教师技能训练，推进了桂东南基础

教育师资质量的发展。

二、师范生教学能力得到显著提升

师范生教学能力培养新模式，有力地推动了玉林师范学院教师专业课程建设和教育教学改革，使师范生教学能力得到全面的发展。特别是近三年来，玉林师范学院师范生教师资格证考试通过率均为 85%以上，就业率 95%以上，参加各类有影响力的教师技能竞赛获区级以上奖励 60 多人次。近三年来，获“华文杯”全国师范生创课比赛一等奖 4 项，获自治区级师范生信息化教学应用大赛二等奖 2 项，获自治区级师范生教学能力大赛二等奖 2 项。

三、师范生培养效果得到了用人单位的好评

师范生专业基础扎实，专业技能过硬，受到了用人单位的欢迎，部分毕业生参加工作不久就脱颖而出，代表学校、县、市参加各种教师技能比赛，并获得了优异的成绩，如 2018 届蒙同学刚工作两年就获得玉林市玉东新区青年教师优质课比赛一等奖；2018 届陈同学获 2020 年广西兴业县高中高考复习课比赛二等奖，同年被评为兴业县优秀教师，2021 年 3 月被兴业县教育局任命为兴业县第五中学教导处主任。还有很多同学在毕业不到三年的时间内成为所在学校的骨干教师。同时，考上硕士研究生的一批师范生在高校中，也表现出优秀的数学专业素养，得到了培养单位（福建师范大学、闽南师范大学、广西大学、广西师范大学等）和导师的高度肯定和赞扬，如林同学在广西师范大学就读硕士研究生期间获得 2020 年研究生国家奖学金，被评为 2021 届自治区研究生优秀毕业生。

四、结语

师范专业认证遵循 OBE（成果导向教育）理念，强调产出导向，这

与师范专业人才培养质量问题在逻辑上是内在统一的[①]。因此，在师范专业认证的引领下，高师院校应该有目的、有计划地对数学师范生进行系统化、专业化的教学能力训练，大力加强数学师范生教学能力培养，探索数学师范生教学能力培养新模式和技能训练的有效途径，将师范生培养成拥有高尚的教育情怀、扎实的教育理论和精湛的教学艺术的新时代“四有”好老师。

① 于宁宁，邢美静. 专业认证背景下高师院校学生师范技能培养策略探究［J］. 经济研究导刊，2020（18）：123-125.

○ 主要参考文献 ○

［1］徐昌盛．数学游戏在初中数学教学中的渗透［J］．数学教学通讯，2015（25）：33-34.

［2］程丽萍，彭友花，欧阳正勇．数学教学知识与实践能力［M］．哈尔滨：哈尔滨工业大学出版社，2018.

［3］蒋姗辰．结构化视角下的轴对称题型荟萃［J］．初中生辅导，2022（29）：57-61.

［4］黄振兴．数学课需要怎样的多媒体课件［J］．课程教育研究，2015（15）：122.

［5］雷全旺．当矩形以对角线为轴折叠后［J］．初中数学教与学，2016（4）：4-6.

［6］张禺．高中数学概念的教学与实践研究［D］．武汉：华中师范大学，2019.

［7］齐秀姗．高中数学概念教学研究及案例分析［D］．大连：辽宁师范大学，2014.

［8］江宗涛．人教版八年级数学《轴对称》第一课时教学设计［J］．新课程（中学版），2016（2）：54.

［9］韦雪梅．开放数学教学 培养创新能力［J］．中学教学参考，2012（8）：14-15.

［10］张秀艳．浅谈中考数学判定定理及公式的掌握［J］．中小学电教（下），2010（12）：145.

［11］舒丽嘉．高一函数概念的教学研究：以海口实验中学为例［D］．海口：海南师范大学，2019.

［12］王艳丽. 中学数学命题教学的理论与实践研究［D］. 大连：辽宁师范大学，2011.

［13］邱学华，张良明. 小学数学教学法简明读本［M］. 福州：福建教育出版社，2021.

［14］何诗雨. MPCK视角下的高中数学课堂提问有效性研究［D］. 南昌：江西师范大学，2022.

［15］沈伟仙. 数学课堂教学中的生生互动［J］. 数理化学习，2014（4）：59.

［16］黄宏科. 数学命题的教学设计［J］. 科技资讯，2011（35）：194.

［17］莫佳萍. 数学情境导入，教师关注的重点：一堂数学课的反思［J］. 甘肃联合大学学报（自然科学版），2011（2）：79-81.

［18］李小艳，吴现荣，漆青梅. HPM视角下“基本不等式”的教学［J］. 数学通报，2022（6）：49-53.

［19］程倩. 基于核心素养的高中数学智慧课堂教学设计研究［D］. 聊城：聊城大学，2020.

［20］喻平. 数学教育心理学［M］. 南宁：广西教育出版社，2004.

［21］陈敏. 高等数学解题教学的思考［J］. 高等函授学报（自然科学版），2010（4）：51-52，70.

［22］冯国平. 中学数学教学设计［M］. 成都：西南交通大学出版社，2015.

［23］陆欢. 线段、射线、直线中的数学思想［J］. 数理天地（初中版），2022（10）：7-8.

［24］施良方. 学习论［M］. 北京：人民教育出版社，2001.

［25］顾燕霞. 初中数学思想方法教学策略研究［D］. 苏州：苏州大学，2017.

［26］丁子怡. 初中数学中数形结合思想方法的研究与应用［D］. 上海：上海师范大学，2018.

[27] 吴增生. 数学思想方法及其教学策略初探 [J]. 数学教育学报，2014 (3)：11-15.

[28] 黄庆珍. 函数的值域与函数的最值 [J]. 数学教学通讯，2002 (S6)：68-70.

[29] 陆燕. 经历过程，感悟特点：以《扇形统计图》教学设计为例 [J]. 数学教学通讯，2017 (4)：43-44.

[30] 李海龙. 高中数学教学中渗透数形结合思想的研究 [J]. 新智慧，2018 (19)：63-64.

[31] 谢秀坤. 中职数学课堂教学的导入艺术 [J]. 科教文汇（下旬刊），2013 (3)：136-138.

[32] 王小英. 刍议中学数学课堂的启发式讲解教学 [J]. 新课程，2016 (29)：160.

[33] 甘志国. 建议把曲线的方程尽量表示成一个方程 [J]. 中学数学杂志，2023 (1)：63-65.

[34] 全日制义务教育教学课程标准（节选）（实验稿）[J]. 课程教材教学研究（小教研究），2002 (5)：4-15.

[35] 王建荣. 让核心素养在数学课堂上“落地”：以苏教版数学教材四年级下册《常见的数量关系》的练习课教学为例 [J]. 小学教学参考，2022 (27)：1-4.

[36] 金铁强. 高中数学新教材中阅读材料的作用研究 [J]. 教育艺术，2021 (4)：74-75.

[37] 赵健. 初中数学教材分析方法的研究：以初中一线数学教师的视角 [D]. 沈阳：沈阳师范大学，2014.

[38] 徐玉庆. 中小学数学课程标准衔接的现状、问题及对策：基于学科核心素养的视角 [J]. 教育与教学研究，2018 (8)：75-81.

[39] 邓巍伟. 教学目标实践过程研究 [D]. 福州：福建师范大学，2013.

[40] 卢永翠，朱丽梅. 高中数学教师的专业知识结构：基于教师职

前培养的视角［J］. 教师教育学报，2021（6）：107-114.

［41］王旗. 安徽省霍邱岔路中学特色美术教学之探索［D］. 合肥：合肥师范学院，2015.

［42］张吉. 精心设计学习活动任务，确保核心素养落位课堂［J］. 学苑教育，2020（1）：88.

［43］王晓宇. 数学师范生教材分析能力的研究［D］. 上海：华东师范大学，2019.

［44］王早霞. 类比在科学认知过程中的作用［J］. 理论探索，2004（3）：19-20.

［45］李思瑾. 高中数学学优生数学抽象能力特征研究［D］. 昆明：云南师范大学，2021.

［46］刘导，陈实. 地理核心素养视域下教学目标设计的典型问题研究［J］. 内蒙古师范大学学报（教育科学版），2021（5）：123-130.

［47］于海梅. 问题导学法在高中数学中的应用［J］. 中学课程辅导（教师教育），2019（20）：72.

［48］王道勇. 例谈初中数学课堂中小组合作学习的使用时机［J］. 中小学数学（初中版），2022（C1）：13-14.

［49］蔡娇如. 核心素养背景下高中数学教学策略研究［J］. 学苑教育，2021（7）：59-60.

［50］郑俊选. 谈练习及练习设计［J］. 山东教育，1995（9）：31-33.

［51］陈玉兰. 谈小学数学中的练习及练习设计［J］. 山东教育，2004（7）：45-46.

［52］刘大庆，丁世旭. 小学数学教师如何做好课堂练习环节的反馈［J］. 科学咨询（教育科研），2013（2）：72-73.

［53］李林. 浅议如何有效设计数学课堂练习［J］. 教育教学论坛，2011（25）：148.

［54］王铁成，刘增俊. 浅谈数学教学中对学生创新意识和实践能力的培养［J］. 黑龙江农垦师专学报，2003（4）：100-101.

［55］张建武．农村学校初中数学课程分层教学的尝试与探索［J］．中国西部科技，2011（19）：94，89．

［56］肖贤伟．初中数学重视习题功能的几点做法［J］．中学数学杂志，1999（10）：7-8．

［57］王丹．浅谈数学教学分层教学［J］．宿州教育学院学报，2011（6）：168-170．

［58］周友士．基于认知建构理论的数学命题学习研究［J］．数学教育学报，2008（5）：69-73．

［59］初中数学课堂二次函数部分教学实施与课程标准一致性研究［J］．全国数学教育研究会2014年国际学术年会论文集，2014：1298-1331．

［60］余文森．新课标呼唤新教学：新时代教学改革的方向与路径［J］．教师教育学报，2023（2）：43-49．

［61］陈世文，张宗余．加强代数推理 发展理性思维：以“有理数的乘法（1）”的教学为例［J］．中国数学教育（初中版），2022（9）：61-64．

［62］徐斌．数学单元整体教学的理性思考与实践路径［J］．江苏教育，2023（1）：32-36．

［63］朱家乐，李祖祥．新课标视角下小学量感培养的情境教学策略［J］．中小学教师培训，2023（2）：43-48．

［64］吴春梅．创新小学数学教学方式 培养学生数学核心素养：谈谈小学数学教学如何培养学生核心素养［J］．小学生，2023（3）：97-99．

［65］卫福山．高中数学思想方法的结构化教学研究［J］．中学数学月刊，2022（3）：9-14．

［66］于宁宁，邢美静．专业认证背景下高师院校学生师范技能培养策略探究［J］．经济研究导刊，2020（18）：123-125．

［67］孙洪涛，黄元国，刘晗．论师范专业认证视域下师范生教育实践技能的养成［J］．教师，2021（14）：85-87．

［68］臧志军．产出导向＋能力本位：本科层次职业教育评价体系设

计的基本原则探析［J］．中国职业技术教育，2020（25）：20-23.

［69］莫燚．“连贯型”数学教师教学技能的培养［J］．广西教育，2018（15）：131-132.

［70］张志红，周雨青，赵馨蕊，等．“新工科”理念和我国工科专业培养的分析与思考［J］．高等理科教育，2018（5）：94-102，79.

［71］张海真．高中生数据分析素养影响因素研究［D］．济南：山东师范大学，2019.

［72］郝晶杰．高中生数学建模素养调查研究［D］．新乡：河南科技学院，2019.

［73］邱悦．高二学生数据分析素养现状的调查研究：以锦州市J中学为例［D］．锦州：渤海大学，2018.

［74］谢志和．核心素养导向下圆锥曲线解题策略研究［D］．南昌：东华理工大学，2022.

［75］姚强．基于发展学生数学核心素养目标的问题设计：以“直线的点斜式方程”教学为例［J］．中学数学教学参考（上旬），2022（7）：22-24.

［76］刘祖希．《义务教育数学课程标准（2022年版）》研读补记［J］．教育研究与评论，2022（5）：50-54.

［77］林家慧．小学数学课堂教学板书设计案例分析［J］．新课程研究，2021（34）：94-95.

［78］邓秀荫，邱声忠．信息技术与初中数学课程融合的实践研究［J］．福建教育，2022（46）：42-45.

［79］车静．核心素养导向下高中数学建模思想的培养［J］．学周刊，2022（6）：113-114.

［80］史可富．加强数学原理教学　发展数学核心素养［J］．中学教研（数学），2022（12）：9-13.

［81］胡水玲，张团结．“课程思政”背景下高职高等数学教学设计与教学方法研究［J］．河南教育（职成教），2020（3）：23-24.

[82] 张月丽. 思政教育融入高中地理课堂教学的策略研究 [D]. 桂林：广西师范大学，2022.

[83] 陶源泉，侯代忠. 课程思政的育人实践：以高师《数学教学设计与案例分析》课程为例 [J]. 南宁师范大学学报（自然科学版），2020（3）：161-165.

[84] 蔡松怡. 思政课教学优化策略 [J]. 西部素质教育，2022（5）：84-86.

[85] 王振华. 聚焦铸魂育人 彰显思想伟力："三进三全" 育人体系构建及实践路径 [J]. 中学政治教学参考，2021（45）：16-17.

[86] 鲁宽民，彭蕾. 推动思政课创新式发展要处理好四对关系 [J]. 中国高等教育，2020（24）：35-37.

[87] 曲建武. 当好大学生健康成长的指导者和引路人 [J]. 中国高等教育，2020（20）：22-23.

[88] 王燕，储长流，刘海英. 从协同到认同：高校新生分层递进式思想政治教育模块建构 [J]. 安徽工业大学学报（社会科学版），2021（1）：99-102.

[89] 于英霞，陈辉. 思政课教学如何引导学生增强 "四个自信" [J]. 辽宁高职学报，2022（5）：48-51.

[90] 白显良，章瀚丹. 高校思想政治理论课教学应着力塑造五种形象 [J]. 马克思主义理论学科研究，2022（10）：112-120.

[91] 周双娥. 新时代高校思政课教师角色塑造必须坚守 "六心" [J]. 大学教育，2021（4）：119-122，132.

[92] 马红. 运用数学建模思想建立求解模型 [J]. 内蒙古教育，2020（5）：52-53.

[93] 拓欣怡. 数学文化渗透在高中数学课堂教学中的实践研究 [D]. 银川：宁夏大学，2020.

[94] 王海青. 数学史视角下 "正弦定理" 和 "余弦定理" 的教学设想 [J]. 教学与管理，2017（28）：67-69.

［95］韦金利. 数学文化融入高一数学教学的实践研究［D］. 桂林：广西师范大学，2019.

［96］李方红. 数学文化的内涵、价值与应用：从数学教学走向数学文化育人［J］. 教育科学论坛，2021（4）：11-14.

［97］师进桃. 数学文化培养学生创新思维［J］. 好家长，2021（A1）：23-24.

［98］陈宽政. 浅析数学美在初中数学教学中的应用［J］. 数学教学通讯，2022（20）：56-57.

［99］陈平. 高中数学文化教学现状调查及对策研究［D］. 南宁：广西民族大学，2019.

［100］李宝瑞. 数学文化融入高中三角函数的教学设计研究［D］. 哈尔滨：哈尔滨师范大学，2022.

［101］肖红. 数学文化的教育学解读：基于“理解取向”文化观的分析［J］. 教师教育学报，2022（2）：122-130.

［102］周杨，刘洪超. 数学课如何教出“文化味”？［J］. 中学数学教学参考，2022（2）：70-73.

［103］刘仍轩. 厚植数学文化　深耕单元统整：青岛市基于数学文化的单元统整教学研究纪实［J］. 山东教育（小学），2021（19）：45-47.

图书在版编目（CIP）数据

中学数学课堂教学艺术 / 潘俭著. -- 南宁 : 广西教育出版社，2023.8
ISBN 978-7-5435-9369-5

Ⅰ. ①中… Ⅱ. ①潘… Ⅲ. ①中学数学课-课堂教学-教学研究 Ⅳ. ①G633.602

中国国家版本馆 CIP 数据核字(2023)第 161652 号

责任编辑：陶春艳　　装帧设计：李浩丽
责任校对：何　云　唐　雯　　责任技编：蒋　媛

出 版 人：石立民
出版发行：广西教育出版社
地　　址：广西南宁市鲤湾路 8 号　　邮政编码：530022
电　　话：0771-5865797
本社网址：http://www.gxeph.com
电子信箱：gxeph@vip.163.com
印　　刷：广西桂川民族印刷有限公司
开　　本：787 mm×1092 mm　1/16
印　　张：16.25
字　　数：243 千字
版　　次：2023 年 8 月第 1 版
印　　次：2023 年 8 月第 1 次印刷
书　　号：ISBN 978-7-5435-9369-5
定　　价：45.00 元